高职高专会计专业项目化系列教材

会计基础

赵 瑜　薛志国　刘莉娟　主　编
赵明媚　张　然　陶隽璇　朱　飞　钱　欣　副主编
保艳林　陈　璐　李婧瑞　参　编

清华大学出版社

北　京

内 容 简 介

本书以最新的会计准则及其应用指南为主要依据，结合高职院校学生的特点，本着"教育、考证、升学三融通"的原则而编写，以适应高职院校经管类专业"会计基础"课程的教学需求。

本书共分十一个项目，各项目内容分别为：认识会计；认识会计要素与会计等式；认识会计账户；认识复式记账；认识会计凭证；认识会计账簿；认识制造企业主要经济业务的核算；认识财产清查；认识财务会计报告；认识会计核算组织程序；认识会计工作组织。

本书可满足高职院校"3+2"五年制大专和三年制大专会计类高素质技能型人才培养的需求，以及经管类专业专升本"基础会计"课目的应试需求。

本书封面贴有清华大学出版社防伪标签，无标签者不得销售。
版权所有，侵权必究。举报：010-62782989，beiqinquan@tup.tsinghua.edu.cn。

图书在版编目(CIP)数据

会计基础/赵瑜，薛志国，刘莉娟主编. —北京：清华大学出版社，2021.6（2025.1重印）
高职高专会计专业项目化系列教材
ISBN 978-7-302-58195-6

Ⅰ. ①会… Ⅱ. ①赵… ②薛… ③刘… Ⅲ. ①会计学—高等职业教育—教材 Ⅳ. ①F230

中国版本图书馆 CIP 数据核字(2021)第 090674 号

责任编辑：刘金喜
封面设计：孔祥峰
版式设计：思创景点
责任校对：马遥遥
责任印制：丛怀宇

出版发行：清华大学出版社
网　　址：https://www.tup.com.cn，https://www.wqxuetang.com
地　　址：北京清华大学学研大厦 A 座　　　　邮　编：100084
社 总 机：010-83470000　　　　　　　　　　邮　购：010-62786544
投稿与读者服务：010-62776969，c-service@tup.tsinghua.edu.cn
质 量 反 馈：010-62772015，zhiliang@tup.tsinghua.edu.cn

印 装 者：三河市春园印刷有限公司
经　　销：全国新华书店
开　　本：185mm×260mm　　　印　张：17.75　　　字　数：443 千字
版　　次：2021 年 8 月第 1 版　　印　次：2025 年 1 月第 4 次印刷
定　　价：62.00元

产品编号：090172-02

前　言

会计基础是经管类专业的核心课程,也是一门基础教程。为了满足高职院校当前对会计类高素质技能型人才培养"3+2"五年制大专和三年制大专的需求,以及经管类专业"专升本"基础会计的应试需求,编者以最新的会计准则及其应用指南为主要依据,结合高职院校会计专业及相关专业学生特点,本着"教育、考证、升学三融通"的原则编写了本书,以适应高职院校经管类专业"会计基础"课程的教学需求。

近年来,随着会计改革的不断深化,对《会计基础》教材提出了更高的要求。因此,我们依照2017年先后修订和新制定的准则——《关于修订印发2018年度一般企业财务报表格式的通知》等最新规定,对本书进行了全面编写。本书在内容上按照会计要素各项目分项展开,全面系统地介绍了会计基础的基本理论、基本知识和基本方法,以及最新的会计实务。该编排方式,一方面符合六大会计要素的编排顺序,通过对资产、负债、所有者权益、收入、费用、利润的逐一讲解,使知识结构更加系统;另一方面与职称考试的内容顺序保持一致,对学生参加职称考试有一定的帮助。

在本书的编写与修订过程中,我们力求突出以下特色。

1. 内容新颖,与会计改革同步

本书紧扣我国会计改革和税法改革步伐,将会计准则体系的理念、框架、方法融入教材内容之中,反映最新的会计实务操作规定,使教学内容更贴近实际工作,力求达到内容新颖,充分反映会计理论和会计实务改革发展的最新成果。

2. 知识规范,实用性强

在每章开头,提出了学习要求,以帮助学生加深对所学内容的理解;每章都配有大量的案例,使会计理论、会计准则的应用更具可操作性;每章都配有选择题、判断题、实务题等业务能力训练习题,方便学生巩固所学知识和进行实务训练。本书编排力求理论和实际相结合,尽量做到教材内容贴近现实,符合实际要求,可操作性强。

3. 由简到繁,由浅入深

本书体系本着由简到繁、由浅入深的原则编排,对内容的论述力求做到深入浅出、通俗易懂,通过大量案例、图表使所述内容形象生动,力求做到复杂问题简单化,既适合教师讲授,也便于学生自学。

4. 体现学历证书与职业资格证书、专业继续教育相融通的原则

本书在内容编排上除严格按照本课程教学大纲要求外，还参照了初级会计实务考试大纲和本地区"专升本"专业继续学习教育的考试大纲的要求，把会计专业技术资格考试大纲和"专升本""基础会计"课程考试大纲融入课程体系，把会计专业教学与会计职业资格证书考试融为一体，突出了学历教育与会计职业资格证书教育、专业继续教育相融通的三重功能。

本书由云南能源职业技术学院赵瑜、薛志国、刘莉娟担任主编，赵明媚、张然、陶隽璇、朱飞、钱欣担任副主编，保艳林、陈璐、李婧瑞参编。全书由赵瑜拟订编写大纲、确定内容结构，薛志国、刘莉娟负责总纂、修改和定稿，赵明媚、张然、陶隽璇、朱飞、钱欣、保艳林、陈璐、李婧瑞合力编写。具体分工如下：赵瑜编写项目一，保艳林编写项目二、张然编写项目三、钱欣编写项目四、陶隽璇编写项目五、朱飞编写项目六、薛志国编写项目七、赵明媚编写项目八、刘莉娟编写项目九、李婧瑞编写项目十、陈璐编写项目十一。

本书在编写过程中借鉴了有关财务会计研究的最新成果，参考了大量相关财经法规和著作，在此向这些论著和作者表示衷心感谢，向关心、支持本书编写的单位和个人表示衷心感谢。

由于编写时间仓促，加之编者水平有限，书中疏漏与不当之处在所难免，敬请广大读者批评指正。

编者

2020 年 11 月

目 录

项目一 认识会计……………………… 1
  任务一 会计概述……………………… 1
    一、会计的定义……………………… 1
    二、会计的职能……………………… 5
    三、会计对象………………………… 7
    四、会计目标………………………… 8
  任务二 会计核算的假设…………… 12
    一、会计主体………………………… 12
    二、持续经营………………………… 13
    三、会计分期………………………… 13
    四、货币计量………………………… 14
  任务三 会计核算基础……………… 15
    一、权责发生制……………………… 15
    二、收付实现制……………………… 15
    三、权责发生制与收付实现制的具体
        运用……………………………… 15
  任务四 会计计量…………………… 17
    一、会计计量单位…………………… 17
    二、会计计量基础…………………… 17
  任务五 会计方法…………………… 18
    一、设置会计科目及账户…………… 18
    二、复式记账………………………… 18
    三、填制和审核会计凭证…………… 19
    四、登记会计账簿…………………… 19
    五、成本计算………………………… 19
    六、财产清查………………………… 19
    七、编制财务会计报告……………… 19
  项目练习……………………………… 20

项目二 认识会计要素与会计等式…… 24
  任务一 会计要素…………………… 24
    一、会计要素的含义及种类………… 24
    二、会计要素的内容………………… 25
  任务二 会计等式…………………… 31
    一、会计等式的含义………………… 31
    二、财务状况等式…………………… 32
    三、经营成果等式…………………… 33
    四、扩展的会计等式………………… 33
  任务三 经济业务与会计等式……… 33
    一、经济业务的发生对会计等式的
        影响……………………………… 33
    二、经济业务与会计等式关系……… 37
  项目练习……………………………… 38

项目三 认识会计账户………………… 42
  任务一 会计账户的设置…………… 42
    一、会计科目………………………… 42
    二、会计账户的设置原则…………… 43
    三、会计账户的内容………………… 44
  任务二 会计账户的结构…………… 45
  任务三 会计账户的分类…………… 47
    一、按提供信息详细程度分类……… 47
    二、按经济内容分类………………… 48
    三、按经济用途和结构分类………… 49
  项目练习……………………………… 57

项目四 认识复式记账………………… 61
  任务一 复式记账原理……………… 61

一、单式记账法……………………61
　　二、复式记账法……………………62
任务二　借贷记账法……………………62
　　一、借贷记账法的基本内容………62
　　二、借贷记账法的应用……………69
　　三、借贷记账法应用实例…………70
项目练习…………………………………73

项目五　认识会计凭证……………78
任务一　会计凭证概述…………………78
　　一、会计凭证的作用………………78
　　二、会计凭证的种类………………79
任务二　原始凭证………………………88
　　一、原始凭证的基本内容…………88
　　二、原始凭证的填制………………88
　　三、原始凭证的审核………………91
任务三　记账凭证………………………92
　　一、记账凭证的基本内容…………92
　　二、记账凭证的填制………………93
　　三、记账凭证的审核………………96
任务四　会计凭证的传递和保管………97
　　一、会计凭证的传递………………97
　　二、会计凭证的保管………………98
项目练习…………………………………99

项目六　认识会计账簿……………105
任务一　会计账簿概述…………………105
　　一、会计账簿的作用………………105
　　二、会计账簿的种类………………106
　　三、会计账簿的基本内容…………109
任务二　会计账簿登记的要求和
　　　　方法……………………………110
　　一、启用会计账簿的要求…………110
　　二、会计账簿登记的基本要求……110
　　三、错账的更正方法………………111
　　四、会计账簿的登记方法…………113
任务三　对账和结账……………………117

　　一、对账……………………………117
　　二、结账……………………………118
任务四　账簿的更换与保管……………120
　　一、账簿的更换……………………120
　　二、账簿的保管……………………120
项目练习…………………………………121

项目七　认识制造企业主要经济业务的
　　　　　核算……………………125
任务一　制造企业主要经济业务
　　　　概述……………………………125
　　一、制造企业的含义及其生产
　　　　过程……………………………125
　　二、制造企业资金的转化形态……126
任务二　资金筹集业务的核算…………126
　　一、自有资金业务的核算(所有者权益
　　　　筹资)……………………………126
　　二、负债筹资业务的核算…………132
　　三、采购业务的核算………………135
　　四、生产业务的核算………………148
　　五、销售业务的核算………………152
　　六、期间费用的账务处理…………157
　　七、利润形成与分配业务的账务
　　　　处理……………………………160
项目练习…………………………………167

项目八　认识财产清查……………172
任务一　财产清查概述…………………172
　　一、财产清查的意义………………172
　　二、财产清查的分类………………173
　　三、财产清查的一般程序…………174
　　四、财产物资的盘存制度…………175
任务二　财产清查的内容和方法………176
　　一、货币资金的清查………………176
　　二、实物资产的清查………………179
　　三、结算往来款项的清查…………180
任务三　财产清查结果的处理…………181

一、财产清查结果的处理程序……181
二、财产清查结果的账务处理……182
项目练习……186

项目九　认识财务会计报告……191
　任务一　财务会计报告概述……191
　　一、编制财务会计报告的目的……191
　　二、财务会计报告的组成……192
　　三、编制财务会计报告的基本
　　　　要求……193
　任务二　资产负债表……194
　　一、资产负债表的作用……194
　　二、资产负债表的内容及格式……195
　　三、资产负债表的编制方法……197
　任务三　利润表……199
　　一、利润表的作用……199
　　二、利润表的结构……200
　　三、利润表的编制……201
　任务四　现金流量表……203
　　一、现金流量表的作用……203
　　二、现金流量表的内容和结构……203
　　三、现金流量表的编制……205
　任务五　财务会计报告的对外
　　　　提供……206
　　一、报送内容……206
　　二、报送对象……206
　　三、报送时限……206
　任务六　财务会计报告分析……207
　　一、财务会计报告分析的目的……207
　　二、财务会计报告分析常用的方法……207
　　三、常用比率指标的运用……208
　项目练习……212

项目十　认识会计核算组织程序……217
　任务一　会计核算组织程序概述……217
　　一、会计核算组织程序的意义……217
　　二、会计核算组织程序的原则……218

三、会计核算组织程序的种类……218
任务二　记账凭证核算组织程序……218
　一、记账凭证核算组织程序的特点和
　　　核算要求……218
　二、记账凭证核算组织程序的核算
　　　流程……219
　三、记账凭证核算组织程序的优缺点及
　　　适用范围……219
　四、记账凭证核算组织程序举例……219
任务三　汇总记账凭证核算组织
　　　程序……239
　一、汇总记账凭证核算组织程序的
　　　特点和核算要求……239
　二、汇总记账凭证核算组织程序的核算
　　　流程……240
　三、汇总记账凭证的编制……240
　四、汇总记账凭证核算组织程序的
　　　优缺点及适用范围……242
　五、汇总记账凭证核算组织程序
　　　举例……242
任务四　科目汇总表核算组织
　　　程序……244
　一、科目汇总表核算组织程序的特点和
　　　核算要求……244
　二、科目汇总表核算组织程序的核算
　　　流程……244
　三、科目汇总表的编制方法……245
　四、科目汇总表核算组织程序的
　　　优缺点及适用范围……245
　五、科目汇总表核算组织程序
　　　举例……245
任务五　日记总账核算组织程序……247
　一、日记总账核算组织程序的特点及
　　　核算要求……247
　二、日记总账的登记方法……247
　三、日记总账核算组织程序的核算
　　　流程……248

四、日记总账核算组织程序的优缺点和
　　　　适用范围……………………248
任务六　多栏式日记账核算组织
　　　　程序……………………248
　　一、多栏式日记账核算组织程序的
　　　　特点和核算要求……………248
　　二、多栏式日记账核算组织程序的核算
　　　　流程……………………248
　　三、多栏式日记账核算组织程序的
　　　　优缺点及适用范围……………249
项目练习………………………249

项目十一　认识会计工作组织……………255
任务一　会计工作组织的概念………255
　　一、会计工作组织的意义…………255
　　二、组织会计工作的原则…………256

任务二　会计机构和会计人员………257
　　一、会计机构…………………258
　　二、代理记账…………………258
　　三、会计岗位的设置………………259
　　四、会计人员…………………260
　　五、会计职业道德………………262
任务三　会计法和会计准则…………263
　　一、会计法……………………263
　　二、会计准则…………………265
任务四　会计工作交接与会计
　　　　档案……………………267
　　一、会计工作交接………………267
　　二、会计档案管理………………269
项目练习………………………273

项目一

认识会计

> **学习要求**
> 1. 了解会计的产生和发展、会计核算方法体系的构成及会计循环步骤；
> 2. 掌握会计的定义与特点，以及会计的基本职能、对象和目标；
> 3. 掌握会计记账基础；理解会计信息质量要求和会计假设。

任务一 会计概述

一、会计的定义

会计是现代企业的一项重要的基础性工作，通过一系列会计程序，提供对企业决策有用的信息，并积极参与经营管理决策，提高企业经济效益，服务于市场经济，使市场经济健康有序地发展。美国会计学会对会计的定义是：确认、计量和传达经济信息的过程，以使信息使用者做出明智的判断和决策。我国会计理论界对会计的定义，具有代表性的观点有"管理工具论""管理活动论"和"信息系统论"。"管理工具论"认为，会计是一种经营管理工具，它是为管理服务的，会计本身只侧重于会计的核算或反映。"管理活动论"认为，会计不仅是管理经济的工具而且它本身就具有管理的职能，是人们从事的一种管理活动。"信息系统论"认为，会计是为提高企业和各单位活动的经济效益、加强经济管理而建立的一个以提供财务信息为主的经济信息系统。

(一) 会计的产生

在人类社会历史上，物质资料的生产是会计产生和发展的基础。由于生产的发展，人们和社会关心生产投入的耗费和产出的成果，以及投入和产出的效益和成果分配的状况，从而要求并促进了对生产的核算和管理。生产越发展，对生产的核算与管理越重要。不论在何种社会状态下，人们在进行生产活动时，总是希望以尽可能少的劳动耗费取得尽可能多的劳动成果，做到所得大于所费，以提高经济效益。为了达到这一目的，人们在社会生产中除了不断采用新技术、新工艺外，还必须加强经营管理，对劳动耗费和劳动成果进行观察、记录、计算、分析、比较，借以掌握生产活动的过程和结果，促使人们的生产活动按照预期的目标进行。以记录、计算、分析、考核为主要工作内容的会计正是顺应此要求而产生的。由此可见，会计的产生是人类进行物质资料生产的实践和经济管理的客观需要。

(二) 会计的发展

会计诞生在何时、发源于何地，至今尚很难确切地加以指明，其产生同社会生产密切联系。早在原始社会，当猎物、谷物等有剩余时，人们要计算着食用或相互交换，这样就需要简单的记录和计算。但由于当时文字还没有出现，所以一开始是"绘图记事"，然后发展到"结绳记事""刻石记事"等。以上这些简单的记录，就是会计的萌芽。无论在中国还是在外国，会计都是很早就存在了。但是最初的会计只是作为生产职能的附带部分，并没有成为一种独立的生产管理活动，只是当社会生产力发展到一定阶段，生产规模不断扩大时，会计才逐渐地从生产职能中分离出来，成为专职人员从事的一种工作。此后，随着社会经济的发展、科学技术的进步及管理要求的不断提高，会计的方法、理论、思想也在不断地发展和完善。

1. 我国会计的发展

中国古代会计经历了漫长的发展过程。

据史料记载，"会计"一词在西周时代就已出现，并开始运作，当时在朝廷中设立了"大宰""司会"的专门官职，掌管朝廷中的钱粮赋税等收支和管理大权，并建立"日成""月要"和"岁会"等报告文书用以考察每日、每月和每年的财政状况。

春秋战国时期，会计记录已由用实物量度开始向货币量度转变。到了宋朝，封建经济发展较快，为了适应经济管理的客观要求，创建了"四柱结算法"，把财政收支分为"元管""新收""已支""现在"四个部分，作为计算财产物资增减变化情况的方法。明朝初年把它概括为"四柱清册"记账法，"四柱"指"旧管""新收""开除""实在"，通过"旧管(期初结存)"＋"新收(本期收入)"＝"开除(本期支出)"＋"实在(期末结存)"的平衡关系进行结账，以算清并交代经管财物的责任。

明末清初，为适应商业和手工业发展要求，在"四柱式"基础上出现了一种被称为"龙门账"的更加完善的会计核算方法，它把全部账目分为"进(收入)""缴(支出)""存(资产)""该(负债)"四大类，运用"进－缴＝存－该"的方程式，计算盈亏数额，并分别编制"进缴表"和"存该表"，两表计算结果如果完全吻合，则称为"合龙门"。清代在此基础上又产生了"天地合账"，将一切账项分为"来账"和"去账"，在账簿上记录。账簿采用垂直书写，直行分上下两格，上格记收，称为"天"；下格记付，称为"地"；上下两格所记数额必须相等，称为"天地合"。"四柱清册""龙门账"和"天地合账"是我国劳动人民对会计发展的重大贡献，展示了中式簿记发展的历史轨迹。中华人民共和国成立以前，我国会计中西式并存。中华人民共和国成立以后，经济发展最初实行的是苏联的计划经济模式，同时为适应计划经济管理的需求，又引进了苏联的会计核算模式和会计管理制度。1978年，中国共产党第十一届三中全会召开后，党的工作重心转移到经济建设上来，开始实行有计划的商品经济，逐步向社会主义市场经济过渡，此时会计的地位和作用已明显提高。为了规范会计工作，1985年，我国颁布了《中华人民共和国会计法》(以下简称《会计法》)，使会计工作进入法制阶段。1992年，我国由计划经济完全转向社会主义市场经济，为适应社会主义市场经济的需要，财政部颁布了《企业会计准则》和《企业财务通则》，并同时制定了13个行业会计制度，从1993年7月1日起施行。这是我国会计与国际会计接轨的一项重大改革措施，也是中国会计理论与实践发展的一个重要里程碑。

根据《中华人民共和国会计法》的规定，中国企业会计准则由财政部制定。1992年至今，我国实行的社会主义市场经济在不断地发展和完善，为了保障会计工作更好地为社会主义市场经济服务，全国人民代表大会常务委员会于1993年和1999年两次修订《中华人民共和国会计法》。此间，从1997年起，我国财政部陆续颁布了《关联方关系及其交易的披露》《企业会计准则——现金流量表》等一系列具体的会计准则，对会计工作的具体操作规范做出了详细的规定。为了充分发挥会计在社会主义市场经济中的应有作用，保证财务会计报告的真实、完整，中华人民共和国国务院于2000年6月发布了《企业财务会计报告条例》，并于2001年1月1日开始实施。为了贯彻执行《中华人民共和国会计法》和《企业财务会计报告条例》，财政部于2000年12月29日发布了《企业会计制度》，并于2001年1月1日起暂在股份有限公司范围内执行。《企业会计制度》的发布，是我国会计核算制度的又一次重大改革，它对规范我国企业的会计核算行为，真实、完整地反映企业的财务状况、经营成果和现金流量，提高企业的会计信息质量具有深远的意义。随着改革的不断深入，尤其是我国加入世贸组织之后，世界经济一体化进程不断加快，因此为了提升我国会计标准的国际化水平，拉近与国际会计规则的距离，财政部于2006年2月发布了由1个基本准则和38个具体准则组成的新的会计准则体系，该套企业会计准则体系包括《企业会计准则——基本准则》和具体准则及有关应用指南。新准则要求上市公司从2007年1月1日起实施，之后逐步扩大到几乎所有大中型企业。新准则体系的发布，标志着我国企业财务会计进入了一个与国际会计惯例趋同的新时期，实现了与国际财务报告准则的趋同。

2. 国外会计的发展

据记载，在原始的小规模的印度公社已经有了记账员，登记和记录与农业项目有关的一切事项。距今大约四千年以前，古巴比伦就开始在金属或瓦片上做商业交易的记录。在公元前三四千年，古埃及法老已设有专职的"录事"，以管理宫廷的赋税收入和各项军饷、官吏俸禄等各项支出。中世纪封建时期，在基督教会中设专职官员管理赋税收入和各项开支，并设专门的账簿进行记录和报表制度。13世纪至15世纪，意大利沿地中海一带的城市里，商品货币经济比较发达；为适应借贷资本和商业资本的需要，产生了复式借贷记账法。1494年，意大利数学家卢卡·帕乔利著的《算术、几何、比及比例概要》一书中含有世界上最早对复式簿记的系统描述，该书的出版发行和在世界各国的传播，标志着近代会计的开始。18世纪60年代，在西欧开始的产业革命，使社会生产力大大提高，社会生产力对经济管理工作的客观要求越来越高，此时会计就显得更为重要。18世纪末19世纪初，美国的生产组织和经营形式发生了重大变革，即股份公司这种新的经济组织应运而生。股份公司的出现和发展，使资产所有权同资产经营权分离，对会计工作提出了更高的要求。会计所提供的信息要为会计信息使用者负责，这就要求企业所提供的会计报表必须经过执业会计师的检查，然后证明是否公允可靠，最后才能作为报表使用者决策的依据。这样就产生了审核经营者履行职责、维护股东集团和债权人利益的代理人——独立职业会计师，进行查账和公证业务。这一时期，股东集团和债权人所关心的是企业财务状况和盈利及其分配情况，向股东集团、债权人及外部利害关系人提供各种财务报表成为企业会计的中心任务，从而形成了"财务会计"概念，并普遍运用。第二次世界大战后，资本主义国家生产社会化程度大大提高，股份公司兴旺发达，跨国公司发展迅速，现代西方会计职能、作用、范围日趋扩大。20世纪30年代以后，为了使会计核算工作规范化、增强会计信息的真实性和可比性，西方各国先后研究和制定了会计准则，进一步将会计理论和方法推上了一个新的水平。20世纪40年代，在新技术革命的推动下，现代市场经济迅速朝系统化、信息化与科学化方向发展。进入20世纪50年代，生产和管理科学迅猛发展，竞争更加激烈，随着电子技术、空间技术的发展，各学科之间互相渗透，产生了系统论、控制论与信息论等新型基础理论学科，为会计与电子计算机结合和管理会计的形成奠定了基础。

传统的财务会计已不能满足企业生存和发展的需要。企业内部管理要求科学化，以及要加强事前、事中的预测和决策分析及事后的考核和评价，以适应竞争日益激烈的市场，于是以经营管理为核心职能的"管理会计"就诞生了，这是现代会计开端的标志。"财务会计"和"管理会计"是现代会计的两大分支。20世纪90年代，现代经济开始朝着信息化、知识化、全球化方向发展。

总之，会计的发展可划分为古代会计、近代会计和现代会计三个阶段。

(1) 古代会计。古代会计采用单式记账方法以实物和货币作为主要计量单位。

(2) 近代会计。复式记账法标志着近代会计的产生。

(3) 现代会计。管理会计从财务会计中分离出来，标志着现代会计的产生。

(三) 会计的概念

我们通过对会计的产生和发展认识到，会计是一种以货币作为主要计量单位，借助于专门的技术方法，对一定主体的经济活动进行确认、记录、计算、报告，旨在向有关方面提供会计信息，支持其判断和决策的一种经济服务行为的过程。由此会计的定义为：会计是以货币为主要计量单位，反映和监督一个单位经济活动的一种经济管理活动。在企业中，会计主要反映企业的财务状况、经营成果和现金流量，并对企业经营活动和财务收支进行监督。

【例1-1】(单选题)现代会计形成的重要标志是(　　)。

A. 出现了借贷记账法

B. 单式记账法的产生

C. 复式记账法的产生

D. 传统会计分化为财务会计与管理会计

【答案】D

【答案解析】本题考核现代会计形成的重要标志。传统会计分化为财务会计和管理会计两大分支，以及将电子计算机应用于会计领域，是会计发展史上具有划时代意义的重大事件，它是现代会计形成的重要标志。

二、会计的职能

会计职能是指会计在经济管理过程中或在经济活动中所具有的功能。作为"过程的控制和观念总结"的会计,具有会计核算和会计监督两项基本职能。而基本职能是指只要进行会计工作,就应该发挥的功能。会计还具有预测经济前景、参与经济决策、评价经营业绩等拓展职能。

(一) 会计核算职能

会计核算是指以货币为主要计量单位,对各单位的生产经营活动过程及结果进行连续、系统、准确记录、计算和报告,为经济决策提供数量信息的行为。会计核算职能,又叫反映职能,其贯穿于经济活动的全过程,是会计最基本和最重要的职能。会计核算也是会计的首要职能,是全部会计工作的基础,其内容主要包括:款项和有价证券的收付;财物的收发、增减和使用;债权、债务的发生和结算;资本、基金的增减;收入、支出、费用、成本的计算;财务成果的计算和处理;需要办理会计手续、进行会计核算的其他事项。

1. 会计核算的特点

会计核算的特点如下。

(1) 会计核算主要是利用货币量度,来综合反映各单位的经济活动的过程和结果。一般地,对于经济活动过程和结果的数量反映,可以采用三种量度,即实物量度、货币量度和劳动量度。但是由于经济活动的复杂性,只有货币量度可以综合反映和比较不同类别的经济活动及其结果,所以在会计核算中将货币作为主要计量单位,但会计核算并不绝对排除实物量度和劳动量度,而是将实物量度和劳动量度作为辅助量度。

(2) 会计核算具有完整性、连续性和系统性。①完整性,即对会计核算的所有内容都要进行计量、记录、报告,不能有任何遗漏;②连续性,即按经济业务发生的时间顺序进行不间断的计量、记录、报告;③系统性,即按科学的方法对会计对象进行分类,以及系统地加工、整理、汇总,以便提供经济管理所必需的数据资料。

2. 会计核算的程序

会计核算是会计工作的基础,会计核算必须遵守《中华人民共和国会计法》和有关财务制度的规定,符合有关会计准则和会计制度的要求,力求会计资料的真实、正确、完整,保证会计信息的质量。会计核算的程序包括会计确认、会计计量、会计记录和会计报告。在实际工作中,会计确认、会计计量和会计记录是紧密结合、同步进行的,确认和计量是记录的前提,而记录是确认和计量的结果,会计报告是会计信息系统的最终环节,也是确认、计量、记录的结果和目的。

(1) 会计确认是指按照规定的标准和方法,辨认和确定经济信息是否作为会计信息正式记录并列入财务报表的过程。会计确认分为初次确认和再次确认两种。初次确认是指对输入会计核算系统的原始经济信息的确认,实际上是经济数据能否转化为会计信息,并进入会计核算系统的筛选过程。初次确认的标准主要是发生的经济事项能否用货币计量,能够用货币计量的经济事项，可以进入会计系统；否则，将被排除在外。再次确认是指依据信息使用者的需要，确认账簿所记录的资料中哪些内容应列入财务报表，或者在财务报表中应揭示多少财务资料和何种财务资料的过程。

(2) 会计计量是指根据被计量对象的计量属性，选择运用一定的计量单位和计量基础，确定应记录项目数量的会计处理过程。

(3) 会计记录是指将已确认的会计事项以会计专业技术在会计特有的载体上登记下来的过程。其中，会计专业技术是指专门的记账方法，会计记录的载体一般有纸质的会计凭证、会计账簿、会计报表和磁盘、光盘等。会计记录的手段有手工记录和电子计算机记录，其记录的形式包括序时记录和分类记录。

(4) 会计报告是指以会计记录为主要依据，采用表格和文字为主的形式，将会计数据传递给信息使用者，以便使用者进行决策的文件。

(二) 会计监督职能

会计监督是指通过预测、决策、控制、分析和考评等具体方法，促使经济活动按照既定的要求运行，以达到预期的目的。会计监督职能也称控制职能，是会计的另一项基本职能，是指会计利用一系列方法，掌握各单位经济活动，不使其任意活动超出规定的范围和标准，并不断促进、提高各单位的经济效益。任何经济活动都要有既定的目标，都应依照一定的规则进行，而会计监督职能就是使生产经营活动纳入社会所要求和人们所希望的轨道，并在最有利、最有效的条件下完成预期目标的一种管理职能。

1. 会计监督的特点

会计监督具有以下两个特点。

(1) 会计监督主要通过价值指标进行。履行会计监督职能的最终结果会对社会经济产生一定的影响或后果，这就是会计监督的作用。会计监督的作用是实现会计监督职能的最重要的体现形式，也是检验会计监督实施效果并借以评价会计监督机制优劣的根本标准。会计监督的基础是会计核算资料，而会计核算是以货币为主要计量单位，因此会计监督也必然通过价值指标来进行。例如，出差人员报销差旅费时，会计人员应依据有关的法律、法规，或者企业的一些具体规章制度等进行监督，超过标准的不合法部分或不合理的开支，不予报账。

(2) 会计监督包括事前监督、事中监督和事后监督。会计监督就是以一定的标准和要求，利用会计所提供的信息对各单位的经济活动进行有效的指导、控制和调节，以达到预期的目的，其内容包括监督经济业务的真实性、监督财务收支的合法性、监督公共财产的完整性。会计监督应贯穿会计工作的全过程，包括事前监督、事中监督和事后监督。事前监督是指参与经济预测、计划或预算的编制等；事中监督又称日常监督，是指审查业务收支及生产耗费，督促生产经营业务的进行和计划的执行；事后监督主要是检查财产物资的安全与完整，分析、考核计划的完成及经济效益情况等。

2. 会计监督的依据

会计监督是指单位内部的会计机构和会计人员、依法享有经济监督检查职权的政府有关部门、依法批准成立的社会审计中介组织，对国家机关、社会团体、企事业单位经济活动的合法性、合理性和会计资料的真实性、完整性，以及本单位内部预算执行情况所进行的监督。会计监督的依据是合法性和合理性。合法性是指依据国家颁布的法令、法规等监督经济活动；合理性是指依据客观经济规律及经营管理等方面的要求监督经济活动。会计监督的核心就是要保证经济活动的合法性及防止损失和浪费。会计监督的主要依据有以下四点。

(1) 国家法律、法规、规章。
(2) 会计法律、法规和国家统一会计制度。
(3) 单位内部会计控制制度。
(4) 单位内部预算、财务计划、业务计划。

(三) 会计的核算职能和监督职能的关系

会计核算是会计工作的基础，会计监督是会计工作质量的保证。会计核算和监督贯穿于会计工作的全过程，是会计工作的两大基本职能；会计核算职能与会计监督职能是相辅相成、辩证统一的关系。会计核算是会计监督的基础和前提，是最基本和最重要的职能，没有会计核算所提供的可靠、完整的会计信息，会计监督就没有客观依据；会计监督又是会计核算的质量保证，没有严格的监督，会计核算也就失去了意义。

【例1-2】(多选题)下列属于会计职能的有(　　)。
A. 会计核算　　　B. 会计监督　　　C. 预测经济前景　　　D. 参与经济决策
【答案】ABCD

三、会计对象

(一) 会计对象的概念

会计的对象，也称会计的客体。由于会计是以货币作为主要计量单位，对一定主体的经济活动进行核算和监督，所以会计核算和监督的内容就是会计的对象。一般将会计对象概括为社会再生产过程中能够用货币表现的经济活动，也称价值运动或资金运动。这就限定了会计对象不是社会再生产过程中的全部经济活动，而仅指其中能用货币表现的经济活动。资金运动，从其形态来看，总是表现为相对静止和显著变动两种状态。相对静止状态，是指相对某一时刻来说资金的表现形态。任何组织要开展业务活动，都需要有一定的财产物资，包括房屋、车辆、机器、设备、能源、材料、现金、银行存款等，这些都是资金的具体表现形态，从某一时刻来看，它们是静止不动的，而另一时刻，它们可能会发生变化，因而说其是相对静止的。显著变动状态，是指从某一时期来说资金的表现，通常表现为资金的循环和周转。随着单位业务活动的开展，资金形态会不断发生变化，如以银行存款购买材料、材料投入生产、产品销售收回货款等，都会使资金发生明显的变化。综上所述，会计对象首先是指会计核算和监督的内容；其次是再生产过程中以货币表现的经济活动，即资金运动或价值运动；最后是特定主体能够以货币表现的经济活动。

(二) 会计对象的具体表现

资金运动，从其运动的程序来看，包括资金投入、资金周转和资金退出三个基本环节。

这三个基本环节与一定的组织单位联系起来，就会表现为单位的具体业务活动。由于各单位业务活动的方式及其内容不尽相同，会计对象的具体内容也就不完全一致，即使同样是企业，制造企业、商品流通企业、交通运输企业、金融企业等也均有各自资金运动的特点。由于制造企业主要是从事产品生产和销售的营利性经济组织，其资金运动最具代表性，因此，下面仅以制造企业的资金运动为例，说明会计对象在企业中的具体表现。

1. 资金的投入

资金包括企业所有者(投资者)投入的资金和债权人投入的资金两部分，前者属于企业所有者权益，后者属于企业债权人权益即企业负债。制造企业要开展生产经营活动，必须要投入一定的资金，用于购建财产物资、支付前期费用等，以形成一定的生产能力或经营能力，为生产产品创造条件。企业资金的来源主要有所有者投入的资本金和债权人投入的资金两部分。投入的资金会以各种方式存在于企业，如现金、银行存款、材料、厂房、设备、运输车辆等。所有者投入的资本金不必在未来某个确定的日期偿还，而是按其出资额分得利润、承担风险；债权人提供的资金要求企业在将来特定日期偿还，并通常附带利息。

2. 资金的运用(周转)

制造企业要达到盈利的目的，就要不断地运用资金，开展经营活动。制造企业的经营活动过程按照其业务内容可划分为供应(采购)过程、生产过程和销售过程三个阶段。供应(采购)过程包括：企业购买原材料、生产设备，发生材料费、运输费、装卸费等材料采购成本，与供应单位发生货款的结算关系。生产过程包括企业发生原材料消耗的材料费、固定资产磨损的折旧费、生产工人劳动耗费的人工费等；同时，还将发生企业与工人之间的工资结算关系、与有关单位之间的劳务结算关系等。销售过程包括企业发生的有关销售费用、收回货款等业务活动，并同购货单位发生货款结算关系等。

3. 资金的退出

资金的退出过程包括偿还各项债务(借款)、上缴各项税费、向所有者分配利润等。

【例1-3】(多选题)企业的生产经营活动通常包括采购(或供应)、生产和销售三个阶段，下列各项中，属于采购过程的有( )。

A. 购买设备　　　　　　　B. 购买生产线
C. 建造厂房　　　　　　　D. 购买原材料

【答案】 ABCD

四、会计目标

会计目标是指会计核算和监督所要达到的目的，其主要包括：①反映企业管理层受托责任的履行情况；②向会计信息使用者提供决策有用的会计信息。由于会计总是处于一定的社会经济环境中，会计目标无疑受到社会经济环境的制约，因此，在不同的社会经济环境下，不同的社会制度和经济体制，会对会计提出不同的目标。市场经济条件下，会计目标可以概括为提供真实、可靠的会计信息给使用者，以满足各方的决策需求。因而，从本质上来讲，会计目标所要解决的问题是向谁提供会计信息和提供什么样的会计信息。

(一) 会计信息使用者

现代企业的所有权和经营权相分离,在市场经济条件下,企业处于错综复杂的经济关系中,根据会计信息进行有关经济决策的组织或个人,就是会计信息使用者。按照信息使用者与企业的关系,可分为企业内部使用者和企业外部使用者。企业内部使用者是指企业内部的经营管理人员;企业外部使用者包括投资者、政府、中介机构、供应商、顾客等。不同的信息使用者,需求信息的种类和内容不同。

(二) 会计信息质量要求(特征)

会计信息质量要求是对企业财务报告中所提供会计信息质量的基本要求,是使财务报告中所提供会计信息对投资者等使用者决策有用应具备的基本特征,主要包括可靠性、相关性、可理解性、可比性、实质重于形式、重要性、谨慎性和及时性等。会计信息质量要求如图1-1所示。

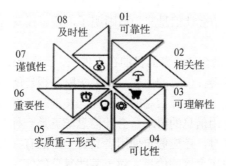

图1-1 会计信息质量要求

1. 可靠性

可靠性要求企业应当以实际发生的交易或事项为依据进行确认、计量和报告,如实反映符合确认和计量要求的各项会计要素及其他相关信息,保证会计信息真实可靠、内容完整。

会计信息要有用,必须以可靠为基础,如果财务报告所提供的会计信息是不可靠的,就会让投资者等使用者的决策产生误导甚至损失。为了贯彻可靠性要求,企业应当做到以下几点。

(1) 以实际发生的交易或事项为依据进行确认、计量,将符合会计要素定义及其确认条件的资产、负债、所有者权益、收入、费用和利润等如实反映在财务报表中,不得根据虚构的、没有发生的或尚未发生的交易或事项进行确认、计量和报告。

(2) 在符合重要性和成本效益原则的前提下,保证会计信息的完整性,其中包括编报的报表及其附注内容等,不能随意遗漏或减少应披露的信息,与使用者决策相关的有用信息都应当充分披露。

(3) 在财务报告中的会计信息应当是中立、无偏的。如果企业在财务报告中为了达到事先设定的结果或效果,而有选择地列示有关会计信息以影响决策和判断,则该财务报告信息就不是中立的。

2. 相关性

相关性要求企业提供的会计信息应当与投资者等财务报告使用者的经济决策需要相关，有助于投资者等财务报告使用者对企业过去、现在或未来的情况做出评价或预测。会计信息是否有用、有价值，关键是看其与使用者的决策需要是否相关，是否有助于决策或提高决策水平。相关的会计信息应当能够有助于使用者评价企业过去的决策，证实或修正过去的有关预测，因而具有反馈价值。相关的会计信息还应当具有预测价值，有助于使用者根据财务报告所提供的会计信息预测企业未来的财务状况、经营成果和现金流量。例如，区分收入和利得、费用和损失，区分流动资产和非流动资产、流动负债和非流动负债及适度引入公允价值等，都可以提高会计信息的预测价值，进而提升会计信息的相关性。会计信息质量的相关性要求，需要企业在确认、计量和报告会计信息的过程中，充分考虑使用者的决策模式和信息需要。但是，相关性是以可靠性为基础的，两者之间并不矛盾，不应将两者对立起来。也就是说，会计信息在可靠性前提下，尽可能地做到相关性，以满足投资者等财务报告使用者的决策需要。

3. 可理解性

可理解性要求企业提供的会计信息应当清晰明了，便于投资者等财务报告使用者理解和使用。

企业编制财务报告、提供会计信息的目的在于使用，而要让使用者有效地使用会计信息，了解会计信息的内涵，弄懂会计信息的内容，就要求财务报告所提供的会计信息清晰明了、易于理解。只有这样，才能提高会计信息的有用性，实现财务报告的目标，满足向投资者等财务报告使用者提供决策有用信息的要求。会计信息毕竟是一种专业性较强的信息产品，在强调会计信息可理解性的同时，还应假定使用者具有一定的有关企业经营活动和会计方面的知识，并且愿意付出努力去研究这些信息。对于某些复杂的信息，如交易本身较为复杂或会计处理较为复杂，但其与使用者的经济决策相关，企业就应当在财务报告中予以充分披露。

4. 可比性

可比性要求企业提供的会计信息应当相互可比，其主要包括以下两层含义。

1) 同一企业不同时期可比

为了便于投资者等财务报告使用者了解企业财务状况、经营成果和现金流量的变化趋势，比较企业在不同时期的财务报告信息，全面、客观地评价过去、预测未来，从而做出决策，会计信息应当可比。会计信息质量的可比性要求同一企业不同时期发生的相同或相似的交易或事项，应采用一致的会计政策，不得随意变更。但是，满足会计信息可比性要求，并非表明企业不得变更会计政策，如果按照规定或在会计政策变更后，可以提供更可靠、更相关的会计信息，则可以变更会计政策。有关会计政策变更的情况，应当在附注中予以说明。

2) 不同企业相同会计期间可比

为了便于投资者等财务报告使用者评价不同企业财务状况、经营成果和现金流量及其变动情况，会计信息质量的可比性要求不同企业同一会计期间发生的相同或相似的交易或事项，应采用相同或相似的会计政策，确保会计信息口径一致、相互可比，以使不同企业按照一致的确认、计量和报告要求提供有关会计信息。

5. 实质重于形式

实质重于形式要求企业应按照交易或事项的经济实质进行会计确认、计量和报告，而不是仅以交易或事项的法律形式为依据。企业发生的交易或事项在多数情况下的经济实质和法律形式是一致的。但在以下一些特定情况下，会出现不一致：以融资租赁方式租入的资产，虽然从法律形式上来讲企业并不拥有其所有权，但是租赁合同中规定的租赁期相当长，接近于该资产的使用寿命；租赁期结束时承租企业有优先购买该资产的选择权；在租赁期内承租企业有权支配资产并从中受益；等等。因此，从经济实质来看，企业能够控制融资租入资产所创造的未来经济利益，在会计确认、计量和报告上应将以融资租赁方式租入的资产视为企业的资产，列入企业的资产负债表。

6. 重要性

重要性要求企业提供的会计信息应反映与企业财务状况、经营成果和现金流量有关的所有重要交易或事项。在实务中，如果会计信息的省略或错报影响投资者等财务报告使用者的决策判断，该信息就具有重要性。重要性的应用需要依赖职业判断，企业应根据其所处环境和实际情况，从项目的性质和金额大小两方面加以判断。

【例1-4】(判断题)重要性要求的应用很大程度上取决于会计人员的职业判断，一般来说，应根据企业所处环境和实际情况，从项目性质和金额的大小两方面加以判断。

【答案】正确。

7. 谨慎性

谨慎性要求企业对交易或事项进行会计确认，计量和报告应保持谨慎，不应高估资产或收益、低估负债或费用。在市场经济环境下，企业的生产经营活动面临着许多风险和不确定性，如应收款项的可收回性、固定资产的使用寿命、无形资产的使用寿命、售出存货可能发生的退货或返修等。会计信息质量的谨慎性要求，企业在面临不确定性因素的情况下做出判断时，应保持谨慎，充分估计各种风险和损失，既不高估资产或收益，也不低估负债或费用。例如，要求企业对可能发生的资产减值损失计提资产减值准备、对售出商品可能发生的保修义务等确认预计负债等，就体现了会计信息质量的谨慎性要求。谨慎性的应用不允许企业设置秘密准备。如果企业故意低估资产或收益，或者故意高估负债或费用，则不符合会计信息的可靠性和相关性要求，损害会计信息质量，扭曲企业实际的财务状况和经营成果，从而对使用者的决策产生误导，这是不符合会计准则要求的。

8. 及时性

及时性要求企业对于已经发生的交易或事项，应及时进行确认、计量和报告，不得提前或延后。会计信息的价值在于帮助所有者或其他方面做出经济决策，具有时效性。即使是可靠的、相关的会计信息，如果不及时提供，就失去了时效性，对于使用者的效用就会大大降低，甚至不再具有实际意义。在会计确认、计量和报告过程中贯彻及时性，一是要求及时收集会计信息，即在经济交易或事项发生后，及时收集整理各种原始单据或凭证；二是要求及时处理会计信息，即按照会计准则的规定，及时对经济交易或事项进行确认或计量，并编制财务报告；三是要求及时传递会计信息，即按照国家规定的有关时限，及时地将编制的财务报告传递给财务报告使用者，便于其及时使用和决策。在实务中，为了及时提供会计信息，可能需要在有关交易或事项的信息全部获得之前即进行会计处理，这样虽然满足了会计信息的及时性要求，但可能会影响会计信息的可靠性；反之，如果企业等到与交易或事项有关的全部信息获得之后再进行会计处理，这样的信息披露虽然提高了信息的可靠性，但可能会由于时效性问题，将大大降低投资者等财务报告使用者决策的有用性。这就需要在及时性和可靠性之间做权衡，以投资者等财务报告使用者的经营决策需要为判断标准。

【例1-5】(单选题)在财产所有权与管理权相分离的情况下，会计的根本目标是(　　)。
A. 向财务报告使用者提供会计信息　　B. 核算和监督特定主体的经济活动
C. 反映企业管理层受托责任履行情况　　D. 提供经济效益
【答案】C
【答案解析】现代企业的所有权和经营权相分离，企业管理层受委托人之托经营和管理企业。会计目标要求会计信息应能充分反映企业管理层受托责任的履行情况，帮助委托者评价企业经营管理和资源使用的有效性。

任务二　会计核算的假设

会计核算的会计假设又称基本前提，是对会计核算所处的时间、空间环境及计量尺度等所做的合理设定，是全部会计工作的基础。会计核算对象的确定、会计方法的选择、会计数据的搜集都要以一系列的假设(或前提)为依据。按照我国《企业会计准则——基本准则》的规定，会计核算的会计假设包括会计主体、持续经营、会计分期和货币计量。

一、会计主体

会计主体假设的提出，为会计工作明确了空间范围和界限，解决了会计为谁核算的问题，为准确地提供会计信息奠定了基础。会计主体是指企业会计确认、计量和报告的空间范围。为了向财务报告使用者反映企业财务状况、经营成果和现金流量，提供与其决策有用的信息，会计核算和财务报告的编制应集中于反映特定对象的活动，并将其与其他经济主体区分开来，才能实现财务报告的目标。

在会计主体假设下，企业应对其本身发生的交易或事项进行会计确认、计量和报告，反映企业本身所从事的各项生产经营活动。明确界定会计主体是开展会计确认、计量和报告工作的重要前提。会计的各种要素都是与特定的经济实体相联系的概念范畴，一切会计核算工作都是站在特定会计主体立场上进行的。如果没有一个明确的主体范围，资产和负债就难以确定，收入和费用就无法衡量，各种会计核算方法也就无法应用。在会计主体前提下，企业应对其本身发生的交易或事项进行会计确认、计量和报告。会计核算的对象只限于企业自身的财务活动，不包括主体所有者、经营者本人及其他经济实体的财务活动。这样，有利于正确反映一个经济实体的财务状况和经营成果。明确会计主体，才能划定会计所要处理的各项交易或事项的范围。

会计主体不同于法律主体。一般来说，法律主体必然是一个会计主体，但是，会计主体不一定是法律主体。应当指出的是，会计主体与经济上的法人并不完全是一个概念。作为一个法人，其经济上必然是独立的，因此法人一般是会计主体，但是构成会计主体的并不一定是法人，例如，在企业集团的情况下，一个母公司拥有若干子公司，企业集团在母公司的统一领导下开展经营活动。母、子公司虽然是不同的法律主体，但是为了全面反映企业集团的财务状况、经营成果和现金流量，就有必要将这个企业集团作为一个会计主体，编制合并会计报表。再如，由企业管理的证券投资基金、企业年金基金等，尽管不属于法律主体，但属于会计主体，因此应当对每项基金进行会计确认、计量和报告。

【例1-6】(多选题)下列可以作为会计主体的有(   )。
　　A. 行政机关　　　　B. 非法人单位　　　　C. 企事业法人　　　　D. 企业集团
【答案】ABCD

二、持续经营

持续经营假设的提出，为会计工作明确了时间范围。持续经营，是指在可以预见的将来，企业会按当前的规模和状态继续经营下去，不会考虑破产和停业，也不会大规模削减业务。在持续经营的前提下，企业会计确认、计量和报告应当以企业持续、正常的生产经营活动为前提。只有在这一前提条件下，企业拥有的各项资产才能按原定的用途使用，承担的债务也将按现时承诺的条件清偿，经营成果也会不断形成，会计人员可以在此基础上选择会计方法。企业是否持续经营，在会计原则、会计方法的选择上有很大的差别。如果持续经营这一前提条件不存在了，那么一系列会计准则和会计方法也会相应地丧失其存在的基础。例如，如果判断企业会持续经营，就可以假定固定资产会在持续经营过程中长期发挥效用，固定资产就可以按照历史成本进行记录，并采用折旧的方法，将历史成本分摊到各个会计期间或相关产品的成本中。如果判断企业不会持续经营，固定资产就不应采用历史成本进行记录并按期计提折旧。

三、会计分期

会计分期的目的在于，通过会计期间的划分，将持续经营的生产经营活动分成连续、相等的期间。会计分期又称会计期间，是指将一个企业持续不断的生产经营活动人为地划分为若干期间。这一前提是从持续经营前提引申出来的，也可以说是持续经营前提的客观要求。在会计分期假设下，企业应划分会计期间，分期结算盈亏，按期编制财务报告，从而及时向财务报告使用者提供有关企业财务状况、经营成果和现金流量的信息。会计分期期间划分如图1-2所示。

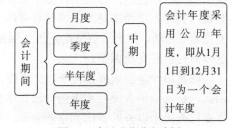

图1-2　会计分期期间划分

根据持续经营假设，一个企业将按当前的规模和状态持续经营下去。企业的经营活动，一般来说，自开业以后在时间上是持续不断的，但会计为了确定损益和编制财务会计报告，定期为使用者提供信息，就必须将持续不断的经营过程人为地划分成若干相等的期间。会计期间划分的长短会影响损益的确定,一般来说,会计期间划分得越短,反映经济活动的会计信息质量就越不可靠。当然,会计期间的划分也不能太长,否则会影响会计信息使用者及时使用会计信息的需要满足程度,因此,必须合理地划分会计期间。通常,划分会计期间,是指确定会计年度。我国会计实行的是按公历时间划分会计期间,即自每年1月1日起至该年12月31日止为一个会计年度。会计年度确定后,一般按日历确定会计半年度、会计季度和会计月度,称为会计中期。中期是指短于一个完整的会计年度的报告期间。有了会计期间这个前提,才产生了本期与非本期的区别,才产生了权责发生制和收付实现制的记账基础,进而出现了应收、应付、预收、预付和摊销、折旧的处理方法。由于有了会计分期,所以不同类型的会计主体有了记账的基准。

【例1-7】(单选题)形成权责发生制和收付实现制不同的记账基础,进而出现应收、应付、预收、预付、折旧、摊销等会计处理方法所依据的会计基本假设是( )。

A. 货币计量 B. 会计年度
C. 持续经营 D. 会计分期

【答案】D

四、货币计量

货币计量,是指企业在进行会计核算过程中采用货币作为主要计量单位,计量、记录和报告会计主体的生产经营活动。

在会计的确认、计量和报告过程中之所以选择货币为基础进行计量,是由货币的本身属性决定的,货币是一般等价物,是衡量一般商品价值的共同尺度,具有价值尺度、流通手段、贮藏手段和支付手段等特点。

其他计量单位,如重量、长度、容积、台、件等,只能从一个侧面反映企业的生产经营状况,无法在量上进行汇总和比较,不便于会计计量和经营管理。

会计目标是向信息使用者提供数量化的财务状况和经营成果的信息,货币计量这一前提为会计核算提供了一个通用的量化标准,通过采用这种标准可以将会计主体所发生不同种类的事项表述为可以进行加减的数字,有利于使用者对会计信息进行分析、比较、利用。需要指出的是,以货币作为统一计量单位是建立在币值基本稳定的基础上的,这实质上也是一种假设。实际上货币本身的价值是有可能变动的,但只要在允许的范围内变动,仍然可认为币值稳定。当然,如果币值变动超过了预定的范围,币值不稳定,货币计量假设就失去了基础,这一前提也应有所调整。

在货币计量假设或前提下,企业会计应当以货币计量。在我国,人民币是国家法定货币,因此,在《中华人民共和国会计法》中规定,我国的会计核算以人民币为记账本位币,业务收支以人民币以外的货币为主的企业,可以选定其中一种货币作为记账本位币,但是编报的财务会计报告应当折算为人民币。在境外设立的中国企业向国内报送的财务会计报告,也应当折算为人民币。

【例1-8】(多选题)下列关于会计核算的基本前提的描述正确的有( )。

A. 会计核算的四项基本前提具有相互依存、相互补充的关系
B. 没有会计主体,就不会有持续经营

C. 没有持续经营，就不会有会计分期
D. 没有货币计量，就不会有现代会计

【答案】ABCD

任务三　会计核算基础

会计核算基础，就是确认会计记账时间(收入或费用确认时间)的标准。在市场经济条件下，由于各种原因，使得经济业务发生的时间与相应的款项收支行为发生的时间不一致，会计核算又是以会计分期为前提的，这就需要确定究竟哪些经济业务所产生的结果归属于本会计期间，即应确定合理的标准。从理论上来说，会计核算基础有权责发生制和收付实现制两种。

一、权责发生制

权责发生制又称应收应付制，它是对收入和费用的确认，均以权力已经形成或义务、责任的真正发生为基础进行的，而不必等到实际收到或支付款项时才确认。其具体内容是：凡是当期已经实现的收入和已经发生或应当负担的费用，无论款项是否收付，都应作为当期的收入和费用，计入利润表；凡是不属于当期的收入和费用，即使款项在当期已经收到或已经付出，也不应作为当期的收入和费用。

权责发生制可以更加准确地反映特定会计期间真实的财务状况和经营成果。

二、收付实现制

收付实现制又称实收实付制，它是对收入和费用的确认，以实际收到或付出款项的日期为基础进行确认。其具体内容是：凡是收到了款项的期间作为收入实现的期间，凡是支付了款项的期间则作为费用的发生期间；反之，即使收入取得或费用发生，没有实际款项的收付也不应作为当期的收入和费用处理。

三、权责发生制与收付实现制的具体运用

企业是权责发生制的基础。在企事业单位，除经营业务采取权责发生制外，其他业务采取收付实现制。

我国《政府会计准则——基本准则》规定，政府会计由预算会计和财务会计构成。预算会计实行收付实现制(国务院另有规定的，依照其规定)，财务会计实行权责发生制。政府会计由预算会计和财务会计构成，具体如图1-3所示。

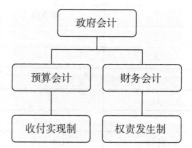

图1-3　政府会计由预算会计和财务会计构成

两种记账基础的主要区别在于处理业务的标准不同。收付实现制强调款项的实际收付；

权责发生制强调权力的形成和责任的发生。采用收付实现制作为会计基础，核算手续简单，但不利于正确地反映各期财务成果。因此，收付实现制只适合于非营利组织单位记账。采用权责发生制作为会计基础，虽然核算比较复杂，但确认的收入和费用比较真实，比较符合经济业务事项的经济实质，能真实地反映特定会计期间经营活动成果，适用于以盈利为目的的经济组织单位记账。我国 2006 年 2 月发布的《企业会计准则——基本准则》规定，企业应当以权责发生制为基础进行会计确认、计量和报告。

【例 1-9】(多选题)下列业务发生后，不应计入本期费用的有(　　)。
A. 预付下一季度报纸杂志费 6000 元
B. 摊销本月负担的杂志费 2000 元
C. 本月发生房屋租金 1000 元，尚未支付
D. 支付上月水电费 3200 元

【答案】AD

【答案解析】预付下一季度报纸杂志费 6000 元，应计入下一季度的费用；支付上月水电费 3200 元，应计入上月的费用。

【例 1-10】A 企业 2019 年 7 月份发生的经济业务如下。
(1) 7 月 3 日，销售产品 50 000 元已发货，货款当日收到并存入银行。
(2) 7 月 6 日，销售产品 50 000 元已发货，货款尚未收到。
(3) 7 月 11 日，以银行存款预付本年度 7—12 月份办公用房租金 6000 元。
(4) 7 月 15 日，收到前欠销货款 80 000 元并存入银行。
(5) 7 月 21 日，收到某购货单位预付的购买产品款 30 000 元存入银行，下月交货。
(6) 7 月 24 日，以银行存款支付销售产品运费 4000 元。
(7) 7 月 31 日，结算本月应负担的短期借款利息 1200 元，利息到期一次支付。

要求分别按权责发生制、收付实现制计算 A 企业 7 月份的收入和费用。

具体解答过程如表 1-1 所示。

表1-1　权责发生制与收付实现制的确认

单位：元

序号	权责发生制		收付实现制	
	收入	费用	收入	费用
1	50 000		50 000	
2	50 000			
3		1000		6000
4			80 000	
5			30 000	
6		4000		4000
7		1200		
合计	100 000	6200	160 000	10 000

任务四　会计计量

会计计量是指根据被计量对象的计量属性，选择运用一定的计量单位和计量基础，确定应记录项目数量的会计处理过程。

一、会计计量单位

会计计量单位是指计量尺度的量度单位，有实物量度、劳动量度和货币量度三种，如千克、米和人民币等。现代企业会计选择以货币量度为主，以实物量度和劳动量度为辅。

二、会计计量基础

会计计量基础又称会计计量属性，是指所用量度的经济属性，即按什么标准来记账，如桌子的长度、楼房的面积、发动机的功率等。在选择以货币作为主要计量单位的条件下，会计计量属性有历史成本、现行成本、可变现净值、未来现金流量、现值等多种计量基础。我国2006年2月发布的《企业会计准则——基本准则》规定，企业在将符合确认条件的会计要素登记入账并列报于会计报表及其附注时，应按照规定的会计计量属性进行计量，确定其金额。会计计量属性主要包括历史成本、重置成本、可变现净值、现值和公允价值五种。企业在对会计要素进行计量时，一般应采用历史成本；采用重置成本、可变现净值、现值、公允价值计量的，应保证所确定的会计要素金额能够取得并可靠计量。

(一) 历史成本

历史成本又称原始成本、实际成本，是指取得或制造某项财产物资所实际支付的现金或其他等价物。在历史成本计量下，资产按照购置时支付的现金或现金等价物的金额，或者按照购置资产时所付出的对价的公允价值计量；负债按照因承担现时义务而实际收到的款项或资产的金额，或者承担现时义务的合同金额，或者按照日常活动中为偿还负债预期需要支付的现金或现金等价物的金额计量。

(二) 重置成本

重置成本又称现行成本，是指按照当前市场条件企业重新取得与其所拥有的某项资产相同或与其功能相当的资产需支付的现金或现金等价物。在重置成本计量下，资产按照现在购买相同或相似资产所需支付的现金或现金等价物的金额计量；负债按照现在偿付该项债务所需支付的现金或现金等价物的金额计量。

(三) 可变现净值

可变现净值是指在正常生产经营过程中，以预计的售价减去进一步加工将要发生的成本和预计的销售费用及相关税费后的净值。在可变现净值计量下，资产按照其正常对外销售所能收到现金或现金等价物的金额扣减该资产至完工时估计将要发生的成本、销售费用及相关税费后的金额计量。

(四) 现值

现值是指对未来现金流量以恰当的折现率进行折现后的价值，是考虑货币时间价值的一种计量属性。在现值计量下，资产按照预计从其持续使用和最终处置中所产生的未来净现金流入量的折现金额计量；负债按照预计期限内需要偿还的未来净现金流出量的折现金额计量。

(五) 公允价值

公允价值是指在公平交易中，熟悉情况的交易双方自愿进行资产交换或债务清偿的金额。在公允价值计量下，资产和负债按照在公平交易中，熟悉情况的交易双方自愿进行资产交换或债务清偿的金额计量。

任务五　会计方法

随着会计的发展，会计方法也在不断地完善和发展。会计方法是履行会计职能，完成会计任务，实现会计目标的方式、方法，是会计管理的手段，包括会计核算方法、会计分析方法、会计检查方法、会计预测方法、会计决策方法等多种方法，其中会计核算方法是最基本、最主要的方法。

会计核算方法，是指对会计对象的具体内容进行连续、系统、准确地确认、计量、记录、计算、报告的手段，其主要内容包括设置会计科目及账户、复式记账、填制和审核会计凭证、登记会计账簿、成本计算、财产清查和编制财务会计报告七种专门方法。

一、设置会计科目及账户

设置会计科目及账户就是对会计对象的具体内容进行归纳分类的一种专门方法。会计对象的具体内容既繁多又复杂，为了便于记录，就要先根据会计对象的特点和经济管理上的需求，选择一定的标准进行归纳并分类为若干项目，并且确定每个项目的记账方向及记账内容，为进一步进行复式记账等打下基础。

二、复式记账

复式记账是指对每一笔交易或事项，都要以相等的金额，在相互联系的两个或两个以上账户中进行登记的一种记账方法。采用复式记账法不仅可以了解每一笔经济业务事项的来龙去脉，而且在全部交易、事项都登记入账后，还可以通过账户之间的相互关系进行检查，以确定账户记录是否正确。复式记账法是一种较为科学的记账方法。

三、填制和审核会计凭证

填制会计凭证是记录交易、事项，明确经济责任的一种专门方法，同时还是审核、检查交易、事项发生的真实性、合法性及合理性，取得登记账簿依据的一种专门方法。填制和审核会计凭证是保证会计核算质量及实行会计监督的重要手段。

四、登记会计账簿

登记会计账簿通常简称为记账，它是将会计凭证所提供的分散的会计资料进一步归纳汇总核算的一种专门方法。登记会计账簿要以会计凭证为依据，将一定时期所发生的交易、事项连续、系统、准确、分门别类地登记到账簿中，并定期进行结账和对账，以便为编制会计报表提供完整、准确的会计资料。

五、成本计算

成本计算是指按照一定的对象归集和分配在生产经营过程中所发生的各种费用支出，借以确定该对象的总成本及单位成本的一种专门方法。通过成本计算可以确定产品的总成本和单位成本，从而为进一步计算企业盈亏提供条件，还可以监督、检查成本是否节约或超支，因而成本计算不仅是会计核算的重要方法，而且还是会计监督的重要手段。

六、财产清查

财产清查是指通过对各项财产物资的实地盘点及债权债务的相互核对，以查明各项财产物资及往来款项的账面数与实存数是否相符的一种专门方法。财产清查一方面通过查明各项财产物资的实有数额来核对账面数额，使之达到账实相符，保证会计记录的真实性；另一方面借以检查各项财产物资的经管责任的落实及行使情况，保护财产物资安全完整。

七、编制财务会计报告

编制财务会计报告是根据会计账簿及日常核算资料，采用一定的表格形式，将分散的会计资料进一步归纳汇总，定期综合反映各单位的财务状况、经营成果和现金流量的一种专门方法。财务会计报告是会计核算的最终产品，其完整性、真实性、正确性和及时性，是衡量会计信息质量的重要标志，是会计信息使用者进行有关决策的重要参考依据。

上述各种会计核算方法是相互联系、密切配合的，形成一个统一的、完整的会计核算方法体系。设置会计科目及账户是复式记账的前提条件；复式记账是设置会计科目及账户的继续，它还使账户的基本结构有了明确的记账方向和内容，两者共同构成了编制会计凭证、登记会计账簿、进行成本计算的基础；填制和审核会计凭证是登记会计账簿的依据；而登记会计账簿又是对会计凭证的进一步整理、归纳和汇总；成本计算要以会计账簿为依据，同时它又丰富和完善了会计凭证和会计账簿的记录内容；财产清查以会计凭证、会计账簿为依据，同时财产清查又进一步验证了会计凭证和会计账簿记录的正确性及真实性；财务会计报告要以会计账簿为依据，同时它又是会计凭证、会计账簿等核算内容的进一步归纳和整理，是各种会计核算方法的直接目的之一。可见，会计核算方法体系是围绕"凭证—账簿—报告"的程序，随着会计期间的推进，而不断反复、相互配合的循环体。会计核算方法体系如图1-4所示。

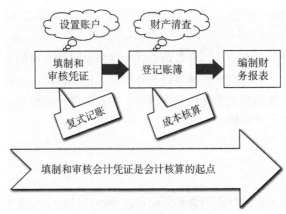

图1-4 会计核算方法体系

【例1-11】(单选题)下列各项中，属于会计核算最终环节的是( )。
A. 计量　　　　　　　　　　B. 确认当期应缴纳的所得税
C. 报告　　　　　　　　　　D. 记录
【答案】C

项目练习

一、单项选择题

1. 会计信息最高层次的质量特征是( )。
   A. 可靠性　　　　B. 相关性　　　　C. 决策有用性　　　　D. 可比性
2. 会计监督主要是通过( )来进行的。
   A. 实物量指标　　B. 劳动量指标　　C. 价值量指标　　　　D. 数量指标
3. 在( )计量下，资产按照现在购买相同或相似资产所需支付的现金或现金等价物的金额计量。
   A. 历史成本　　　B. 可变现净值　　C. 公允价值　　　　　D. 重置成本
4. 在会计核算信息质量要求中，要求合理核算可能发生的费用和损失的是( )。
   A. 谨慎性　　　　B. 可比性　　　　C. 实质重于形式　　　D. 及时性
5. 有了( )前提，才产生了本期和非本期的区别，才产生了权责发生制和收付实现制不同的记账基础。
   A. 货币计量　　　B. 持续经营　　　C. 会计分期　　　　　D. 会计主体

6. 会计的基本职能是(　　)
   A. 记录和计算　　B. 考核收支　　C. 核算和监督　　D. 分析和考核
7. 会计的一般对象可概括为(　　)。
   A. 再生产过程中的全部经济活动
   B. 再生产过程中能够用货币表现的经济活动
   C. 企业生产过程中发生的经济活动
   D. 行政事业单位的经济活动
8. 在会计核算基本前提中，确定会计核算空间范围的是(　　)。
   A. 持续经营　　B. 会计主体　　C. 会计分期　　D. 货币计量
9. 会计分期这一前提是从(　　)中引申出来的。
   A. 权责发生制　　B. 持续经营　　C. 货币计量　　D. 会计主体
10. 企业提供的会计信息应当与财务会计报告使用者的经济需要相关，有助于财务会计报告使用者对企业过去、现在或未来的情况做出评价或预测，是遵循(　　)的要求。
    A. 可比性　　B. 相关性　　C. 清晰性　　D. 及时性
11. 强调经营成果计算的企业适用于采用(　　)作为记账基础。
    A. 收付实现制　　B. 权责发生制　　C. 实地盘存制　　D. 永续盘存制
12. 企业按照交易或事项的经济实质进行会计核算，遵循的会计信息质量要求是(　　)。
    A. 可靠性　　B. 重要性　　C. 实质重于形式　　D. 权责发生制

二、多项选择题

1. 在我国财务会计实务中，允许使用的计量基础有(　　)。
   A. 现值　　B. 可变现净值　　C. 公允价值　　D. 历史成本
2. 会计信息质量的可比性要求(　　)。
   A. 同一企业不同时期的会计信息可比
   B. 对于发生的交易或事项应及时进行确认和计量
   C. 不同企业相同会计期间的会计信息可比
   D. 提供的会计信息应与财务报告使用者的决策需要相关
3. 会计核算的基本前提包括(　　)。
   A. 会计主体　　B. 持续经营　　C. 会计分期　　D. 货币计量
4. 根据权责发生制基础，应计入本期收入和费用的有(　　)。
   A. 属于本期的费用，尚未支付
   B. 属于以后各期的费用，但已支付
   C. 本期实现的收入，并已收款
   D. 本期实现的收入，尚未收款
5. 根据收付实现制基础，应计入本期收入和费用的有(　　)。
   A. 本期实现的收入，并已收款
   B. 本期实现的收入，尚未收款
   C. 属于本期的费用，尚未支付
   D. 属于以后各期的费用，但已支付

6. 会计信息决策有用性的首要质量特征包括( )。
   A. 可比性　　　　B. 相关性　　　　C. 可靠性　　　　D. 重要性
7. 会计信息使用者有( )。
   A. 投资者　　　　B. 债权人　　　　C. 政府　　　　　D. 供应商
8. 会计核算的一般程序包括( )。
   A. 会计确认　　　B. 会计计量　　　C. 会计记录　　　D. 会计报告
9. 下列组织中,可以作为一个会计主体进行会计核算的有( )。
   A. 独资企业　　　　　　　　　　　B. 企业的生产部门
   C. 子公司　　　　　　　　　　　　D. 分公司
10. 企业发生的下列经济业务中,属于资金退出企业的有( )。
    A. 购买原材料　　　　　　　　　　B. 偿还银行借款
    C. 缴纳所得税　　　　　　　　　　D. 向投资者支付现金股利
11. 会计核算方法包括( )。
    A. 编制会计报表　　　　　　　　　B. 复式记账
    C. 设置会计账户　　　　　　　　　D. 财产清查
12. 下列选项中,属于我国《企业会计准则》提出的会计信息质量要求的是( )。
    A. 实质重于形式　　　　　　　　　B. 权责发生制
    C. 可靠性　　　　　　　　　　　　D. 重要性

三、判断题

1. 会计对于经济活动过程和结果的数量反映,可采用的量度只有一种,即货币计量。( )
2. 货币计量包含币值稳定的假设。( )
3. 会计目标会随着社会经济环境的变化而不同。( )
4. 会计主体都应是法律主体。( )
5. 一般来说,会计期间划分得越短,反映经济活动的会计信息质量就越可靠。( )
6. 公允价值是指在公平交易中,熟悉情况的交易双方自愿进行资产交换或债务清偿的金额。( )
7. 我国会计年度自公历1月1日起至12月31日止。( )
8. 会计核算所提供的信息是制定决策的唯一有效信息。( )
9. 会计的方法就是指会计核算的方法。( )
10. 在我国企业会计核算中,只允许采用人民币作为记账本位币。( )

四、业务处理题

【目的】练习以权责发生制和收付实现制的会计方法进行收入和费用的确定。

【资料】A公司12月份发生的经济业务如下。

1. 预付下一季度房租2400元。
2. 支付第一季度借款利息共计3000元。
3. 支付本月份的水电费800元。

4. 收到本月提供的劳务收入 6754 元，存入银行。
5. 上月预收货款的产品本月已发出，收到收入 80 000 元。
6. 收到上月产品销售货款 12 800 元。
7. 销售产品 89 000 元，其中 65 000 元已收到现款，存入银行，其余货款尚未收到。
8. 预收销货款 21 000 元。
9. 支付下一年报纸杂志费 1200 元。

【要求】分别用权责发生制和收付实现制确认 A 公司的收入和费用，列表计算该公司 12 月份的收入、费用合计，如表 1-2 所示。

表1-2 收入、费用确认表

单位：元

序号	权责发生制		收付实现制	
	收入	费用	收入	费用
1				
2				
3				
4				
5				
6				
7				
8				
9				
合计				

项目二

认识会计要素与会计等式

> **学习要求**
> 1. 深刻理解资产、负债、所有者权益、收入、费用和利润六大会计要素的含义特征;
> 2. 深刻领会会计等式的构成内涵及意义;
> 3. 掌握经济业务发生对会计等式的影响。

任务一　会计要素

一、会计要素的含义及种类

(一) 会计要素的含义

会计要素,是对"会计对象"按其特征归类的项目,是对会计对象的"基本分类",是会计核算对象的具体化,它是构成会计内容的主要因素。

为了便于会计核算,必须对会计对象做进一步的分类,这样不仅有利于对不同经济业务进行确认、计量、记录和报告,也为"设置会计科目"和"编制会计报表"提供基本依据。

(二) 会计要素的种类

会计要素分为反映企业财务状况的要素及反映企业经营成果的要素两大类。其中,反映企业财务状况的要素包括资产、负债及所有者权益;反映企业经营成果的要素包括收入、费用及利润,具体如图2-1所示。

图2-1 会计要素的种类

二、会计要素的内容

(一) 资产要素

1. 资产的定义与特征

资产是指企业过去的交易或事项形成的、由企业拥有或控制的、预期会给企业带来经济利益的资源。

根据资产的定义，资产具有以下基本特征。

1) 资产是由过去的交易或事项形成的

企业过去的交易或事项包括购买、生产、建造行为及其他交易或事项，预期在未来发生的交易或事项不形成资产。例如，企业8月份与销售方签订了一份购销合同，计划在12月份购买一批机器设备，则企业不能在8月份将该批设备确认为资产，而应在12月份购买之后将这批设备确认为企业的资产，因为相关的交易或事项是在12月份发生，而不是8月份。

2) 资产是企业拥有或控制的资源

由企业拥有或控制，是指企业享有某项资源的所有权，或者虽然不享有某项资源的所有权，但该资源能被企业所控制。例如，甲企业的加工车间有两台设备，A设备系从乙企业以融资租入方式获得，B设备系从丙企业以经营租入方式获得，目前两台设备均投入使用。A、B设备是否为甲企业的资产？这里应注意区分融资租入与经营租入。企业对融资租入的A设备虽然没有所有权，但享有与所有权相关的风险和报酬的权利，即拥有实际控制权，因此应将A设备确认为企业的资产。而企业对经营租入的B设备既没有所有权也没有控制权，因此B设备不应确认为企业的资产。

3) 资产预期能够给企业带来经济利益

预期会给企业带来经济利益，是指直接或间接导致现金或现金等价物流入企业的潜力。例如，企业购买的原材料、固定资产等可以用于生产经营过程、制造商品或提供劳务，对外出售后收回货款，货款即为企业所获得的经济利益。因此原材料、机器设备是企业的资产。如果是不能继续使用的变质或毁损材料，已经无法用于生产经营过程，在市场上也不能卖出价钱，不能给企业带来经济利益，则不能作为企业资产。

2. 资产的确认条件

将一项资源确认为资产,需要符合资产的定义,还应同时满足以下两个条件。

1) 与该项资源有关的经济利益很可能流入企业

资产的确认应与经济利益流入企业的不确定性程度的判断结合起来。如果根据编制财务报表时所取得的证据,与资源有关的经济利益很可能流入企业,那么就应将其作为资产予以确认;反之,不能确认为资产。

2) 该资源的成本或价值能够被可靠地计量

财务会计是一个确认、计量和报告的系统,其中可计量性是所有会计要素确认的重要前提,资产的确认也是如此。只有当有关资源的成本或价值能够被可靠地计量时,资产才能予以确认。

3. 资产的分类

资产可以按照不同的标准进行分类,比较常见的是按照流动性进行分类,可以分为流动资产和非流动资产。

1) 流动资产

通常在一年或超过一年的一个营业周期内变现或耗用的资产,称为"流动资产"。

流动资产主要包括货币资金、以公允价值计量且其变动计入当期损益的金融资产、应收及预付款项、存货等。

(1) 货币资金:包括库存现金、银行存款和其他货币资金。

(2) 以公允价值计量且其变动计入当期损益的金融资产:指企业为了近期内出售而持有的金融资产,如企业以赚取差价为目的而从二级市场购入的"股票、债券、基金"等。

(3) 应收及预付款项:指企业在日常生产经营活动中形成的各种债权,包括应收票据、应收账款、预付账款、应收利息、应收股利、其他应收款等。

(4) 存货:指企业在日常活动中持有以备出售的产成品或商品、处在生产过程中的在产品、在生产过程或提供劳务过程中耗用的材料和物料等。

2) 非流动资产

除流动资产以外的资产归类为非流动资产,主要包括长期股权投资、固定资产、无形资产等。

(1) 长期股权投资:指企业投出的期限在一年以上(不含一年)和各种股权性质的投资,包括购入的股票和其他股权投资等。

(2) 固定资产:指为生产商品、提供劳务、出租或经营管理持有的,并且使用寿命超过一个会计年度的有形资产,如房屋、建筑物、机器设备、运输工具等。

(3) 无形资产:指企业拥有或控制的没有实物形态的可辨认非货币性资产,包括专利权、非专利技术、商标权、著作权、土地使用权、特许经营权等。

(二) 负债要素

1. 负债的定义与特征

负债是指企业过去的交易或事项形成的、预期会导致经济利益流出企业的现时义务。

根据负债的定义，负债具有以下基本特征。

1) 负债是由过去的交易或事项形成的

负债应当由企业过去的交易或事项形成，换而言之，只有过去的交易或事项才形成负债，企业在未来发生的承诺、签订的购买合同等交易或事项，不形成负债，如赊购材料产生的应付账款、向银行借款产生的偿还义务，只有源于已经发生的交易或事项，会计上才有可能确认为负债。

2) 负债是企业承担的现时义务

负债必须是企业承担的现时义务，这是负债的一个基本特征，这里的现时义务是指企业在现行条件下已承担的义务，未来发生的交易或事项形成的义务，不属于现时义务，不应确认为负债。例如，企业将于 2 个月后赊购一台小汽车，小汽车价值 10 万元，根据负债的定义，赊购的小汽车是未来将要发生的交易或事项，所以不属于现时义务，不应确认为负债。

3) 负债预期会导致经济利益流出企业

预期会导致经济利益流出企业也是负债的一个本质特征，只有企业在履行义务时会导致经济利益流出企业的，才符合负债的定义。负债通常是在未来某一时日通过交付资产(包括现金和其他资产)或提供劳务来清偿。有时，企业也可以通过承诺新的负债或转化为所有者权益来了结一项现有的负债，但最终一般都会导致企业经济利益的流出。例如，企业赊购一批材料，材料已验收入库，但尚未交付款，需要在未来某一时日通过交付现金或银行存款来清偿。

2. 负债的确认条件

将一项现时义务确认为负债，需要符合负债的定义，还应同时满足以下两个条件。

1) 与该义务有关的经济利益很可能流出企业

负债的确认应与经济利益流出企业的不确定性程度的判断相结合。如果有确凿证据表明，与现时义务有关的经济利益很可能流出企业，就应当将其确认为负债，反之，不应将其确认为负债。

2) 未来流出的经济利益的金额能够可靠地计量

负债的确认在考虑经济利益流出企业的同时，对于未来流出的经济利益的金额应能够可靠计量。对于与法定义务有关的经济利益流出金额，通常可以根据合同或法律规定的金额予以确定，考虑经济利益流出通常在未来期间，有时未来期间较长，有关金额的计量需要考虑货币时间价值等因素的影响。对于与推定义务有关的经济利益流出金额，企业应根据履行相关义务所需支出的最佳估计数进行估计，并综合考虑有关货币的时间价值、风险等因素的影响。

3. 负债的分类

按流动性对负债进行分类，可以分为流动负债和非流动负债两大类。

1) 流动负债

流动负债是指通常在一年或超过一年的一个营业周期内偿还的债务，包括短期借款、应付及预收款项等。

(1) 短期借款：指企业向银行或其他金融机构等借入的期限在一年以内(含一年)的各种借款。

(2) 应付及预收款项：指企业在日常生产经营活动中形成的各种负债，包括应付票据、应付账款、预收账款、应付职工薪酬、应交税费、应付利息、应付利润、其他应付款等。

2) 非流动负债

除流动负债以外的负债归类为"非流动负债"。非流动负债主要包括长期借款、应付债券、长期应付款等。

(1) 长期借款：指向银行或其他金融机构借入的期限在一年以上(不含一年)的各种借款。

(2) 应付债券：指企业为筹集长期资金而发行的债券，包括应付债券的债券本金和利息。

(3) 长期应付款：指企业除长期借款和应付债券以外的其他各种长期应付款，包括用应付融资租入固定资产的"融资租赁费"，以及以分期付款方式购入固定资产、无形资产发生的长期应付款等。

(三) 所有者权益要素

1. 所有者权益的定义与特征

所有者权益是指企业资产扣除负债后由所有者享有的剩余权益。公司的所有者权益又称为股东权益。

根据所有者权益的定义，所有者权益具有以下几个基本特征。

(1) 除非发生减资、清算或分派现金股利，否则企业不需要偿还所有者权益。

(2) 企业清算时，只有在清偿所有的负债后，所有者权益才返还给所有者。

(3) 所有者凭借所有者权益能够参与企业利润的分配。

2. 所有者权益的确认条件

所有者权益的确认、计量主要取决于资产、负债、收入、费用等其他会计要素的确认和计量。所有者权益在数量上等于企业资产总额扣除债权人权益后的净额，即为企业的净资产，反映所有者(股东)在企业资产中享有的经济利益。例如，企业接受投资者投入的资产，在该项资产符合资产确认条件时，就相应地符合了所有者权益的确认条件。

3. 所有者权益的分类

所有者权益的来源包括所有者投入的资本、直接计入所有者权益的利得和损失、留存收益等，具体表现为实收资本(股份制企业为"股本")、资本公积(含资本溢价或股本溢价、其他资本公积)、其他综合收益、盈余公积和未分配利润等项目。

所有者投入的资本是指所有者投入企业的资本部分，它既包括构成企业注册资本或股本部分的金额，也包括投入资本超过注册资本或股本部分的金额，即资本(或股本)溢价，这部分投入资本在我国企业会计准则体系中被计入了资本公积，并在资产负债表的资本公积项目中反映。

直接计入所有者权益的利得和损失，是指不应计入当期损益、会导致所有者权益发生增减变动的、与所有者投入资本或向所有者分配利润无关的利得或损失。利得是指由企业非日常活动所形成的、会导致所有者权益增加、与所有者投入资本无关的经济利益的流入。损失是指由企业非日常活动所形成的、会导致所有者权益减少、与向所有者分配利润无关的经济利益的流出。

留存收益是盈余公积和未分配利润的统称，指企业在历年生产经营活动中取得的净利润的留存额。

(四) 收入要素

1. 收入的定义与特征

收入是指企业在日常活动中形成的、会导致所有者权益增加的、与所有者投入资本无关的经济利益的总流入。

根据收入的定义，收入具有以下基本特征。

1) 收入是企业在日常活动中形成的

日常活动是指企业为完成其经营目标所从事的经常性活动及与之相关的活动，如工业企业制造并销售产品、商业企业销售产品、咨询公司提供咨询服务、软件企业为客户开发软件等，均属于企业的日常活动。反之，非日常活动所形成的经济利益的流入不能确认为收入，而应计入利得，如企业出售固定资产收入就不属于日常经营活动，应计入企业的利得。

2) 收入会导致所有者权益的增加

与收入相关的经济利益的流入会导致所有者权益的增加，不会导致所有者权益增加的经济利益的流入不符合收入的定义，不应确认为收入。例如，企业向银行借入款项，尽管也导致了企业经济利益的流入，但该流入并不导致所有者权益的增加，而使企业承担了一项现时义务，不应将其确认为收入，应确认为负债。

3) 收入是与所有者投入资本无关的经济利益的总流入

收入会导致经济利益的流入，从而导致资产的增加。例如，企业销售商品，应收到现金或在未来有权收到现金，才表明该项交易符合收入的定义。但是，经济利益的流入有时是所有者投入资本的增加所致，所有者投入资本的增加不应确认为收入，应将其直接确认为所有者权益。

2. 收入的确认条件

企业收入的来源渠道多种多样，不同收入来源的特征有所不同，其收入确认条件也存在一些差别，但收入的确认除了符合定义外，还应符合以下条件。

(1) 与收入相关的经济利益很可能流入企业。
(2) 经济利益流入企业的结果会导致资产的增加或负债的减少。
(3) 经济利益的流入额能够被可靠地计量。

3. 收入的分类

按企业从事日常活动的性质不同，可将收入分为销售商品收入、提供劳务收入、让渡资产使用权收入。

(1) 销售商品收入：指取得货币资产方式的商品销售，主要包括企业为销售而生产或购进的商品，如工业企业生产的产品、商品流通企业购进的商品等。企业销售其他存货，如原材料、包装物等也视同商品。

(2) 提供劳务收入：主要包括提供旅游、运输、餐饮、广告、咨询、代理、培训、产品安装等所取得的收入。

(3) 让渡资产使用权收入：指企业将资产让渡给他人使用所取得的收入，主要包括以下几项。

① 让渡现金使用权而收取的"利息收入"，如进行"债券投资"收取的利息收入。

② 让渡专利权、商标权、专营权、版权、计算机软件等无形资产的使用权而收取的"使用费用"。

③ 出租固定资产而收取的"租金收入"。

④ 进行股权投资而收取的"股利收入"。

按经营的主次不同，可将收入分为主营业务收入和其他业务收入。

(1) 主营业务收入：是指企业为完成经营目标而从事的日常活动中的主要活动所产生的收入。其一般占企业收入的比重较大，对企业的经济效益产生较大的影响。工业性企业的主营业务收入主要包括销售产品、自制产成品、代制品、代修品，以及提供工业性劳务等取得的收入。商品流通企业的主营业务收入主要包括销售商品所取得的收入。

(2) 其他业务收入：指主营业务收入以外的其他日常活动所产生的收入，一般占企业收入的比重较小。工业企业的其他业务收入主要包括材料销售收入、包装物出租收入、固定资产出租收入、无形资产出租收入、提供非工业性劳务收入等。

(五) 费用要素

1. 费用的定义与特征

费用是指企业在日常活动中发生的、会导致所有者权益减少的、与向所有者分配利润无关的经济利益的总流出。

根据费用的定义，费用具有以下基本特征。

1) 费用是企业在日常活动中发生的

费用必须是企业在其日常活动中所形成的，这些日常活动的界定与收入定义中涉及的日常活动的界定一致。因此，日常活动所产生的费用通常包括销售成本(营业成本)、管理费用等，将费用界定为日常活动所形成的，目的是将其与损失相区分，企业非日常活动所形成的经济利益的流出不能确认为费用，而应计入损失。例如，企业出售固定资产发生的损失属于损失，属非日常活动中形成，不能计入费用。

2) 费用会导致所有者权益的减少

与费用相关的经济利益的流出会导致所有者权益的减少，不会导致所有者权益减少的经济利益的流出不符合费用的定义，不应确认为费用。

3) 费用是与向所有者分配利润无关的经济利益的总流出

费用的发生会导致经济利益的流出，从而导致资产的减少或负债的增加。其表现形式包括现金或现金等价物的流出，以及存货、固定资产和无形资产等的流出或消耗等。企业向所有者分配利润也会导致经济利益的流出，而该经济利益的流出属于投资者投资回报的分配，是所有者权益的直接抵减项目，不应确认为费用，应将其排除在费用定义之外。

2. 费用的确认条件

费用的确认除了符合定义外，还应符合以下条件。

(1) 与费用相关的经济利益很可能流出企业。
(2) 经济利益流出企业的结果会导致资产的减少或负债的增加。
(3) 经济利益的流出额能够可靠计量。

3. 费用的分类

按反映的经济内容分类，可将费用分为生产费用和期间费用。

(1) 生产费用：指与生产产品有关的费用，是以产品为成本对象归集的费用，包括直接计入费用(直接材料、直接人工)、间接计入费用(制造费用)。

(2) 期间费用：指企业当期发生的必须从当期收入中得到补偿的费用，由于它仅与当期实现的收入相关，必须计入当期损益，所以称"期间费用"，主要包括销售费用、管理费用和财务费用。

(六) 利润要素

1. 利润的定义与特征

利润是指企业在一定会计期间的经营成果。利润反映收入减去费用、直接计入当期损益的利得减去损失后的净额。通常情况下，如果企业实现了利润，则表明企业的所有者权益将增加，业绩得到了提升；反之，如果企业发生了亏损(即利润为负数)，则表明企业的所有者权益将减少，业绩下降。利润是评价企业管理层业绩的指标之一，也是投资者等财务会计报告使用者进行决策时的重要参考依据。

2. 利润的确认条件

利润的确认主要依赖于收入和费用，以及直接计入当期利润的利得和损失的确认，其金额的确定也主要取决于收入、费用、利得、损失金额的计量。

3. 利润的分类

利润包括收入减去费用后的净额，直接计入当期损益的利得和损失等。其中，收入减去费用后的净额反映企业日常活动的经营业绩；直接计入当期损益的利得和损失反映企业非日常活动的业绩。

直接计入当期损益的利得和损失，是指应当计入当期损益、最终会引起所有者权益发生增减变动的、与所有者投入资本或向所有者分配利润无关的利得或损失。企业应严格区分收入和利得、费用和损失，以便全面反映企业的经营业绩。

任务二　会计等式

一、会计等式的含义

会计等式，又称会计恒等式、会计方程式或会计平衡公式，它是表明各会计要素之间基本关系的等式,是设置账户、复式记账、编制财务报表的理论基础。

二、财务状况等式

任何企业要进行经济活动,都必须拥有一定数量和质量的能给企业带来经济利益的经济资源。企业资产最初来源于两个方面:一是由企业所有者投入;二是由企业向债权人借入。所有者和债权人将其拥有的资产提供给企业使用,就应该相应地对企业的资产享有一种要求权,这种对资产的要求权在会计上称为"权益"。

资产表明企业拥有什么经济资源和拥有多少经济资源,权益表明经济资源的来源渠道,即谁提供了这些经济资源。可见,资产与权益是同一事物的两个不同方面,两者相互依存,不可分割,没有无资产的权益,也没有无权益的资产。因此,资产和权益两者在数量上必然相等,在任一时点都必须保持恒等的关系,而用公式表示为

$$资产=权益$$

企业的资产来源于企业的债权人和所有者,因此,权益又分为债权人权益和所有者权益,在会计上称债权人权益为负债,于是,上式可以写成:

$$资产=负债+所有者权益$$

这一等式反映了企业某一特定时点资产、负债和所有者权益三者之间的平衡关系。因此,该等式被称为财务状况等式、基本会计等式或静态会计等式,它是复式记账法的理论基础,也是编制资产负债表的依据。

【例2-1】张强、岳力、赵风三人经过市场调研后,于2019年11月1日注册了一家公司,名为"旺旺达食品有限责任公司"。其中,张强投入房屋一套,作价180 000元,库存商品30 000元;岳力投入款项一笔200 000元,已存入该公司银行账户;赵风投入货车一辆,价值120 000元,另有专利权一项,价值100 000元。该公司除了接受上述投资以外,还向银行借入了偿还期限在10个月内的借款50 000元,偿还期限为5年的借款160 000元,借入的款项均已存入本公司银行账户。该公司的资产、负债及所有者权益之间的平衡关系如表2-1所示。

表2-1　资产负债表　　　　　　　　　　　　　　　　单位:元

资产	金额	负债及所有者权益	金额
流动资产:		负债	
银行存款	410 000	短期借款	50 000
库存商品	30 000	长期借款	160 000
固定资产:		所有者权益	
房屋	180 000	实收资本	630 000
货车	120 000		
无形资产:			
专利权	100 000		
合计	840 000	合计	840 000

从表 2-1 可以看出,该公司的资产总额(840 000 元)＝负债总额(210 000 元)＋所有者权益总额(630 000 元),而表中左方的资产具体项目和右方的负债及所有者权益具体项目并无直接的一一对应关系。

三、经营成果等式

企业经营的目的是获取收入,实现盈利。企业在取得收入的同时,必然要发生相应的费用。通过收入与费用的比较,才能确定一定时期的盈利水平,确定实现的利润总额。在不考虑利得和损失的情况下,它们之间的关系用公式表示为

$$收入－费用＝利润$$

该等式是企业在某一会计期间生产经营活动发展过程的结果,称为经营成果等式或动态等式。收入、费用和利润之间的上述关系,是编制利润表的理论基础。

四、扩展的会计等式

企业的生产经营成果必然影响所有者权益,即企业获得的利润将使所有者权益增加,资产也会随之增加;企业发生亏损将使所有者权益减少,资产也会随之减少。因此,企业生产经营活动产生收入、费用、利润后,基本会计等式就会演变为

$$资产＝负债＋所有者权益＋利润$$
$$＝负债＋所有者权益＋(收入－费用)$$

或者

$$资产＋费用＝负债＋所有者权益＋收入$$

我们将这一等式称为扩展的会计等式。下面,考察企业经济业务的发生对该等式的影响。

(1) 企业收入的取得,或者表现为资产要素和收入要素同时、同等金额的增加,或者表现为收入要素的增加和负债要素同等金额的减少,结果,等式仍然保持平衡。

(2) 企业费用的发生,或者表现为负债要素和费用要素同时、同等金额的增加,或者表现为费用要素的增加和资产要素同等金额的减少,结果,等式仍然保持平衡。

(3) 在会计期末,将收入与费用相减得出企业的利润。利润在按规定程序进行分配以后,留存企业的部分(包括盈余公积金和未分配利润)转化为所有者权益的增加(或减少),同时,要么是资产要素相应增加(或减少),要么是负债要素相应减少(或增加),结果,等式仍然保持平衡。

任务三　经济业务与会计等式

一、经济业务的发生对会计等式的影响

经济业务,又称会计事项,是指在经济活动中使会计要素发生增减变动的交易或事项。企业在生产经营过程中,每天都会发生多种多样、错综复杂的经济业务,既有主体内部的经济业

务，如生产领用材料、固定资产折旧、计提资产减值准备等；也有涉及主体外部的经济业务，如购买材料、销售产品、向银行借款、接受投资等。但无论经济业务多么复杂，引起会计要素怎样的增减变动，都不会影响会计等式的平衡关系。下面我们通过示例来进行分析验证。

【例 2-2】承【例 2-1】，表 2-1 列示了旺旺达公司 2019 年 11 月 1 日拥有资产 840 000 元，其中债权人提供的资金及负债为 210 000 元，所有者权益为 630 000 元。

业务分析	资产	=	负债	+	所有者权益
期初余额	840 000		210 000		630 000

该公司 2019 年 11 月份发生下列经济业务。

(1) 公司从银行提取现金 5000 元备用。

该项经济业务的发生，一方面使企业的银行存款减少了 5000 元，另一方面使企业的库存现金增加了 5000 元。银行存款和库存现金都是资产要素项目，两者此增彼减，增减金额相等，资产总额不变。由于该项经济业务的发生只涉及资产要素项目之间的转换，而不涉及负债和所有者权益要素项目，所以负债和所有者权益总额不变，会计等式仍然保持平衡。

业务分析	资产	=	负债	+	所有者权益
业务发生前余额	840 000		210 000		630 000
业务(1)	＋ 5000(库存现金) － 5000(银行存款)				
业务发生后余额	840 000		210 000		630 000

(2) 公司购买材料 80 000 元，货款暂欠。

该项经济业务的发生，一方面使企业的原材料增加了 80 000 元，另一方面使企业的应付账款增加了 80 000 元。原材料是资产要素项目，应付账款是负债要素项目，从而使会计等式两边同时增加 80 000 元，会计等式仍然保持平衡。

业务分析	资产	=	负债	+	所有者权益
业务发生前余额	840 000		210 000		630 000
业务(2)	＋ 80 000(原材料)		＋ 80 000(应付账款)		
业务发生后余额	920 000		290 000		630 000

(3) 公司以银行存款 30 000 元偿还银行短期借款。

该项经济业务的发生，一方面使企业银行存款减少了 30 000 元，另一方面使企业银行短期借款减少了 30 000 元。银行存款是资产要素项目，短期借款是负债要素项目，从而使会计等式两边同时减少了 30 000 元，会计等式仍然保持平衡。

业务分析	资产	=	负债	+	所有者权益
业务发生前余额	920 000		290 000		630 000
业务(3)	－ 30 000(银行存款)		－ 30 000(短期借款)		
业务发生后余额	890 000		260 000		630 000

(4) 公司接受某人捐赠新设备一台，价值 25 000 元。

该项经济业务的发生，一方面使企业的固定资产增加了 25 000 元，另一方面使企业的营业外收入增加了 25 000 元。固定资产是资产要素项目，营业外收入是计入当期利润的利得，利得的增加最终会使所有者权益增加，从而使会计等式两边同时增加了 25 000 元，会计等式仍然保持平衡。

业务分析	资产	=	负债	+	所有者权益
业务发生前余额	890 000		260 000		630 000
业务(4)	＋ 25 000(固定资产)				＋ 25 000(营业外收入)
业务发生后余额	915 000		260 000		655 000

(5) 公司签发并承兑无息商业汇票一张，面额为 80 000 元，以抵偿所欠购料款。

该项经济业务的发生，一方面使企业的应付账款减少了 80 000 元，另一方面使企业的应付票据增加了 80 000 元。应付账款和应付票据都是企业的负债要素项目，两者此增彼减，增减金额相等，负债总额不变。由于该项经济业务不涉及资产要素和所有者权益要素项目，所以资产总额和所有者权益总额不变，会计等式仍然保持平衡。

业务分析	资产	=	负债	+	所有者权益
业务发生前余额	915 000		260 000		655 000
业务(5)			－ 80 000(应付账款) ＋ 80 000(应付票据)		
业务发生后余额	915 000		260 000		655 000

(6) 公司因经营状况不佳，决定缩减规模，经申请批准减资。公司以银行存款 20 000 元返还投资人岳力。

该项经济业务的发生，一方面使企业的银行存款减少了 20 000 元，另一方面使企业的实收资本减少了 20 000 元。银行存款是资产要素项目，实收资本是所有者权益要素项目，从而使会计等式两边同时减少了 20 000 元，会计等式仍然保持平衡。

业务分析	资产	=	负债	+	所有者权益
业务发生前余额	915 000		260 000		655 000
业务(6)	－ 20 000(银行存款)				－ 20 000(实收资本)
业务发生后余额	895 000		260 000		635 000

(7) 公司销售一批商品，售价 10 000 元，货款未收。

该项经济业务的发生，一方面使企业的应收账款增加了 10 000 元，另一方面使企业的主营业务收入增加了 10 000 元。应收账款是资产要素项目，主营业务收入是收入要素项目，而收入的增加最终会导致所有者权益的增加，所以该项经济业务的发生，使会计等式两边同时增加了 10 000 元，会计等式仍然保持平衡。

业务分析	资产	=	负债	+	所有者权益
业务发生前余额	895 000		260 000		635 000
业务(7)	＋ 10 000(应收账款)				＋ 10 000(主营业务收入)
业务发生后余额	905 000		260 000		645 000

(8) 公司以库存现金支付销售产品运费500元。

该项经济业务的发生，一方面使企业的库存现金减少了500元，另一方面使企业的销售费用增加了500元。库存现金是资产要素项目，销售费用是费用要素项目，而费用的增加最终会导致所有者权益的减少，所以该项经济业务的发生，使会计等式两边同时减少了500元，会计等式仍然保持平衡。

业务分析	资产	=	负债	+	所有者权益
业务发生前余额	905 000		260 000		645 000
业务(8)	－ 500(库存现金)				－ 500(销售费用)
业务发生后余额	904 500		260 000		644 500

(9) 期末，按权责发生制原则确认公司本期应负担的短期借款利息80元。

该项经济业务的发生，一方面使企业的应付利息增加了80元，另一方面使企业应负担的利息费用，即财务费用增加了80元。应付利息是负债要素项目，财务费用是费用要素项目，而费用的增加最终会导致所有者权益的减少，所以该项经济业务使负债和所有者权益要素项目之间此增彼减。由于没有涉及资产要素项目，资产总额不变，会计等式仍然保持平衡。

业务分析	资产	=	负债	+	所有者权益
业务发生前余额	904 500		260 000		644 500
业务(9)			＋ 80(应付利息)		－ 80(财务费用)
业务发生后余额	904 500		260 080		644 420

将上述变化过程进行汇总，如表2-2所示。

表2-2 资产负债表汇总

单位：元

资产	金额	负债及所有者权益	金额
库存现金	5000－500＝4500	短期借款	50 000－30 000＝20 000
银行存款	410 000－5000－30 000－20 000＝355 000	应付票据	80 000
		应付账款	80 000－80 000＝0
应收账款	10 000	应付利息	80
原材料	80 000	长期借款	160 000
库存商品	30 000	所有者权益：	
		实收资本	630 000－20 000＝610 000
固定资产：			
房屋	180 000	留存收益(收入－费用)	10 000－500－80＋25 000＝34 420
货车	120 000		
设备	25 000		
无形资产：			
专利权	100 000		
合计	904 500	合计	904 500

二、经济业务与会计等式关系

通过上述举例,我们可以得出以下结论。

第一,无论经济业务多么复杂,从会计等式的左右两方来观察,都可归纳为以下四种类型。

- 经济业务发生,只引起等式左方内要素各项目之间发生增减变化,即资产类要素内部项目此增彼减的变化,增减金额相等,会计等式保持平衡。
- 经济业务发生,只引起等式右方内要素各项目之间发生增减变化,即负债类要素内部项目之间、所有者权益类要素项目之间或负债类要素项目和所有者权益类要素项目之间此增彼减的变化,增减金额相等,会计等式保持平衡。
- 经济业务发生,引起等式两方要素项目同时等额增加,即资产项目增加,负债或所有者权益项目同时也增加,增加金额相等,会计等式保持平衡。
- 经济业务发生,引起等式两方要素项目同时等额减少,即资产项目减少,负债或所有者权益项目也同时减少,减少金额相等,会计等式保持平衡。

将上述四种类型业务具体化,可表现为以下九种情况。

- 经济业务的发生,导致资产项目此增彼减,但增减金额相等,故等式保持平衡。
- 经济业务的发生,导致负债项目此增彼减,但增减金额相等,故等式保持平衡。
- 经济业务的发生,导致所有者权益项目此增彼减,但增减金额相等,故等式保持平衡。
- 经济业务的发生,导致负债项目增加,而所有者权益项目减少,但增减金额相等,故等式保持平衡。
- 经济业务的发生,导致所有者权益项目增加,而负债项目减少,但增减金额相等,故等式保持平衡。
- 经济业务的发生,导致资产项目增加,而同时负债项目亦增加相同金额,故等式保持平衡。
- 经济业务的发生,导致资产项目增加,而同时所有者权益项目亦增加相同金额,故等式保持平衡。
- 经济业务的发生,导致资产项目减少,而同时负债项目亦减少相同金额,故等式保持平衡。
- 经济业务的发生,导致资产项目减少,而同时所有者权益项目亦减少相同金额,故等式保持平衡。

第二,无论发生什么样的经济业务,都不会影响会计等式的平衡关系,会计等式恒等。

第三,经济业务发生,凡是只涉及会计等式一方要素项目发生增减变动的,不但不会影响双方总额的平衡关系,而且原来的总额也不会发生改变。

第四,经济业务发生,凡是涉及会计等式两方要素发生变动的,会使双方总额发生增加或减少的变动,但变动后的双方总额仍然相等。

上述四项结论如表 2-3 所示。

表2-3　经济业务与会计等式的关系

经济业务		资产＝负债＋所有者权益			对会计等式的影响
类型1	情况1	＋－			总额不变，平衡关系不变
类型2	情况2		＋－		总额不变，平衡关系不变
	情况3			＋－	总额不变，平衡关系不变
	情况4		＋		总额不变，平衡关系不变
	情况5		－	＋	总额不变，平衡关系不变
类型3	情况6	＋	＋		总额增加，平衡关系不变
	情况7	＋		＋	总额增加，平衡关系不变
类型4	情况8	－	－		总额减少，平衡关系不变
	情况9	－		－	总额减少，平衡关系不变

会计等式的平衡关系，是贯穿于财务会计始终的一条红线，正确理解和运用这一平衡关系，对掌握会计核算的基本方法有重要意义。

项目练习

一、单项选择题

1. 企业以银行存款偿还所欠购货款，属于(　　)类型变化业务。
   A. 资产项目和权益项目同减　　　B. 资产项目之间此增彼减
   C. 权益项目之间此增彼减　　　　D. 资产项目和权益项目同增
2. 下列经济业务发生不会使会计等式两边总额发生变化的有(　　)。
   A. 从银行取得借款存入银行　　　B. 收到投资者以固定资产所进行的投资
   C. 以银行存款偿还应付账款　　　D. 收到应收账款存入银行
3. 下列经济业务发生后，使资产和权益项目同时增加的是(　　)。
   A. 生产产品领用材料　　　　　　B. 以现金发放职工工资
   C. 收到购买单位预付的购货款存入银行　　D. 以资本公积金转增资本
4. 下列项目中，属于资产要素项目的有(　　)。
   A. 主营业务成本　　　　　　　　B. 投入资本
   C. 留存收益　　　　　　　　　　D. 应收账款及预付款项
5. 下列项目中，属于流动资产的有(　　)。
   A. 预付账款　　　　　　　　　　B. 短期借款
   C. 应付债券　　　　　　　　　　D. 盈余公积
6. 资产与权益的平衡关系是指(　　)。
   A. 一项资产金额与一项权益金额的相等关系
   B. 几项资产金额与一项权益金额的相等关系
   C. 资产总额与所有者权益总额的相等关系
   D. 资产总额与权益总额的相等关系

7. 下列项目中，属于流动负债的有( )。
   A. 预收账款　　　　　　　　　　B. 预付账款
   C. 资本公积　　　　　　　　　　D. 商标权
8. 会计等式的基本表达式是( )。
   A. 资产－负债＝所有者权益　　　B. 资产＝负债－所有者权益
   C. 资产＝负债＋所有者权益　　　D. 收入－费用＝利润
9. 某企业本期期初资产总额为 1 600 000 元，本期期末负债总额减少了 300 000 元，所有者权益比期初增加 400 000 元，该企业本期期末资产总额是( )元。
   A. 1 300 000　　　　　　　　　　B. 1 700 000
   C. 1 900 000　　　　　　　　　　D. 1 500 000
10. 会计要素费用的含义与分类中，费用是指( )。
    A. 营业成本和期间费用　　　　　B. 营业成本和营业外支出
    C. 生产费用和期间费用　　　　　D. 期间费用和营业外支出

二、多项选择题

1. 收入的取得会引起( )。
   A. 负债的增加　　　　　　　　　B. 资产的增加
   C. 负债的减少　　　　　　　　　D. 资产的减少
2. 下列项目中，属于流动负债的项目有( )。
   A. 应收账款　　　　　　　　　　B. 预收账款
   C. 预付账款　　　　　　　　　　D. 应付账款
3. 下列经济业务发生，使资产与权益项目同时减少的有( )。
   A. 收到短期借款存入银行　　　　B. 以银行存款偿还应付账款
   C. 以银行存款支付应付利息　　　D. 以库存现金发放工资
4. 下列各项中，属于收入要素的有( )。
   A. 销售商品收入　　　　　　　　B. 提供劳务收入
   C. 让渡资产使用权　　　　　　　D. 政府补助收入
5. 下列项目中，属于所有者权益要素项目的有( )。
   A. 资本公积　　　　　　　　　　B. 实收资本
   C. 盈余公积　　　　　　　　　　D. 未分配利润
6. 下列项目中，属于反映企业财务状况的会计要素有( )。
   A. 资产　　　　　　　　　　　　B. 负债
   C. 所有者权益　　　　　　　　　D. 收入
7. 下列项目中，属于资产要素特征的有( )。
   A. 由过去的交易、事项形成　　　B. 由企业拥有或控制
   C. 预期会给企业带来经济利益　　D. 必须是有形的经济资源
8. 下列项目中，可作为负债要素特征的有( )。
   A. 由过去的交易或事项引起的偿还义务
   B. 由将来的交易或事项引起的偿还义务

C. 清偿负债会导致经济利益流出企业

D. 负债的清偿会导致经济利益流入企业

9. 下列项目中,不会使"资产＝负债＋所有者权益"这一会计等式两边总额发生变动的是(   )。

A. 资产内部项目有增有减　　　　　B. 资产和负债项目同增同减

C. 负债和所有者权益项目有增有减　　D. 资产和所有者权益项目同增同减

10. 下列资产项目和权益项目之间的变动不符合资金运动规律的有(   )。

A. 资产某项目增加与权益某项目减少　B. 资产某项目减少与权益某项目增加

C. 资产方某项目增加而另一项目减少　D. 权益方某项目增加而另一项目减少

三、判断题

1. 资产是企业所拥有或控制的,能以货币计量并具有实物形式的经济资源。 (   )

2. 某一财产物资要成为企业的资产,其所有权必须属于企业。 (   )

3. 收入是企业在经济活动中形成的全部经济利益的总流入。 (   )

4. 利润是企业在一定会计期间的经营成果,是企业在一定会计期间内实现的收入减去费用、直接计入当期损益的利得减去损失后的净额。 (   )

5. 不论发生什么样的经济业务,会计等式两边会计要素总额的平衡关系都不会被破坏。 (   )

6. 会计等式揭示了会计要素之间的联系,因而它是设置账户、复式记账和编制会计报表等会计核算方法建立的理论依据。 (   )

7. 费用是侧重于反映企业经营状况的会计要素。 (   )

8. 企业出售生产设备而获得的经济利益流入,应确认为会计上的收入要素入账。 (   )

9. 费用的发生必然表现为企业资产的减少。 (   )

10. 在任何时点,不仅资产总额和权益总额保持相等,而且资产项目与权益项目也始终保持着一一对应关系。 (   )

四、业务处理题

习题一

【资料】光华公司 2019 年 10 月 31 日有关资料如下。

(1) 出纳保管的现金 1 500 元。

(2) 存放在银行里的款项 120 000 元。

(3) 向银行借入 5 个月的款项 100 000 元。

(4) 仓库里存放的原材料 519 000 元。

(5) 仓库里存放的已完工产品 194 000 元。

(6) 正在加工中的产品 75 500 元。

(7) 应付外单位货款 150 000 元。

(8) 向银行借入 3 年期以上的借款 180 000 元。

(9) 房基及建筑物 1 420 000 元。

(10) 所有者投入的资本 3 300 000 元。

(11) 机器设备 2 300 000 元。
(12) 应收外单位货款 250 000 元。
(13) 本年累计实现的利润 420 000 元。
(14) 以前年度实现的未分配利润 550 000 元。
(15) 购买的专利权 350 000 元。
(16) 累计提取的盈余公积 530 000 元。

【要求】判断上述资料中各项目所属的会计要素,并将各项目的金额填入表2-4中,计算表内资产总额、负债总额、所有者权益总额是否符合"资产＝负债＋所有者权益"这一基本会计等式。

表2-4　资产、负债及所有者权益状况表

单位:元

业务顺序号	会计要素及金额		
	资产	负债	所有者权益
1			
2			
3			
……			
合计			

习题二

【资料】光华公司2019年8月31日资产总额为800 000元,9月份发生下列经济业务。
(1) 收到甲投资者交来转账支票一张,金额 500 000 元,作为其追加投资。
(2) 购入设备一批,支付价款 140 000 元。
(3) 向大众工厂赊购材料一批,价值 12 000 元。
(4) 收回销货款 70 000 元存入银行。
(5) 归还银行短期借款 20 000 元。
(6) 支付给甲投资者应得的现金股利 2000 元。
(7) 以银行存款 30 000 元上缴税金。
(8) 接受捐赠设备一台,价值 30 000 元。
(9) 经批准,将 50 000 元盈余公积转增资本。
(10) 销售商品取得收入 60 000 元存入银行。

【要求】分析上述经济业务,说明其分别属于哪种经济业务类型及对资产总额、会计等式的影响;计算光华公司2019年9月末的资产总额。

项目三

认识会计账户

> **学习要求**
>
> 1. 了解会计账户的设置及分类；
> 2. 了解设置会计账户的原则；
> 3. 了解会计账户的各种分类标准及内容；
> 4. 熟悉会计账户的内容名称；
> 5. 掌握会计账户的基本结构。

任务一 会计账户的设置

会计账户是根据会计科目开设的，具有一定的结构，用来系统、连续地记载各项经济业务的一种手段。每一个账户都有一个简明的名称，用以说明该账户的经济内容。会计科目就是会计账户的名称。会计账户就是用来记录经济交易或事项及其所引起的会计要素具体内容变动情况的一种工具。设置账户是会计核算的重要方法之一。

一、会计科目

会计科目是对会计要素对象的具体内容进行分类核算的类目。会计对象的具体内容各有不同，管理要求也有不同。为了全面、系统、分类地核算与监督各项经济业务的发生情况，以及由此而引起的各项资产、负债、所有者权益和各项损益的增减变动，就有必要按照各项会计对象分别设置会计科目。设置会计科目是对会计对象的具体内容加以科学归类，是进行分类核算与监督的一种方法。会计科目的设置可以把各项会计要素的增减变化分门别类地归集起来，使之一目了然，以便为企业内部经营管理和向有关方面提供一系列具体分类核算指标。例如，我们将存放于企业内用于生产产品的材料归为一类，取名为"原材料"；将企业存放于银行委托银行管理的货币归为一类,取名为"银行存款";企业因销售商品、提供劳务等经营活动发生的应收未收到的销货款,取名为"应收账款";企业按照税法等规定计算应交未交的各种税费,取名为"应交税费";企业生产车间为生产产品而发生的各项间接费用,取名为"制造费用"。这里的"原材料""银行存款""应收账款""应交税费""制造费用"等都是会计科目。因此,会计科目与会计账户是紧密相连的,会计科目与账户都是对会计对象具体内容(会计要素)的科学分类,两者设置口径一致、性质相同。但是,会计科目仅是账户的名称,不存在结构;而账户则具有一定的格式和结构。

二、会计账户的设置原则

会计账户作为分类提供会计信息的一种手段,分类的正确与否决定着会计信息的科学性、系统性,从而决定着管理的科学性、系统性。因而,设置会计账户必须遵循一定的原则,这些原则概括起来有以下几个方面。

(一) 既要全面反映会计核算的内容,又必须体现行业会计主体的业务特征

会计账户作为对会计要素具体内容进行分类核算的项目,其设置应能保证对各会计要素做全面反映,形成一个完整、科学的体系,包括分别设置核算和监督资产、负债、所有者权益、收入、费用和利润等的若干会计账户,不能有任何遗漏。同时,会计账户的设置还必须体现行业会计主体的业务特点,根据不同行业经济业务的不同性质和特征,有针对性地设置,不能千篇一律。例如,对工业企业和商品流通企业,在会计核算中都要设置"库存现金""银行存款""短期借款""固定资产""实收资本""盈余公积"等共性的会计账户。同时,又要考虑工业企业和商品流通企业的业务特征,工业企业的主要经营活动是制造产品,因而需要专门设置反映工业企业生产耗费的账户,如"生产成本""制造费用"等账户就是为适应工业企业的业务特征而设置的。而商品流通企业以商品买卖作为主要经营业务,它不生产产品,所以就没必要设置"生产成本""制造费用"等反映生产耗费的账户,应设置反映商品买卖过程的账户。

(二) 必须满足会计信息使用者的客观需求

会计核算的目标就是向有关方面提供会计信息,满足信息使用者的决策需求。不同的信息使用者(如国家宏观调控部门、企业内部管理部门、投资者、债权人等)对会计信息的需求不尽相同,因此,在设置会计账户时,应兼顾不同信息使用者的需要。例如,为了加强宏观调控,反映利税的取得、分配和上缴情况,需要设置"本年利润""利润分配""应交税费""应付股利"等账户;为了反映投资人投入资本的增减变动情况,需要设置"实收资本"账户;为了反映企业对银行债务的增减变动情况,需要设置"短期借款""长期借款"账户等。

(三) 要讲求科学性

会计账户的设置实质上是根据核算管理的需要对会计要素进行的再分类。在再分类过程中,必须考虑的就是保证分类的科学性、合理性。每一个会计账户都应有特定的核算内容,各个会计账户之间既要有联系,又要有明确的界限,不能含糊不清。例如,对资产要素的再

分类，就应考虑资产的性质和主要特征，以及不同企业持有资产的不同目的，进行科学的再分类。同时，会计账户的设置，还应简练明确，通俗易懂，并进行编号。

(四) 要保持相对的稳定性

为了保证会计信息的连贯性、可比性，便于在不同时期分析比较会计核算指标和在一定范围内汇总核算指标，提高工作效率，会计账户的设置应在一定时期内保持稳定，不能经常变更。但会计账户的设置并非绝对不能变更，因为会计账户必须要适应经济环境的变化和经济业务发展的需要。当会计环境发生变化时，会计账户也要随之做相应的调整，以及时反映新的经济业务的全面内容。例如，在市场经济条件下，随着技术市场的形成和专利法、商标法的实施，对企业拥有的专有技术、专利权、商标权等无形资产的价值及其变动情况，有必要专设"无形资产"账户予以反映。另外，对于一些新兴的、特殊的业务，如商品期货、衍生金融工具等，都应设置相应的账户予以反映。因此，我们说，会计账户的设置应保持相对的稳定性。

(五) 做到统一性和灵活性相结合

在我国，为了适应国家宏观管理的需要，保证对外提供的会计信息指标口径一致，使会计信息具有可比性，财政部根据《企业会计准则——应用指南》中的规定统一了会计账户的名称和会计科目，并对每一账户的使用都做了详细的说明。统一性，是指企业在设置会计账户时，应根据提供会计信息的要求，保证对一些主要会计账户的设置及核算内容与《企业会计准则——应用指南》的规定相一致。灵活性，是指在不影响会计核算要求和会计报表指标汇总，以及对外提供统一的财务会计报告的前提下，企业可以根据本单位的具体情况，对统一规定的会计账户做必要的增设、减少或合并。

三、会计账户的内容

各项核算指标的具体数据资料，只有通过账户记录才能取得。因此，在设置会计科目后，还必须根据规定的会计科目开设相应的账户，以便对交易或事项进行系统、连续地记录，向有关各方提供有用的会计信息。按照我国《企业会计准则——应用指南》的规定，现将本书常用的会计账户名称和会计科目予以列示，如表3-1 所示。

表3-1　会计科目表

科目	名称	科目	名称
	(一) 资产类	1123	预付账款
1001	库存现金	1131	应收股利
1002	银行存款	1132	应收利息
1015	其他货币资金	1231	其他应收款
1101	交易性金融资产	1241	坏账准备
1121	应收票据	1401	材料采购
1122	应收账款	1402	在途物资

(续表)

科目	名称	科目	名称
1403	原材料	(三) 共同类(略)	
1404	材料成本差异	(四) 所有者权益类	
1406	库存商品	4001	实收资本(股本)
1407	发出商品	4002	资本公积
1461	存货跌价准备	4101	盈余公积
1531	长期应收款	4103	本年利润
1601	固定资产	4104	利润分配
1602	累计折旧	(五) 成本类	
1603	固定资产减值准备	5001	生产成本
1604	在建工程	5101	制造费用
1605	工程物资	5301	研发支出
1606	固定资产清理	(六) 损益类	
1701	无形资产	6001	主营业务收入
1702	累计摊销	6051	其他业务收入
1703	无形资产减值准备	6401	主营业务成本
1711	商誉	6402	其他业务成本
1801	长期待摊费用	6405	税金及附加
1901	待处理财产损溢	6601	销售费用
(二) 负债类		6602	管理费用
2001	短期借款	6603	财务费用
2201	应付票据	6701	资产减值损失
2202	应付账款	6111	投资收益
2205	预收账款	6101	公允价值变动损益
2211	应付职工薪酬	6115	资产处置损益
2221	应交税费	6301	营业外收入
2231	应付股利	6711	营业外支出
2232	应付利息	6801	所得税费用
2241	其他应付款	6901	以前年度损益调整
2601	长期借款		

任务二　会计账户的结构

账户作为记录和反映经济业务活动的一种形式，其基本功能是便于对各项经济业务所引起的企业资产、负债、所有者权益、成本、损益的变动数额进行分门别类和有条不紊地归集、汇总。要使账户发挥其功能，不仅要确定其名称和进行分类，还要使其具备相应的结构。所有经济业务的发生所引起的企业资产、负债、所有者权益等的变动，从数量上看，不外乎"增加"和"减少"两种情况。因此，每个账户起码要划分出两个方位：即一方登记增加额，另一方登记减少额，这是一切账户的基本结构。至于哪一方登记增加数量，哪一方登记减少数量，则需要根据所记录的经济内容，即账户的性质来确定。账户划分为左右两方，左右两方都是按相反方向来记录增加额和减少额的。在借贷记账法下，通常将账户的左方称为"借方"，右方称为"贷方"，任何账户都必须分为借方、贷方两个基本部分，这就是账户的基本结构。账户的这种基本结构我们可用一种简化的格式来表示，如图 3-1 所示。从账户名称、记录增加额和减少额的左右两方来看，账户结构在整体上类似于汉字"丁"和大写的英文字母"T"，因此，账户的基本结构在实务中被形象地称为"丁"字账户或"T"字账户。"T"形账户的基本结构如图 3-1 所示。

图3-1 "T"形账户的基本结构

账户的内容具体包括账户名称、记录经济业务的日期、所依据记账凭证的编号、经济业务摘要、增减金额和余额等。

(1) 账户名称：会计科目。
(2) 日期：记录经济业务确认的日期。
(3) 凭证的编号：说明登记账户的来源、依据，为以后查账提供便利。
(4) 摘要：用以概括说明所记录经济业务的内容。
(5) 增加和减少的金额及余额：用以填写经济业务引起会计要素增加、减少及变动的结果。

在借贷记账法下，我国会计实务中常用的三栏式账户基本格式如表 3-2 所示。

表3-2 账户名称

年		凭证号数	摘要	借方	贷方	借/贷	余额
月	日						

账户中登记本期增加的金额，称为本期增加发生额；登记本期减少的金额，称为本期减少发生额；增减相抵后的差额，称为余额，余额按照时间不同，分为期初余额和期末余额。

其基本关系如下。

期末余额＝期初余额＋本期增加发生额－本期减少发生额

任务三　会计账户的分类

账户分类是指对账户按性质、核算内容、用途和结构进行的归类。为了正确地设置和运用账户，就需要从理论上进一步了解和认识各个账户的核算对象、具体结构和用途及其在整个账户体系中的地位和作用，在此基础上掌握它们在提供核算指标方面的规律性，这就是账户进行分类的意义所在。

按不同的标准对账户分类，可以从不同的角度认识账户。会计账户分类标准一般有按提供信息详细程度分类、按经济内容分类、按经济用途和结构分类等。

一、按提供信息详细程度分类

会计账户按其提供信息的详细程度不同，可以分为总分类账户和明细分类账户两大类。

（一）总分类账户

总分类账户又称总账账户、一级账户，是对企业经济活动的具体内容进行总括核算的账户，它能够提供某一具体内容的总括核算指标，一般只用货币计量，如"库存现金""固定资产""应付票据""短期借款"等都是总分类账户。在我国，为了保证会计核算指标口径规范一致，并具有可比性，总分类账户的名称、核算内容及使用方法通常由财政部统一制定，每一个企业都要根据本企业业务的特点和统一制定的账户名称，设置若干个总分类账户。

（二）明细分类账户

明细分类账户是对某一经济业务进行明细核算的账户，它是根据总分类账户的核算内容，按照实际需要和更详细的分类要求设置的。例如，"应收账款"总分类账户下，再按具体单位分设明细账户；"库存商品"总分类账户下，再按商品名称分设明细账户。在实际工作中，除少数总分类账户，如"本年利润"账户不必设置明细分类账户外，大多数总分类账户都需设置明细分类账户。明细分类账户所提供的明细核算资料主要是满足企业内部经营管理的需要，各单位经济业务的具体内容不同，经营管理的水平不一致，明细分类账户的名称、核算内容及使用方法也就不能统一规定。因此，大多数明细分类账户都由各单位根据实际情况和需要自行设置。

如果总分类账户下面反映的内容较多，则会计账户可分为二级、三级等级次，即总分类账户统辖下属数个明细账户，或者是统辖下属数个二级账户，再在每个二级账户下设置明细账户。例如，"原材料"总分类账户下，可按材料的类别设置"原料及主要材料""辅助材料""燃料"等二级账户，再在"原料及主要材料"二级账户下设置"钢材""生铁""木材"等三级账户。会计账户按其提供信息的详细程度分类示例如表3-3所示。

表3-3　会计账户按其提供的详细程度分类

总分类账户(一级账户)	明细分类账户	
	二级账户	三级账户
原材料	原料及主要材料	钢材
		木材
		……
	辅助材料	染料
		润滑油
		……

总分类账户和所属明细分类账户核算的内容相同，只是反映内容的详细程度有所不同，两者相互补充、制约及核对。

二、按经济内容分类

账户按经济内容分类的实质是按照会计对象的具体内容进行的分类。如前所述，经济组织的会计对象就其具体内容而言，可以归结为资产、负债、所有者权益、收入、费用和利润六个会计要素。

由于利润一般隐含在收入与费用的配比中，因此，从满足管理和会计信息使用者需要的角度考虑，账户按其经济内容可以分为资产类账户、负债类账户、所有者权益类账户、成本类账户和损益类账户等。

(一) 资产类账户

资产类账户是核算企业各种资产增减变动及其余额的账户。按照资产流动性和经营管理核算的需要，资产类账户又分为流动性资产账户和非流动性资产账户两类。反映流动性资产类的账户有"库存现金""银行存款""应收账款""应收票据""预付账款""原材料""库存商品"等；反映非流动性资产类的账户有"长期股权投资""固定资产""累计折旧""无形资产""长期待摊费用"等。

资产类账户的特点是，一般都有期末余额，且期末余额在账户的借方。

(二) 负债类账户

负债类账户是核算企业各种负债增减变动及其余额的账户。按照负债的流动性，负债类账户可分为流动负债账户和非流动负债账户两类。反映流动负债的账户有"短期借款""应付账款""预收账款""应付票据""其他应付款""应付职工薪酬""应交税费""应付股利"等账户；反映非流动负债的账户有"长期借款""应付债券""长期应付款"等账户。

负债类账户的特点是，一般都有期末余额，且期末余额在账户的贷方。

(三) 所有者权益类账户

所有者权益类账户是核算企业所有者权益增减变动及其余额的账户。所有者权益类账户按照来源和构成的不同可以再分为投入资本类所有者权益账户和资本积累类所有者权益账户。投入资本类所有者权益账户有"实收资本""资本公积"等;资本积累类账户有"盈余公积""本年利润""利润分配"等。

所有者权益类账户的特点是,一般都有期末余额,且期末余额在贷方。

(四) 成本类账户

成本类账户按照是否需要分配可以再分为直接计入类成本账户和分配计入类成本账户。直接计入类成本账户有"生产成本"(包括基本生产成本、辅助生产成本)和"在建工程"等;分配计入类成本账户有"制造费用"等。

成本类账户的特点是借方归集成本项目,期末一般无余额,若有余额,则表示本过程尚未结束累计发生的费用数额,此时,该类账户也具有资产的性质。

(五) 损益类账户

损益类账户按照性质和内容的不同可以再分为营业损益类账户和非营业损益类账户。营业损益类账户有"主营业务收入""主营业务成本""税金及附加""其他业务收入""其他业务成本""投资收益"等;非营业损益类账户有"营业外收入""营业外支出""销售费用""管理费用""财务费用""所得税费用"等。

损益类账户的特点是期末无余额。

按账户经济内容分类建立的账户体系如表3-4所示。

表3-4 按账户经济内容分类建立的账户体系

资产类账户	流动资产账户	库存现金、银行存款、应收账款、应收票据、预付账款、原材料、库存商品等
	非流动资产账户	长期股权投资、固定资产、累计折旧、无形资产、长期待摊费用等
负债类账户	流动负债账户	短期借款、应付账款、预收账款、应付票据、其他应付款、应付职工薪酬、应交税费、应付股利等
	非流动负债账户	长期借款、应付债券、长期应付款等
所有者权益类账户	投入资本类所有者权益账户	实收资本、资本公积等
	经营累积所有者权益账户	盈余公积、本年利润、利润分配等
成本类账户	直接计入类成本账户	生产成本、在建工程等
	分配计入类成本账户	制造费用等
损益类账户	营业损益类账户	主营业务收入、主营业务成本、税金及附加、其他业务收入、其他业务成本、投资收益等
	非营业损益类账户	营业外收入、营业外支出、销售费用、管理费用、财务费用、所得税费用等

三、按经济用途和结构分类

账户按经济用途和结构分类的实质是账户在会计核算中所起的作用和在使用中所反映的经济指标进行的分类。账户按照用途和结构可以分为盘存账户、资本账户、结算账户、集合汇转账户、跨期摊配账户、成本计算账户、计价对比账户、财务成果账户、调整账户九类。

(一) 盘存账户

盘存类账户是指可以通过实物盘点进行核算和监督的各种资产类账户，包括库存现金、银行存款、原材料、库存商品、固定资产等。盘存类账户的期初如果有余额在借方，则本期发生额的增加数在借方，本期发生额的减少数在贷方；期末若有余额在借方，则表示各项财产和货币资金的结存数额。这类账户均可以通过财产清查的方法，如实地盘存法、核对账目法等，检查实存的财产物资及其在经营管理上存在的问题。这类账户除"库存资金"账户外，其实物明细账可以提供实物和价值两种指标。盘存账户的结构如图3-2所示。

借方	盘存账户	贷方
期初余额：期初财产物资或货币资金的结存额 发生额：本期财产物资或货币资金的增加额		发生额：本期财产物资或货币资金的减少额
期末余额：期末财产物资或货币资金的结存额		

图3-2 盘存账户的结构

(二) 资本账户

资本类账户是指用来核算和监督经济组织从外部取得的或内部形成的资本金增加变动情况及其实有数的账户，包括实收资本、资本公积、盈余公积等。资本类账户期初如果有余额在贷方，则本期发生额的增加数在贷方，本期发生额的减少数在借方。期末如果有余额在贷方，则表示各项投资和积累的结存数额；若没有余额或其余额在借方，在股份制企业形式下，则表示投资者的权益已降至零。资本类账户主要有实收资本(或股本)、资本公积、盈余公积、利润分配等，这类账户的总分类账及其明细分类账只提供价值指标。资本账户的结构如图3-3所示。

借方	资本账户	贷方
发生额：本期资本和公积金的减少额		期初余额：期初资本和公积金实有额 发生额：本期资本和公积金的增加额
		期末余额：期末资本和公积金实有额

图3-3 资本账户的结构

(三) 结算账户

结算类账户是指用来核算和监督一个经济组织与其他经济组织或个人及经济组织内部各单位之间债权债务往来结算关系的账户。按照结算性质的不同，结算账户可以分为债权结算账户、债务结算账户和债权债务结算账户三种。各类结算账户又具有不同的用途和结构。

1. 债权结算账户

债权结算账户也称"资产结算"账户，是用来核算和监督企业与其他债务单位或个人之间发生的各种应收及预付款项的账户，包括应收账款、应收票据、预付账款、其他应收款等。

债权结算账户的基本格式及运用同盘存类账户,即:期初如果有余额在借方,则本期发生额的增加数在借方,本期发生额的减少数在贷方。期末如果有余额在借方,则表示期末企业已取得尚未收回的债权的实有数。债权结算账户的结构如图3-4所示。

借方	债权结算账户	贷方
期初余额:期初尚未收回的应收款项或预付款项 发生额:本期应收款项或预付款项的增加额		发生额:本期应收款项或预付款项的减少额
期末余额:期末尚未收回的应收款项或未结算的预付款项		

图3-4 债权结算账户的结构

2. 债务结算账户

债务结算账户也称负债结算账户,是用来核算和监督企业与其他债权单位或个人之间发生的各种应付及预收款项的账户债务结算账,户包括应付账款、应付票据、预收账款、其他应付款、应交税费等。债务结算账户的期初如果有余额在贷方,则本期发生额的增加数在贷方,本期发生额的减少数在借方;期末若有余额在贷方,则表示期末企业尚未偿还的债务的实有数。债务结算账户的结构如图3-5所示。

借方	债务结算账户	贷方
发生额:本期应付款项或预收款项或借入款项的减少额	期初余额:期初尚未支付的应付款项未结算的预收款项或结欠的借入款项 发生额:本期应付款项或预收款项或借入款项的增加额	
	期末余额:期末尚未支付的应付款项、预收款项或尚未支付的借入款项	

图3-5 债务结算账户的结构

3. 债权债务结算账户

债权债务结算账户是一类比较特殊的结算类账户,它是对经济组织在与其他经济组织或个人之间同时具有债权又有债权结算情况,需要在同一账户进行核算与监督而运用的一种账户。债权债务结算账户的期初余额可能在借方(表示债权大于债务的差额),也可能在贷方(表示债务大于债权的差额);本期借方发生额表示债权的增加或债务的减少;本期贷方发生额表示债务的增加或债权的减少。期末如果是借方余额,则表示债权大于债务的差额;如果是贷方余额,则表示债务大于债权的差额。债权债务结算账户的结构如图3-6所示。

借方	债权债务结算账户	贷方
期初余额:期初债权大于债务的差额 发生额:本期债权增加额或本期债务减少额		期初余额:期初债务大于债权的差额 发生额:本期债务增加额或本期债权减少额
期末余额:期末债权大于债务的差额		期末余额:期末债务大于债权的差额

图3-6 债权债务结算账户的结构

企业为了简化核算工作，对于预收款项业务不多的企业，可不单独设置"预收账款"账户，而直接通过"应收账款"账户，同时反映企业销售商品或提供劳务的应收和预收的款项，此时，"应收账款"账户就是债权债务结算账户；对于预付款项不多的企业，可不单独设置"预付账款"账户，而直接通过"应付账款"账户同时反映企业购买商品或接受劳务的应付和预付的款项，此时，"应付账款"账户就是债权债务结算账户。当企业不设置"其他应收款""其他应付款"账户，而将其他应收、应付的款项集中通过"其他往来"账户核算时，"其他往来"账户就是一个债权债务结算账户。债权债务结算账户需根据账户余额的方向判断其账户的性质，余额在借方时说明是债权结算账户，余额在贷方时说明是债务结算账户。

(四) 集合汇转账户

集合汇转账户是用来归集企业在某个会计期间的收入和费用，并如期结转的账户。这类账户按照归集的性质和经济内容，可分为收入集合汇转账户和费用集合汇转账户两类。

1. 收入集合汇转账户

收入集合汇转账户是用来归集分配结转企业在经营过程中可取得的各项收入的账户，如"主营业务收入"等。这类账户的贷方登记一定期间发生的收入数，借方登记收入的减少数或期末转入"本年利润"账户的数额。由于当期实现的全部收入都要在期末转入"本年利润"账户，所以该账户期末无余额。收入集合汇转账户的结构如图3-7所示。

借方	收入集合汇转账户	贷方
发生额：收入的减少款，结转到"本年利润"账户的数额		发生额：归集本期内各项收入的发生额

图3-7　收入集合汇转账户的结构

收入集合汇转账户应设置总分类账户和明细分类账户进行核算，该账户只提供核算的价值指标。

2. 费用集合汇转账户

费用集合汇转账户是用来归集和分配结转企业在经营过程中发生的各项费用的账户，如"主营业务成本""销售费用""管理费用"和"财务费用"等。这类账户的借方登记一定期间费用支出的增加数，贷方登记费用支出的减少数或期末转入"本年利润"账户的数额。由于当期发生的全部费用支出都要在期末转入"本年利润"账户，所以该账户期末无余额。费用集合汇转账户的结构如图3-8所示。

借方	费用集合汇转账户	贷方
发生额：归集本期内各项费用支出的数额		发生额：冲减的费用、结转"本年利润"账户的数额

图3-8　费用集合汇转账户的结构

费用集合汇转账户应设置总分类账户和明细分类账户进行核算,该账户只提供核算的价值指标。

(五) 跨期摊配账户

跨期摊配账户用来核算和监督应由若干个会计期间共同负担的费用,并将这些费用摊到各个相应的会计期间的账户。在企业的生产经营过程中,有些费用在某个会计期间支付,但应由几个会计期间共同负担,以正确计算各个会计期间的损益。按权责发生制原则,为严格划分费用的归属期,合理地将费用分摊到各个会计期间,需要设置跨期摊配账户。跨期摊配账户主要有"长期待摊费用"账户,该账户属于资产类账户。"长期待摊费用"的借方用来登记费用的实际支出数;贷方用来登记各会计期间负担的费用的摊配数,其账户的期末余额在借方,表示已支付而尚未摊销的长期待摊费用数额。跨期摊配账户只提供价值指标,其结构如图 3-9 所示。

借方	跨期摊配账户	贷方
期初余额:期初已支付而尚未摊销的长期待摊费用数额 发生额:本期费用的支付数		发生额:本期费用的摊销数
期末余额:已支付而尚未摊销的待摊费用数额		

图3-9 跨期摊配账户的结构

(六) 成本计算账户

成本计算账户是用来核算和监督企业经营过程中某一阶段所发生的全部费用,并借以确定该阶段各成本计算对象实际成本的账户,包括生产成本、在建工程等。成本计算账户的借方汇集应计入特定成本对象的全部耗费;贷方登记转出已完成某个阶段成本计算对象的实际成本,其期末余额在借方,表示尚未完成某个阶段成本计算对象的实际成本。成本计算账户的结构如图 3-10 所示。

借方	成本计算账户	贷方
期初余额:期初尚未完成某个经营阶段的成本计算对象的实际成本 发生额:经营过程中发生的应由成本计算对象承担的全部费用		发生额:结转已完成某个经营阶段的成本计算对象的实际成本
期末余额:期末完成该阶段成本计算对象的实际成本		

图3-10 成本计算账户的结构

成本计算对象账户除设置总分类账户外,还应按照各个成本对象和成本项目分别设置多栏式分类账,进行明细分类核算,该账户实际提供实物指标,也提供价值指标。

(七) 计价对比账户

计价对比账户是用来对某一阶段某项经济业务按照两种不同的计价标准进行对比,借以确定其业务成果的账户。

原材料按计划成本进行日常核算的企业所设置的"材料采购"账户,就属于计价对比账户。这类账户的借方登记购入材料物资的实际成本及入库材料结转"材料成本差异"的节约差异;贷方登记入库材料的计划成本及入库材料结转至"材料成本差异"的超支差异;期末余额在借方,表示已采购而尚未入库的在途材料的实际成本,即期末通过借贷两方的两种计价对比,可以确定材料采购的成果。计价对比账户的结构(以材料采购为例)如图3-11所示。

借方	计价对比账户	贷方
期初余额:未入库材料的实际成本 发生额:本期未入库材料的实际成本及转入"材料成本差异"账户贷方的实际成本小于计划成本的节约数		发生额:入库材料的计划成本及转入"材料成本差异"账户借方的实际成本大于计划成本的超支数
期末余额:尚未入库材料(在途材料)的实际成本		

图3-11 计价对比账户的结构(以材料采购为例)

计价对比账户的特点是,借贷双方的计价标准不一致,期末确定成果转出后,其借方余额反映的是剔除了计价差异后的按借方计价方式计价的资产价格。

(八)财务成果账户

财务成果账户是用来计算并确定企业在一定时期(月份、季度或年度)内全部经营活动最终成果的账户,如本年利润等。这类账户的贷方登记一定期间发生的各项收入数,借方汇集一定期间发生的与收入相配比的各项费用数;期末若为贷方余额,则表示收入大于费用的差额,为实现的利润净额;期末若为借方余额,则表示费用大于收入的差额,为企业实现的亏损总额。财务成果账户的结构如图3-12所示。

借方	财务成果账户	贷方
发生额:转入的各项费用		发生额:转入的各项收入
(或)期末余额:发生的亏损总额		期末余额:实现的净利润

图3-12 财务成果账户的结构

财务成果账户只反映企业在一年内财务成果的形成,平时(1—11月份)的余额为本年的利润净额或亏损总额,年终结转后,无余额,该账户只提供价值指标。

(九)调整账户

调整账户是用以调整有关账户的原始数额而设置的账户。在会计核算中,某些类别的经济业务,需要设置两个账户,提供两种数据资料。其中一个账户记录和反映该类的原始数额,另一个账户记录和反映对该类原始数额进行的调整,将记录原始数额的账户与记录调整数额的账户相加(或相减)就可求得该类业务的实际余额。我们把记录和反映原始数据的账户,称为被调整账户;把记录和反映原始数据进行调整的账户,称为调整账户。

调整账户一方面是对某一特定经济业务数额增减变动的单独反映,有其独立意义;另一方面与被调整账户相结合,反映新的经济内容,又具有新的意义。

调整账户按其不同的调整方式可分为抵减账户、附加账户和抵减附加账户三种。

1. 抵减账户

抵减账户亦称备抵账户,是用来抵减被调整账户的余额,以求得被调整账户实际余额的账户。其调整方式可用下列公式表示。

被调整账户余额－抵减账户余额＝被调整账户实际余额

由于备抵账户是对被调整账户的抵减,因此,被调整账户的余额方向与备抵账户的余额方向必定相反;如果被调整账户的余额在借方(或贷方),则抵减账户的余额一定在贷方(或借方)。

按照被调整账户的性质,抵减账户又可分为资产抵减账户和权益抵减账户。

1) 资产抵减账户

资产抵减账户是用来抵减某一资产账户的余额,以求得该资产账户实际余额的账户,如"累计折旧"账户就是"固定资产"账户的备抵账户。"固定资产"账户的账面余额(原始价值)与"累计折旧"账户的账面余额相抵减,可以取得有关固定资产耗损方面的数据,其差额就是固定资产现有的实际价值(净值)。通过对比分析,可以了解固定资产的新旧程度、资产占用状况和生产能力。资产抵减账户与被抵减账户的关系及结构如图 3-13 所示。

图3-13 资产抵减账户与被抵减账户的关系及结构

其调整方式可用公式表示如下。

资产的原始数额－资产的抵减数额＝该项资产的实际数额

2) 权益抵减账户

权益抵减账户是用来抵减某一权益的余额,以求得该权益账户的实际余额的账户,如"利润分配"账户就是用来抵减"本年利润"账户的抵减账户。权益抵减账户与被抵减账户的关系及结构如图 3-14 所示。

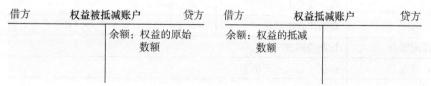

图3-14 权益抵减账户与被抵减账户的关系及结构

其调整方式可用公式表示如下。

权益的原始数额－权益的抵减数额＝该项权益的实际数额

2. 附加账户

附加账户是用来增加被调整账户的余额，以求得被调整账户实际余额的账户。其调整方式，可用公式表示如下。

$$被调整账户余额 + 附加账户余额 = 被调整账户的实际余额$$

附加账户与被调整账户的方向是相同的，如果被调整账户的余额在借方(或贷方)，则附加账户的余额一定在借方(或贷方)。附加账户与被调整附加账户的关系及结构如图3-15所示。

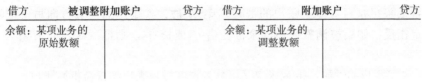

图3-15 附加账户与被调整附加账户的关系及结构

在实际工作中，很少设置单纯的附加账户。

3. 抵减附加账户

抵减附加账户也称备抵附加账户，是既可以抵减又可以用来增加被调整账户的余额，以求得被调整账户实际余额的账户，是兼有抵减账户和附加账户两种功能的调整账户。当其余额与被调整账户的余额方向相反时，该类账户起抵减账户的作用，其调整方式与抵减账户相同；当其余额与被调整账户余额方向相同时，该类账户起附加作用，其调整方式与附加账户相同，如"材料成本差异"就是"原材料"账户的抵减附加调整账户。应当指出的是，调整账户不能离开被调整账户而单独存在，有调整账户一定有被调整账户。

账户按经济用途和结构分类的账户体系如表3-5所示。

表3-5 账户按经济用途和结构分类的账户体系

盘存类账户		银行存款、库存商品、原材料、固定资产
资本账户		实收资本、资本公积、盈余公积
结算账户	债权结算账户	应收账款、其他应收款、预付账款
	债务结算账户	应付账款、短期借款、其他应付款
	债权债务结算账户	往来账户
集合汇转账户	收入集合汇转账户	主营业务收入等
	费用集合汇转账户	主营业务成本、销售费用、管理费用、财务费用
跨期摊配账户		长期待摊费用
成本计算账户		在建工程、生产成本
计价对比账户		材料采购
财务成果账户		本年利润
调整账户		累计折旧、利润分配

项目练习

一、单项选择题

1. (   )有具体的格式和结构，用于分类反映会计要素增减变动情况及其结果的载体。
   A. 会计科目   B. 账户
   C. 账簿   D. 财务报表

2. 账户结构通常分为(   )。
   A. 上下两部分   B. 前后两部分
   C. 发生额、余额两部分   D. 左右两方

3. 下列关于账户和会计科目的表述中，错误的是(   )。
   A. 账户是会计科目的名称，会计科目是账户的具体应用
   B. 两者之间的区别在于账户具有一定的格式和结构
   C. 实际工作中，对账户和会计科目不加严格区别，而是互相通用
   D. 账户能反映会计要素增减变化的情况及其结果，而会计科目不能

4. (   )总分类账户可以不设置明细分类账户。
   A. "银行存款"   B. "应付账款"
   C. "本年利润"   D. "盈余公积"

5. 会计账户按提供信息的详细程度分类，分为总分类账户和(   )账户。
   A. 资产类   B. 负债类
   C. 所有者权益类   D. 明细分类

6. 按经济内容分类，"累计折旧"账户属于(   )账户。
   A. 资产类   B. 资本类
   C. 所有者权益类   D. 负债类

7. 下列账户中，期末无余额的是(   )账户。
   A. 资产类   B. 负债类
   C. 所有者权益类   D. 损益类

8. 按用途和结构分类，"长期待摊费用"账户属于(   )账户。
   A. 负债类   B. 盘存类
   C. 跨期摊配类   D. 费用集合汇转类

9. 下列账户不属于结算账户的是(   )账户。
   A. 财务成果类   B. 债权结算类
   C. 债务结算类   D. 债权债务结算类

10. 当调整账户的余额与被调整账户的余额在不同方向时，应属于(   )账户。
    A. 附加调整   B. 抵减调整
    C. 抵减附加调整   D. 资产抵减

二、多项选择题

1. 账户的基本结构，一般应包括的内容有(   )。
   A. 账户名称   B. 日期和摘要
   C. 凭证种类和号数   D. 增加、减少的金额及余额
2. 账户可以根据(   )进行分类。
   A. 其核算的经济内容   B. 生产周期
   C. 会计科目流动性   D. 提供信息的详细程度及其统驭关系
3. 下列属于负债类会计科目的有(   )。
   A. 应付账款   B. 预收账款   C. 预付账款   D. 应收账款
4. 按用途和结构分类，下列账户中不属于盘存账户的有(   )。
   A. 原材料   B. 库存商品   C. 生产成本   D. 实收资本
5. 会计账户按提供指标的详细程度可分为(   )账户。
   A. 总分类   B. 明细分类   C. 结算类   D. 调整类
6. 下列会计等式中，正确的有(   )。
   A. 期末余额－期初余额＝本期增加发生额－本期减少发生额
   B. 期末余额＝期初余额＋本期增加发生额－本期减少发生额
   C. 期末余额－期初余额－本期增加发生额＝本期减少发生额
   D. 期末余额＋本期减少发生额＝期初余额＋本期增加发生额
7. 按经济内容分类，下列账户中属于损益类账户的是(   )。
   A. 主营业务收入   B. 本年利润
   C. 销售费用   D. 营业外收入
8. 下列账户中，属于调整账户的是(   )。
   A. 累计折旧   B. 固定资产
   C. 坏账准备   D. 原材料
9. 下列各项中，属于所有者权益的有(   )。
   A. 未分配利润   B. 资本公积
   C. 盈余公积   D. 实收资本
10. 下列各类账户中，只提供核算价值指标的有(   )。
    A. 资产类账户   B. 资本类账户
    C. 集合汇转账户   D. 跨期摊配账户

三、判断题

1. "应付账款"账户和"预付账款"账户均属于负债类账户。(   )
2. 账户仅反映经济内容是什么，而会计科目不仅反映经济内容是什么，而且系统地反映某项经济内容的增减变动及其余额。(   )
3. 总分类科目及其所属的明细科目，反映了经济业务的总括情况及详细的会计信息。(   )
4. 所有账户的左边均记录增加额，右边均记录减少额。(   )

5. 按经济内容分类,"长期待摊费用"账户属于损益类账户。　　　　　(　)
6. 盘存类账户是指可以通过实物盘点进行核算和监督的各种资产类账户。(　)
7. 资本类账户的总分类账及其明细分类账只提供价值指标。　　　　　(　)
8. "应收账款""其他应付款"属于债权结算账户。　　　　　　　　　(　)
9. 通常,各类账户的期末余额与记录增加额的一方在同一方向。　　　(　)
10. 调整账户按其不同的调整方式可分为抵减账户、附加账户和抵减附加账户三种。
　　　　　　　　　　　　　　　　　　　　　　　　　　　　　　　(　)

四、业务处理题

习题一

【目的】分析会计账户的名称及其所归属的会计要素。

【资料】A公司2019年5月31日有关财务内容如下。

(1) 由出纳人员保管的款项1000元。
(2) 存放在银行里的款项200 000元。
(3) 向银行借入3个月的款项60 000元。
(4) 仓库中存放的材料180 000元。
(5) 仓库中存放的已完工产品98 000元。
(6) 向银行借入一年以上期限的借款720 000元。
(7) 设备及厂房3 000 000元。
(8) 月末应交税费30 000元。
(9) 所有者投入的资本2 070 000元。
(10) 预收甲公司的购货款230 000元。
(11) 应收外单位的货款225 000元。
(12) 应付给外单位的材料款20 000元。
(13) 应付给职工的工资220 000元。
(14) 本月实现的利润340 000元。
(15) 以前年度提取的盈余公积14 000元。

【要求】

(1) 判断上列各财务事项的账户名称及所属的会计要素,将结果填入表3-6中。

表3-6　会计要素及账户名称归属表

单位:元

序号	项目	账户名称	会计要素		
			资产	负债	所有者权益
1					
2					
3					
……					

(2) 计算该公司的资产总额、负债总额和所有者权益总额。

习题二

【目的】练习掌握调整账户与被调整账户的关系。

【资料】B 公司 2019 年 6 月 30 日有关账户余额如下。

"固定资产"账户借方余额 870 000 元,"累计折旧"账户贷方余额 220 000 元,"原材料"账户借方余额 36 000 元,"材料成本差异"账户借方余额 3000 元。

【要求】

(1) 计算该公司 6 月末的固定资产账面净值,并说明"累计折旧"账户与"固定资产"账户的关系。

(2) 计算该公司 6 月末原材料的实际成本,并说明"材料成本差异"账户与"原材料"账户的关系。

项目四

认识复式记账

> **学习要求**
>
> 1. 掌握复式记账法的基本原理；
> 2. 了解复式记账法的优点；
> 3. 掌握借贷记账法的基本内容，包括记账符号、账户结构、记账规则、试算平衡；
> 4. 了解借贷记账法在会计处理中的应用环节，即账户对应关系和对应账户、会计分录和过账等。

任务一 复式记账原理

在会计工作中，为了对会计要素进行核算与监督，在按一定原则设置会计科目，并按会计科目开设相应的账户之后，就需要采用一定的记账方法将会计要素的增减变动登记在账户中。会计记账方法，是根据一定的原理、记账符号、记账规则，采用一定的计量单位，利用文字和数字在账簿中登记经济业务的方法。按记录方式的不同，记账方法可分为单式记账法和复式记账法两大类。

一、单式记账法

单式记账法是对发生经济业务之后所产生会计要素的增减变动，只在一个账户中进行登记的方法。单式记账不是为了计量，而是为了控制，从一定意义上讲，内部控制是单式记账法的主要特征，通常只登记库存现金和银行存款的收付及应收、应付款的结算。例如，用现金2000元购买一台打印机，只登记库存现金减少2000元，而不登记固定资产的增加；再如，企业收到购货单位的欠款30 000元，只登记银行存款增加了30 000元，而应收账款减少30 000元就不登记了。单式记账法适用于业务简单或很单一的经济个体和家庭。单式记账法只能反映经济业务的一个侧面,账户之间不形成相互对应的关系,因此,不能全面、系统地反映经济业务的来龙去脉,也不便于检查账簿记录的正确性。在现代会计中,只有备查账簿的登记仍采用这种方法。

二、复式记账法

复式记账法是以资产与权益平衡关系作为记账基础,对于每一笔经济业务,都要以相等的金额在两个或两个以上相互联系的账户中进行登记,系统地反映资金运动变化结果的一种记账方法。例如,用现金 2000 元购买一台打印机,这项经济业务的发生,一方面使企业固定资产增加了 2000 元,另一方面也使企业的库存现金减少了 2000 元。根据复式记账原理,以相等的金额在"固定资产"和"库存现金"两个相互关联的账户中进行同时登记,即一方面在"固定资产"账户登记增加 2000 元,另一方面在"库存现金"账户登记减少 2000 元。

复式记账法是以会计的基本等式"资产=负债+所有者权益"为依据建立起来的一种科学记账方法。因此,复式记账法与单式记账法相比,具有以下特点和优点。

(1) 对于每一项经济业务,都在两个或两个以上相互关联账户中进行记录,不仅可以了解每一项经济业务的来龙去脉,而且在全部经济业务都登记入账以后,可以通过账户记录全面、系统地反映经济活动的过程和结果。

(2) 由于每项经济业务发生后,都是以相等的金额在有关账户中进行记录,因而可据以进行试算平衡,以检查账户记录是否正确。

(3) 能够全面反映经济业务内容和资金运动的来龙去脉。

在我国会计史上,曾经出现过收付记账法、增减记账法和借贷记账法三种复式记账法,借贷记账法是现代会计中最具代表性的一种科学的复式记账法。为了同国际惯例保持一致,目前,我国行政、企事业单位记账方法都采用借贷记账法,主要有两方面原因:一方面,借贷记账法经过数百年的实践已被全世界的会计工作者普遍接受,是一种比较成熟、完善的记账方法;另一方面,从会计实务角度看,记账方法不统一,会给企业间横向经济联系和与国际经济交往带来诸多不便,同时也必然会加大跨行业的公司和企业集团会计工作的难度,使经营活动信息和经营成果不能得到及时的反映。因此,统一全国各个行业企业和行政事业单位的记账方法,对规范会计核算工作和更好地发挥会计的作用具有重要意义。

任务二 借贷记账法

一、借贷记账法的基本内容

借贷记账法指的是以会计等式作为记账原理,以借、贷作为记账符号,来反映经济业务增减变化的一种复式记账方法。随着商品经济的发展,借贷记账法得到了广泛的应用,记账对象不再局限于债权、债务关系,而是扩大到要记录财产物资增减变化和计算经营损益。学习借贷记账法,必须深入理解和掌握它的基本内容,包括记账符号、账户结构、记账规则、试算平衡等。

(一) 记账符号

借贷记账法的记账符号就是"借"和"贷",记账符号是用来标记会计要素增和减方向的特定符号,分"借方"和"贷方",不同类别的会计要素的借、贷方表示的增减方向不同。所有账户的借方和贷方按相反方向记录增加数和减少数,即一方登记增加额,另一方就登记减少额。通常情况下,资产类、成本类和费用类账户的增加用"借"表示,减少用"贷"表示;负债类、所有者权益类和收入类账户的增加用"贷"表示,减少用"借"表示。

(二) 账户结构

借贷记账法下,所有账户的结构都是左方为借方,右方为贷方,但借方、贷方反映会计要素数量变化的增减性质是不固定的。不同性质的账户,借贷方所登记的内容不同。

1. 资产类账户

资产类账户的结构是:账户的借方登记资产的增加额,贷方登记资产的减少额,余额一般在借方。在一定的会计期间,借方登记的合计数称为借方发生额,贷方登记的合计数称为贷方发生额。该类账户期末余额的计算公式如下。

资产类账户期末借方余额＝借方期初余额＋借方本期发生额－贷方本期发生额

"T"形资产类账户的结构如图4-1所示。

借方	资产类账户		贷方
期初余额　　　　　　××× (1) 资产增加额　　　××× (2) 资产增加额　　　×××		(1) 资产减少额　　　××× (2) 资产减少额　　　×××	
本期发生额:本期资产增加总额　×××		本期发生额:本期资产减少总额　×××	
期末余额　　　　　　×××			

图4-1 "T"形资产类账户结构

2. 负债和所有者权益类账户

由会计等式"资产＝负债＋所有者权益"可知,负债和所有者权益类账户结构与资产类账户结构正好相反,账户贷方登记负债和所有者权益的增加额,借方登记负债和所有者权益的减少额,余额一般在贷方。该类账户期末余额的计算公式如下。

负债和所有者权益类账户期末贷方余额＝贷方期初余额＋贷方本期发生额－
借方本期发生额

"T"形负债和所有者权益类账户结构如图4-2所示。

借方	负债和所有者权益类账户		贷方	
		期初余额		×××
(1) 负债和所有者权益减少额	×××	(1) 负债和所有者权益增加额		×××
(2) 负债和所有者权益减少额	×××	(2) 负债和所有者权益增加额		×××
本期发生额：本期负债和所有者权益减少额	×××	本期发生额：本期负债和所有者权益增加额		×××
		期末余额		×××

图4-2 "T"形负债和所有者权益类账户结构

3. 收入类账户

收入和费用类账户是所有者权益类账户派生出来的。从性质上看，收入会导致所有者权益的增加，因此，收入类账户的结构与所有者权益类账户的结构基本相同，账户的贷方登记收入的增加，借方登记收入的减少或转销，平时若有借贷方差额，则一般在贷方。由于到会计期末要计算利润，收入类账户的借贷方差额期末要结转到计算利润的账户，所以结转后收入类账户期末通常无余额。"T"形收入类账户结构如图4-3所示。

借方	收入类账户	贷方	
收入的减少额(转销额)　　　　×××		(1) 收入的增加	×××
		(2) 收入的增加	×××
本期发生额：本期转入利润的收入数额　　　×××		本期发生额：本期增加的收入总额	×××

图4-3 "T"形收入类账户结构

4. 费用类账户

从性质上看，费用会导致所有者权益的减少，因此，费用类账户的结构与所有者权益类账户的结构是相反的，与资产类账户的结构是基本相同的。账户的借方登记费用的增加，贷方登记费用的减少(或转销)，平时若有借贷方差额，则一般在借方。由于借方登记的费用增加额，通常到会计期末都要通过贷方转出，所以结转后费用类账户期末一般无余额。"T"形费用类账户结构如图4-4所示。

借方	费用类账户	贷方	
(1) 费用增加额　　　　×××		费用减少额(转销额)	×××
(2) 费用增加额　　　　×××			
本期发生额：本期增加的费用总额　　×××		本期发生额：本期转出的费用数额	×××

图4-4 "T"形费用类账户结构

5. 利润类账户

由于企业的利润(或亏损)在未分配以前，归企业所有者所有(或承担)，所以利润类账户的结构与所有者权益类账户的结构基本相同,账户贷方登记利润的增加,借方登记利润的减少,期末余额一般在贷方,也可能在借方。"T"形利润类账户结构如图4-5所示。

借方	利润类账户		贷方
本期发生额:由费用和损失账户转入数 ×××		本期发生额:由收入和利得账户转入数 ×××	
期末余额:本期发生的亏损数 ×××		期末余额:本期实现的净利润 ×××	

图4-5 "T"形利润类账户结构

综上,借贷记账法下各类账户结构如表4-1所示。

表4-1 借贷记账法下各类账户结构

账户类别	借方	贷方	余额方向
资产类	增加	减少	借方
负债类	减少	增加	贷方
所有者权益类	减少	增加	贷方
收入类	减少(转销)	增加	一般无余额
费用类	增加	减少(转销)	一般无余额
利润类	减少	增加	贷方或借方

通常,将期末有余额的账户称为实账户,其期末余额代表资产、负债或所有者权益;将期末无余额的账户称为虚账户,其本期发生额反映企业损益情况。

(三) 记账规则

借贷记账法的记账规则可以概括为:有借必有贷,借贷必相等。①在运用借贷记账法记账时,对每项经济业务,既要记录一个(或几个)账户的借方,又要记录另一个(或几个)账户的贷方,即"有借必有贷";账户借方记录的金额必然等于账户贷方的金额,即"借贷必相等"。②所记录的账户可以是同类账户,也可以是不同类账户,但必须是两个记账方向,既不能都记入借方,也不能都记入贷方。③记入借方的金额必须等于记入贷方的金额。

任何经济业务的发生,都会引起资产、负债、所有者权益等会计要素发生相应变动。但无论发生任何经济业务,它们对资产和负债或所有者权益的影响不外乎是以下几种类型。

(1) 资产和负债或所有者权益同时增加,资金总额增加。对这类经济业务,一方面要将发生的金额登记到资产类账户的借方,另一方面同时要以相等金额登记到负债或所有者权益的贷方。

(2) 资产和负债或所有者权益同时减少,资金总额减少。对这类经济业务,一方面要将发生的金额登记到资产类账户的贷方,另一方面同时要以相等金额登记到负债或所有者权益的借方。

(3) 资产内部项目互相转化,即两个项目一增一减,资金总额不变。对这类经济业务,一方面要将发生的金额登记到某一资产账户的借方,另一方面同时要以相等金额登记到另一资产账户的贷方。

(4) 负债或所有者权益一增一减，资金总额不变。对这类经济业务，一方面要将发生的金额登记到某一负债或所有者权益账户的贷方，另一方面同时要以相等金额登记到另一负债或所有者权益账户的借方。

【例 4-1】企业偿还从银行借入 3 个月的借款 30 000 元。

这项经济业务的发生，一方面使企业的"银行存款"账户减少 30 000 元；另一方面使企业的"短期借款"账户减少 30 000 元。按照复式记账原理，应该同时在"银行存款"和"短期借款"两个相互关联的账户中进行登记。"银行存款"账户是资产类要素项目，其减少额应记在账户的贷方；"短期借款"账户是负债类要素项目，其减少额应记在账户的借方。这项经济业务引起会计等式两方项目同时减少的变化，减少金额相等，以"T"形账户表示，如图 4-6 所示。

借方	银行存款	贷方		借方	短期借款	贷方
期初余额	200 000					期初余额 900 000
	(1)	30 000	↔	(1) 30 000		

图4-6　登记结果1

【例 4-2】企业接受投资者投入一台设备，价值 80 000 元。

这项经济业务的发生，一方面使企业的"固定资产"账户增加 80 000 元；另一方面使企业的"实收资本"账户增加 80 000 元。按照复式记账原理，应该同时在"固定资产"和"实收资本"两个相互关联的账户中进行登记。"固定资产"账户是资产类要素项目，其增加额应记在账户的借方；"实收资本"账户是所有者权益类要素项目，其增加额应记在账户的贷方。这项经济业务引起会计等式两方项目同时增加的变化，增加金额相等，以"T"形账户表示，如图 4-7 所示。

借方	固定资产	贷方		借方	实收资本	贷方
期初余额	180 000					期初余额 100 000
(2)	80 000					(2) 80 000

图4-7　登记结果2

【例 4-3】用银行存款购买原材料，价值 20 000 元，材料验收入库(不考虑增值税)。

这项经济业务的发生，一方面使企业的"银行存款"账户减少了 20 000 元；另一方面使企业的"原材料"账户增加了 20 000 元。按照复式记账原理，应该同时在"银行存款"和"原材料"两个相互关联的账户中进行登记。"银行存款"和"原材料"账户都是资产类要素项目，其增加额应记在账户的借方，减少额应记在账户的贷方。这项经济业务引起会计等式左方项目有增有减的变化，增减金额相等，以"T"形账户表示，如图 4-8 所示。

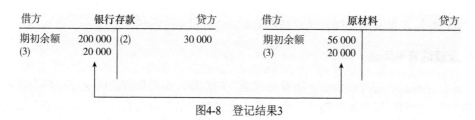

图4-8 登记结果3

【例4-4】企业决定将盈余公积45 000元转增资本。

这项经济业务的发生,一方面使企业的"实收资本"账户增加45 000元;另一方面使企业的"盈余公积"账户减少45 000元。按照复式记账原理,应该同时在"实收资本"和"盈余公积"两个相互关联的账户中进行登记。"实收资本"和"盈余公积"账户都是所有者权益类要素项目,其增加额应记在账户的贷方,减少额应记在账户的借方。这项经济业务引起会计等式右方项目所有者权益内部有增有减的变化,增减金额相等,以"T"形账户表示,如图4-9所示。

图4-9 登记结果4

以上举例表明,任何一项经济业务的发生,都要在两个或两个以上账户中进行登记,即在记入一个或几个账户借方的同时记入另一个或几个账户的贷方,并且记入借方的金额与记入贷方的金额都相等。因此,我们可以认定:在借贷记账法下,任何一项经济业务的发生都要遵循"有借必有贷,借贷必相等"的记账规则。

(四) 试算平衡

试算平衡是指在某一时日(如会计期末),为了保证本期会计处理的正确性,依据会计等式或复式记账原理,对本期各账户的全部记录进行汇总、测算,以检验其正确性的一种专门方法。通过试算平衡,可以检查会计记录的正确性,并可查明出现不正确会计记录的原因,进行调整,从而为会计报表的编制提供准确的资料。在借贷记账法下,试算平衡方法有发生额试算平衡法和余额试算平衡法两种。发生额试算平衡法是以记账规则为依据的,余额试算平衡法是以"资产=负债+所有者权益"的平衡关系理论为直接依据的。

1. 发生额试算平衡法

发生额试算平衡是指一定时期全部账户借方发生额合计等于该时期内全部账户贷方发生额合计。这是由"有借必有贷,借贷必相等"的记账规则决定的。对于某个会计期间内发生的每一项经济业务,在记入一个账户借方或贷方的同时必然记入另一个账户的贷方或借方,而且金额相等。这种数量相等的关系用公式表示如下。

全部账户本期借方发生额合计=全部账户本期贷方发生额合计

借贷记账法正是利用上列公式对账户发生额进行试算平衡的。

2. 余额试算平衡法

根据会计等式"资产＝负债＋所有者权益"的原理，运用借贷记账法在账户中记录会计事项的结果。余额试算平衡是指任意会计期末全部账户借方余额合计等于该期末全部账户贷方余额合计。这种数量相等的关系用公式表示如下。

$$全部账户借方期末余额合计＝全部账户贷方期末余额合计$$

借贷记账法正是利用上列公式对账户进行试算平衡的。

账户发生额和余额试算平衡，通常是在月末结算各账户的本期发生额和期末余额之后，通过编制试算平衡表来进行的。试算平衡表的编制通常分为两种：一种是将本期发生额和期末余额试算平衡分别列表编制，即根据各个账户的本期发生额编制"总分类账本期发生额试算平衡表"，格式如表4-2所示，根据各个账户的期末余额编制"总分类账户期末余额试算平衡表"，格式如表4-3所示；另一种是将本期发生额和期末余额合并在一张表上进行试算平衡，即根据各个账户的本期发生额和期末余额编制"总分类账户本期发生额和余额试算平衡表"，格式如表4-4所示。

表4-2　总分类账户本期发生额试算平衡表

年　　月　　　　　　　　　　　　　　　　　　单位：元

账户名称	借方发生额	贷方发生额
合计		

表4-3　总分类账户期末余额试算平衡表

年　　月　　　　　　　　　　　　　　　　　　单位：元

账户名称	借方余额	贷方余额
合计		

表4-4　总分类账户本期发生额和余额试算平衡表

年　　月　　　　　　　　　　　　　　　　　　单位：元

账户名称	期初余额		本期发生额		期末余额	
	借方	贷方	借方	贷方	借方	贷方
合计						

应当注意的是，通过试算平衡表来检查账户记录是否正确并不是绝对的。如果借贷不平衡，可以肯定账户的记录或计算有错误，应进一步查明原因，予以更正。但即使借贷平衡，也不能保证记账没有错误，因为有些记账错误并不影响借贷双方的平衡关系，如某项经济业务在记账时被漏记、重记、记账方向弄反、错记账户或借贷双方发生同等金额的错误等，都不能通过试算平衡来发现。

二、借贷记账法的应用

(一) 账户对应关系和对应账户

运用复式记账法记录经济业务，一笔业务所涉及的几个账户之间必然存在着某种相互依存的关系，这种关系称为账户的对应关系。存在着对应关系的账户称为对应账户。通过账户的对应关系，可以清晰地看出会计要素各有关项目之间增减变动的来龙去脉，反映经济业务的内容。对应账户是相对而言的，例如，企业用银行存款20 000元购买一批商品，该笔业务按照借贷记账法的基本原理，在"库存商品"增加20 000元的同时，"银行存款"减少了20 000元。"库存商品"的增加记借方，"银行存款"的减少记贷方，此时，"库存商品"和"银行存款"之间就形成了一种对应关系。"库存商品"账户是"银行存款"账户的对应账户，"银行存款"账户是"库存商品"账户的对应账户。

(二) 会计分录

会计分录亦称"记账公式"，简称"分录"。它是根据复式记账原理的要求，对每笔经济业务列出相对应的双方账户及其金额的一种记录方法。在登记账户前，通过记账凭证编制会计分录，能够清楚地反映经济业务的归类情况，有利于保证账户记录的正确和便于事后检查。每项会计分录主要包括账户名称(会计科目)、记账符号(方向)和记账金额。会计分录的书写格式通常是"借方"在上，"贷方"在下，"借""贷"前后错开。例如，将现金1000元存入银行，该项经济业务编制会计分录如下。

借：银行存款　　　　1000
　　贷：库存现金　　　　1000

会计分录按照其所涉及账户的多少分为简单会计分录和复合会计分录两种。

1. 简单会计分录

简单会计分录，是指只由两个对应账户组成的会计分录，即"一借一贷"对应关系的会计分录。例如，上列"将现金1000元存入银行"业务所编制的会计分录，就是简单会计分录。

2. 复合会计分录

复合会计分录，是指由三个或三个以上账户相对应组成的会计分录，即"一借多贷""一贷多借"或"多借多贷"的会计分录。其中"多借多贷"的会计分录只有在账户对应关系清晰的情况下才可编制。例如，企业用银行存款购入一批材料，价款10 000元，增值税1300元，材料验收入库，该项经济业务编制复合会计分录如下。

借：原材料　　　　　　　　　　　　　　　　10 000
　　应交税费——应交增值税(进项税额)　　　1300
　　贷：银行存款　　　　　　　　　　　　　　　11 300

会计分录是登记账簿的依据，会计分录的正确与否，直接影响账户记录的正确性，乃至影响会计信息的质量。因此，会计分录应如实反映经济业务的内容，正确确定应借应贷的账户及金额。对于初学者，学习编制会计分录通常可遵循以下步骤。

(1) 分析发生的经济业务，确定业务所涉及的账户名称，判定账户所属的类别及性质。

(2) 分析经济业务内容，确定其所记账户的数量变化，即是增加还是减少，进而确定各应记账户的方向，是应借还是应贷。

(3) 确定应记入各个账户的金额。

(4) 按一定书写格式列出经济业务的借贷方向、账户名称及其金额。

(三) 过账

将每一项经济业务编制成会计分录，仅是确定了该项经济业务发生后应记入的账户、账户的方向及金额；会计分录只是分散地反映了经济业务对各账户的影响，还不能够连续、系统地反映一定会计期间内全部经济业务对各账户的综合影响。为了实现这一目的，还需将会计分录的数据过入各有关账户中，这一过程就是过账。我们将以上所编制的两笔会计分录过入相应账户中，结果如图4-10所示。

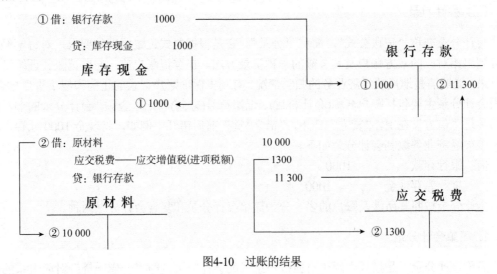

图4-10　过账的结果

三、借贷记账法应用实例

(一) 资料

某企业2019年5月初有关总分类账户余额如表4-5所示。

表4-5 总分类账户期初余额表

单位：元

账户名称	借方余额	贷方余额
库存现金	1000	
银行存款	180 000	
应收账款	160 000	
原材料	110 000	
库存商品	90 000	
固定资产	360 000	
短期借款		78 000
应付账款		153 000
长期借款		220 000
实收资本		450 000
合计	901 000	901 000

该企业5月份发生下列经济业务。
(1) 接受某投资者投入商品一批，价值45 000元，商品验收入库。
(2) 以银行存款归还6个月的短期借款60 000元。
(3) 购买原材料，价值32 000元，材料验收入库，款未付(不考虑增值税)。
(4) 收到购货单位前欠货款120 000元，存入银行。
(5) 从银行提取现金86 000元，发放职工工资。

(二) 账务处理

1. 根据本期发生的经济业务编制会计分录

(1) 接受某投资者投入商品一批，价值45 000元，商品验收入库。
借：库存商品　　　　　　45 000
　　贷：实收资本　　　　　　45 000
(2) 以银行存款归还6个月的短期借款60 000元。
借：短期借款　　　　　　60 000
　　贷：银行存款　　　　　　60 000
(3) 购买原材料，价值32 000元，材料验收入库，款未付(不考虑增值税)。
借：原材料　　　　　　　32 000
　　贷：应付账款　　　　　　32 000
(4) 收到购货单位前欠货款120 000元，存入银行。
借：银行存款　　　　　　120 000
　　贷：应收账款　　　　　　120 000
(5) 从银行提取现金86 000元，发放职工工资。
借：库存现金　　　　　　86 000
　　贷：银行存款　　　　　　86 000

2. 过账并结账

将上列经济业务的会计分录记入相应的账户,并结出本期发生额及余额,如图 4-11～图 4-20 所示。

库存现金				
期初余额	1000			
(5)	86 000			
本期发生额	86 000	本期发生额	—	
期末余额	87 000			

图4-11 "库存现金"账户

银行存款				
期初余额	180 000	(3)	60 000	
(4)	120 000	(4)	86 000	
本期发生额	120 000	本期发生额	146 000	
期末余额	154 000			

图4-12 "银行存款"账户

应收账款				
期初余额	160 000	(4)	120 000	
本期发生额	—	本期发生额	120 000	
期末余额	40 000			

图4-13 "应收账款"账户

原材料				
期初余额	110 000			
(3)	32 000			
本期发生额	32 000	本期发生额	—	
期末余额	142 000			

图4-14 "原材料"账户

库存商品				
期初余额	90 000			
(1)	45 000			
本期发生额	45 000	本期发生额	—	
期末余额	135 000			

图4-15 "库存商品"账户

固定资产				
期初余额	360 000			
本期发生额	—	本期发生额	—	
期末余额	360 000			

图4-16 "固定资产"账户

短期借款				
(2)	60 000	期初余额	78 000	
本期发生额	60 000	本期发生额	—	
		期末余额	18 000	

图4-17 "短期借款"账户

应付账款				
		期初余额	153 000	
		(3)	32 000	
本期发生额	—	本期发生额	32 000	
		期末余额	185 000	

图4-18 "应付账款"账户

长期借款	
	期初余额 220 000
本期发生额 —	本期发生额 —
	期末余额 220 000

图4-19 "长期借款"账户

实收资本	
	期初余额 450 000
	(1) 45 000
本期发生额 —	本期发生额 45 000
	期末余额 495 000

图4-20 "实收资本"账户

(三) 进行试算平衡

编制"总分类账户本期发生额及余额试算平衡表",如表 4-6 所示。

表4-6 总分类账户本期发生额及余额试算平衡表

单位:元

账户名称	期初余额		本期发生额		期末余额	
	借方	贷方	借方	贷方	借方	贷方
库存现金	1000		86 000	—	87 000	
银行存款	180 000		120 000	146 000	154 000	
应收账款	160 000		—	120 000	40 000	
原材料	110 000		32 000	—	142 000	
库存商品	90 000		45 000	—	135 000	
固定资产	360 000		—	—	360 000	
短期借款		78 000	60 000	32 000		18 000
应付账款		153 000	—	—		185 000
长期借款		220 000	—	45 000		220 000
实收资本		450 000	—	—		495 000
合计	901 000	901 000	343 000	343 000	91 8000	918 000

项目练习

一、单项选择题

1. 复式记账法要求对每项经济业务都以相等的金额,在( )中进行登记。
   A. 全部账户   B. 一个账户
   C. 两个账户   D. 两个或两个以上账户

2. 下列关于借贷记账法的账户结构说法,不正确的是( )。
   A. 账户的左方为借方,右方为贷方
   B. 资产类、成本类和损益类账户的减少用"贷"表示
   C. 负债类、所有者权益类和收入类账户的增加用"贷"表示

D. 究竟是借方还是贷方记录增加，取决于账户的性质与所记录经济内容的性质

3. 下列各项经济业务的会计处理中，不正确的是(　　)。(假定不考虑相关税费)

  A. 购入设备，用银行存款支付价款 50 000 元

   借：固定资产　　　　　　　　　　　　50 000
    贷：银行存款　　　　　　　　　　　　　　50 000

  B. 用银行存款偿还 20 000 元短期借款

   借：银行存款　　　　　　　　　　　　20 000
    贷：短期借款　　　　　　　　　　　　　　20 000

  C. 公司成立时，收到投资者投入款项 10 000 元并存入银行

   借：银行存款　　　　　　　　　　　　10 000
    贷：实收资本　　　　　　　　　　　　　　10 000

  D. 从银行提取备用金 2000 元

   借：库存现金　　　　　　　　　　　　2000
    贷：银行存款　　　　　　　　　　　　　　2000

4. 企业收回前欠的购货款，表现为(　　)。

  A. 一项资产增加，另一项负债增加
  B. 一项资产增加，另一项资产减少，资产总额增加
  C. 一项资产增加，另一项资产减少，资产总额不变
  D. 一项资产减少，另一项资产增加，资产总额增加

5. 下列不属于借贷记账法特点的是(　　)。

  A. "借"表示增加，"贷"表示减少
  B. 以"借""贷"为记账符号
  C. 可根据借贷平衡原理进行试算平衡
  D. 以"有借必有贷，借贷必相等"为记账规则

6. 下列关于借贷记账法中"贷"的描述，正确的是(　　)。

  A. 费用增加　　　B. 收入减少　　　C. 资产减少　　　D. 负债减少

7. 某企业"原材料"科目的年初借方余额为 1600 万元，假设该企业"原材料"当年的借方发生额为 2200 万元，贷方发生额为 1300 万元，则该企业"原材料"的年末余额为(　　)。

  A. 贷方 700 万元　　　　　　　　B. 借方 700 万元
  C. 借方 2500 万元　　　　　　　 D. 贷方 2500 万元

8. 下列属于余额试算平衡法下的平衡关系的是(　　)。

  A. 全部账户的本期借方发生额合计＝全部账户的本期贷方发生额合计
  B. 全部账户的期初借方余额合计＝全部账户的期末贷方余额合计
  C. 全部明细账分类账户期末余额合计＝总分类账户期末余额
  D. 全部账户的期末借方余额合计＝全部账户的期末贷方余额合计

9. 存在对应关系的账户称为(　　)账户。

  A. 联系　　　　　B. 对应　　　　　C. 性质相同　　　　　D. 平衡

10. 所有者权益类账户的期末余额一般应在(　　)。

  A. 账户的贷方　　　　　　　　B. 账户的借方

C. 可以在借方，也可以在贷方　　　　D. 以上答案都对

二、多项选择题

1. 下列各项中，属于复式记账法的有(　　)。
   A. 借贷记账法　　B. 增减记账法　　C. 收付记账法　　D. 单式记账法
2. 复合会计分录是指由两个以上对应账户组成的会计分录，包括(　　)的会计分录。
   A. 一借多贷　　B. 多借多贷　　C. 一借一贷　　D. 多借一贷
3. 在借贷记账法下，账户借方登记(　　)。
   A. 负债增加　　B. 资产增加　　C. 收入减少　　D. 费用减少
4. 下列关于借贷记账法的相关说法中，正确的有(　　)。
   A. 资产类账户的余额计算公式为：期末借方余额＝期初借方余额＋本期借方发生额－本期贷方发生额
   B. 成本类账户的余额计算公式为：期末贷方余额＝期初贷方余额＋本期贷方发生额－本期借方发生额
   C. 收入类账户和费用类账户期末均无余额
   D. 借贷记账法的记账规则是"有借必有贷，借贷必相等"
5. 在借贷记账法下，期末结账后，无余额的账户有(　　)。
   A. 资产类　　B. 负债类　　C. 收入类　　D. 费用类
6. 下列各项中，属于不影响借贷双方平衡关系的错误的有(　　)。
   A. 重记、漏记某项经济业务
   B. 某项经济业务记录的应借、应贷科目正确，但借贷双方金额同时多记或少记，且金额一致
   C. 某项经济业务记错有关账户
   D. 某项经济业务在账户记录中，颠倒了记账方向
7. 下列会计科目中，属于资产类科目的有(　　)。
   A. 在建工程　　B. 资产减值损失　　C. 累计折旧　　D. 资本公积
8. 下列会计科目中，属于所有者权益类科目的有(　　)。
   A. 实收资本　　B. 盈余公积　　C. 投资收益　　D. 资本公积
9. 借贷记账法的基本内容包括(　　)。
   A. 记账符号　　B. 记账规则　　C. 账户结构　　D. 试算平衡
10. 会计分录必须具备的要素包括(　　)。
    A. 记账时间　　B. 记账方向　　C. 记账金额　　D. 账户名称

三、判断题

1. 复式记账法，是指对于每一笔经济业务，都必须用相等的金额在两个相互联系的账户中进行登记，全面、系统地反映会计要素增减变化的一种记账方法。(　　)
2. 在借贷记账法下，账户的哪方记增加，哪方记减少，取决于账户的格式。(　　)
3. 试算平衡是通过借贷金额是否平衡来检查账户记录是否正确的一种方法。如果借贷双方发生额或余额相等，则表明账户记录一定正确。(　　)

4. 运用借贷记账法记账时，必须做到"有借必有贷，借贷必相等"。（ ）
5. 所有账户期末借方余额合计一定等于期末贷方余额合计。（ ）
6. 管理费用和制造费用一样，都属于成本类科目。（ ）
7. 负债类和所有者权益类账户的结构相同，一般余额在贷方。（ ）
8. 在编制会计分录时，不管是简单会计分录还是复合会计分录，借贷方的金额肯定是相等的。（ ）
9. 若"累计折旧"账户期初余额为 35 000 元，贷方本期发生额为 20 000 元，借方发生额为 26 000 元，则该账户的期末余额为 41 000 元。（ ）
10. 不同性质的账户，其借贷含义有所不同。（ ）

四、业务处理题

习题一

【目的】掌握各账户的结构及试算平衡。

【资料】某企业 2019 年 10 月份的总分类账户本期发生额及余额试算平衡表，如表 4-7 所示。

表4-7　总分类账户本期发生额及余额试算平衡表

单位：元

账户名称	期初余额		本期发生额		期末余额	
	借方	贷方	借方	贷方	借方	贷方
库存现金	860		（ ）	3260	1870	
银行存款	2840		15 060	（ ）	11 290	
应收账款	（ ）		1520	17 960	0	
原材料	6000		2720	200	（ ）	
库存商品	4500		（ ）	3240	3260	
固定资产	15 400		5000	0	（ ）	
短期借款		4000	（ ）	0		0
应付账款		（ ）	8000	4500		2000
应付职工薪酬		2000	18 000	（ ）		（ ）
实收资本		34 540	0	（ ）		38 540
合计	（ ）	（ ）	（ ）	（ ）	（ ）	（ ）

【要求】根据上述资料计算空格中的有关数字。

习题二

【目的】练习借贷记账法。

【资料】F 企业 2019 年 11 月份发生下列经济业务。(不考虑增值税)

(1) 采购 A 材料一批，价款为 30 000 元，全额款项以银行存款支付，材料验收入库。

(2) 以银行存款支付前欠的货款 6000 元。

(3) 从银行提取现金 50 000 元，以备发放职工工资。

(4) 销售甲产品价款为 240 000 元，全部款项收到并存入银行。
(5) 以现金 600 元支付车间办公费。
(6) 收到购货方预付的货款 70 000 元，存入银行。
(7) 以银行存款支付广告费 3000 元。
(8) 收到购货方通过银行支付的货款 70 200 元。
(9) 计提本月行政管理部门固定资产折旧费，总计 9000 元。
(10) 从银行借入 3 个月的借款 80 000 元。
(11) 购入一台设备，价值 36 000 元，款项尚未支付。
(12) 收到投资者投入的一批商品，价值 100 000 元。
(13) 用商业汇票购买一个商标权，价值 86 000 元。
(14) 生产产品领用原材料一批，价值 6500 元。
(15) 生产产品验收入库，结转成本 22 600 元。

【要求】根据上列资料编制会计分录。

项目五

认识会计凭证

学习要求

1. 理解会计凭证的作用,熟悉会计凭证的种类;
2. 掌握原始凭证的填制与审核、记账凭证的填制与审核;
3. 了解会计凭证的传递和保管。

任务一　会计凭证概述

一、会计凭证的作用

会计凭证,简称凭证,是指记录经济业务发生或完成情况、明确经济责任的书面证明,是登记账簿的依据。会计凭证包括纸质会计凭证和电子会计凭证两种形式。会计主体在办理任何一项经济业务时,都必须办理相应的凭证手续,由执行或完成该项经济业务的有关人员填制或取得会计凭证,记录经济业务的发生日期、数量、金额等具体内容,并在凭证上签名或盖章,从而明确经济责任。所有会计凭证在填制或取得后,必须送交会计部门进行审核。每个企业都必须按一定的程序填制和审核会计凭证,根据审核无误的会计凭证进行账簿登记。因此,填制和审核会计凭证是及时反映和监管经济业务的发生和完成情况,保证会计记录合理、合法、真实、可靠所采用的一种专门方法,也是整个会计计算工作的起点和基础。填制和审核会计凭证是一项重要的会计工作,在经济管理中具有重要作用。

会计凭证的作用主要表现在以下几个方面。

(一) 提供原始资料,传递经济信息

任何一项管理工作都离不开信息的收集、整理和储存,管理的过程就是信息处理的过程。会计信息是经济信息的重要组成部分,随着市场经济的发展,及时、准确、可靠的会计信息在企业管理中起到越来越重要的作用:一方面,会计凭证是经济信息的载体,记录了经济活动的最原始资料;另一方面,通过对会计凭证进行加工、整理,生成新的会计信息,并且在会计主体内各部门、各单位之间进行传递,从而保证它们的正常运转,更好地为经济管理服务。

(二) 据以登记会计账簿,进行会计核算

在会计工作中,会计核算应当以实际发生的经济业务为依据,而这些实际发生的经济业务是由会计凭证提供的。会计主体发生的任何一项经济业务,有关经营人员必须按规定的程序办理凭证手续,做好会计凭证的填制和审核工作。只有经过签名、盖章无误后的凭证才是合法的凭证,才是登记账簿进行会计核算的依据。因此可以说,做好凭证的填制与审核工作是实现会计职能的重要前提。

(三) 明确经济责任,加强经济责任制

会计凭证记录了经济业务发生的时间、单位、名称、金额、数量等具体内容,以及相关人员和部门的签章。这样就可以明确各经办单位或人员的经济责任,使他们对经济业务的真实性、合法性负责,加强他们的责任感。尤其是当发生违法乱纪或其他不良行为时,可以凭借会计凭证来确定有关责任人或部门,从而进行正确的裁决和处理。

(四) 实行会计监督,促进会计控制

通过对会计凭证进行严格审核,可以监督经济业务的合法性、真实性和正确性;可以查明各项经济业务是否符合有关法律、法规,以及是否符合行业、制度、企业章程和经济管理的要求;可以及时发现经济管理上存在的问题和管理制度上存在的漏洞,从而防止发生各种违法违纪和损害集体利益的行为,以保护财产的安全、完整,维护各方利益。

二、会计凭证的种类

会计凭证的种类繁多,按其填制程序和用途不同,可以分为原始凭证和记账凭证。

(一) 原始凭证

原始凭证又称单据,是指在经济业务发生或完成时所取得或填制的,用以记录或证明经济业务的发生或完成情况的凭证,它是进行会计核算的原始资料和重要依据。原始凭证同记账凭证相比,有较强的法律效力,是经济业务发生的第一手资料,是一种很重要的凭证。

由于每项经济业务都要填制或取得原始凭证,不同类型的经济业务所采用的原始凭证各不相同,因此原始凭证的种类是多样的。常用的原始凭证有现金收据、发货票、增值税专用(或普通)发票、差旅费报销单、产品入库单、领料单等。原始凭证可以按照来源、填制方法和格式等标准进行划分。

1. 按来源分类

原始凭证按其来源不同,可分为自制原始凭证和外来原始凭证。

1) 自制原始凭证

自制原始凭证是指由本单位经办业务的部门和人员，在执行或完成某项经济业务时，按照经济业务的内容自行填制的原始凭证，如领用材料时填制的领料单、企业材料入库时填制的收料单、职工出差填制的差旅费报销单、借款单、工资发放明细表、折旧计算表、销货发票、开出的收款收据等。领料单的格式如表 5-1 所示。

表5-1 领料单的格式

(企业名称)

领 料 单

领料单位：									编号：
用途：				年 月 日					仓库
材料类别	材料编号	材料名称	规格	计量单位	数量		单价	金额
					请领	实发		
备注：									
仓库保管员		发料人			领料主管			领料人	

2) 外来原始凭证

外来原始凭证是指在经济业务发生或完成时，从其他单位或个人直接取得的原始凭证，如购货增值税专用发票、收到的收款收据、银行收付款通知单、银行转来的各种结算凭证、车船票等。增值税专用发票的格式如图 5-1 所示。

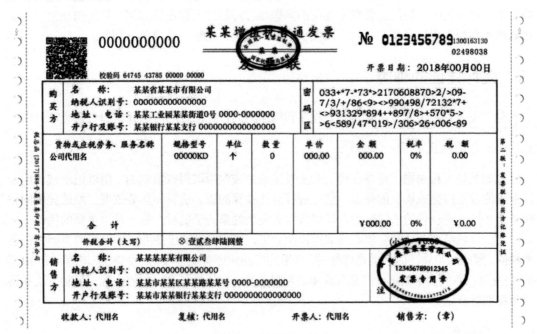

图5-1 增值税专用发票

2. 按填制方法分类

原始凭证按其填制方法的不同，可分为一次凭证、累计凭证、汇总原始凭证和记账编制凭证。

1) 一次凭证

一次凭证是指只反映一项经济业务或同时反映若干同类经济业务的凭证，填制手续是一次完成的，已填列的凭证不能再重复使用。绝大多数自制原始凭证和外来原始凭证都是一次凭证，如收据、销货发票、购货发票、收料单、借款单、银行结算凭证等。借款单的格式如表 5-2 所示。

表5-2 借款单的格式

(企业名称)

借 款 单

年　月　日

借款部门		姓名		事由	
借款金额(大写)		万 仟 佰 拾 元 角 分 ¥			
领导审批		财务审批		部门审批	出纳付款
借款人				备注	

2) 累计凭证

累计凭证是指在一定时期内，用来连续地反映不断重复发生的同类经济业务的凭证，填制手续是在一张凭证中多次进行才能完成的，如限额领料单。限额领料单中标明了某种材料在规定期限内的领料限额，用料单位每次领料及退料，都要由经办人员在限额领料单上逐笔记录、签章，并结出限额结余。限额领料单的格式如表 5-3 所示。

表5-3 限额领料单的格式

(企业名称)　　　　　　　　　　　　　　仓库：　号

领料部门：　　　　　**限额领料单**　　　　　计划产量：

用途：　　　　　　　　年　月　　　　　单位消耗定额：

材料类别	材料编号	材料名称	规格	计量单位	单价	领料限额	全月实领	
							数量	金额

日期	请领		实发		退料		限额结余
	数量	领料单位负责人	领料人	数量	发料人	数量	退料人	收料人	

仓库负责人：　　　　　　　　　　　　　　车间生产计划员：

3) 汇总原始凭证

汇总原始凭证是指在一定时期内将反映经济业务内容相同的若干张原始凭证,按照一定标准进行汇总编制而成的原始凭证,如发出材料汇总表、销售日报表、差旅费报销单等。发出材料汇总表的格式如表5-4所示。注意,汇总原始凭证所汇总的内容只能是同类型经济业务,不能汇总两类或两类以上的经济业务。

表5-4 发出材料汇总表的格式

(企业名称)

发出材料汇总表

年　月

会计科目		领料部门	原材料及主要材料	辅助材料	燃料	合计
生产成本	基本生产车间	一车间				
		二车间				
		小计				
	辅助生产车间	供水车间				
		机修车间				
		小计				
制造费用						
管理费用						
合计						

制表人：　　　　　　　　　　　　　　　　　　　　　　　　审核：

4) 记账编制凭证

企业的原始凭证一般都是以实际发生或完成的经济业务为依据,由经办人员填制并盖章,但有些原始凭证则是由会计人员根据账簿记录的结果,对某些特定事项进行归类、整理而编制的,这类原始凭证称为记账编制凭证。例如,月末计算产品成本时,根据制造费用账簿记录所编制的"制造费用分配表",其格式如表5-5所示。

表5-5 制造费用分配表

年　月

分配对象	分配标准	分配率	应分配金额
合计			

制表：　　　　　　　　　　　　　　　　　　　　　　　　审核：

3. 按格式分类

原始凭证按照其格式不同,可分为通用原始凭证和专用原始凭证两种。

1) 通用原始凭证

通用原始凭证是指由有关部门统一印制、在一定范围内使用的具有统一格式和使用方法的原始凭证。通用原始凭证的使用范围,因制作部门不同而有所差异,可以是某一地区、某一行业通用，也可以是全国通用。例如，某省(市)印制的"发货票""收据""增值税专用发票"等，在该省(市)通用(如图 5-1 所示)；铁道部统一制定的"铁路运单"及由人民银行制作的"银行转账结算凭证"等，在全国通用(如表 5-6 所示)。

表5-6　银行进账单示例

曲靖市商业银行进账单(收账通知) 1

年　月　日　　　　　　　　　　　　　　　　　　　第　号

出票人	全　称		持票人	全　称											
	账　号			账　号											
	开户银行			开户银行											
人民币 (大写)					千	百	十	万	千	百	十	元	角	分	
票据种类															
票据张数															
单位主管　　会计　　复核　　记账				持票人开户行盖章											

2) 专用原始凭证

专用原始凭证是指由单位自行印制，仅在本单位内部使用的原始凭证，如"差旅费报销单""固定资产折旧计算表""工资费用分配表""领料单"等。

(二) 记账凭证

记账凭证又称记账凭单，是指会计人员根据审核无误的原始凭证，进行归类、整理而编制的，用于确定会计分录的凭证，是登记账簿的直接依据。

由于原始凭证所反映的经济内容不同，种类繁多，格式多样，难以找到经济业务同账户之间的对应关系，因此必须对其反映的经济业务内容进行分类，整理确定会计账户，编制记账凭证，然后根据记账凭证直接登记账簿。可以说，记账凭证是联系经济信息和会计信息之间的纽带，反映经济业务的发生或完成情况，监督企业经济活动，明确相关人员的责任，在会计核算过程中具有重要作用。

1. 按凭证用途分类

记账凭证按其用途不同，分为专用记账凭证和通用记账凭证。

1) 专用记账凭证

专用记账凭证是指分类记录经济业务的记账凭证。这种记账凭证按其记录反映经济业务的内容不同，通常又可分为收款凭证、付款凭证和转账凭证。

(1) 收款凭证。收款凭证指专门用以记录库存现金和银行存款收款业务的会计凭证，根据库存现金和银行存款收款业务的原始凭证填制而成。收款凭证又可根据记录的具体对象不同，区分为库存现金收款凭证和银行存款收款凭证两种。其中，库存现金收款凭证是根据现金收款业务的原始凭证填制的收款凭证；银行存款收款凭证是根据银行存款收款业务的原始凭证填制的收款凭证。收款凭证是登记库存现金日记账、银行存款日记账及有关明细分类账和总分类账等账簿的依据,也是出纳人员收讫款项的依据。收款凭证的格式如表5-7所示。

表5-7 收款凭证

借方科目:　　　　　　　　　　　　　年　月　日　　　　　　　　　收字第　号

摘要	贷方科目		金额									√	
	总账科目	明细科目	千	百	十	万	千	百	十	元	角	分	
													附件　张
	合计金额												

会计主管:　　　　记账:　　　　出纳:　　　　复核:　　　　制单:

(2) 付款凭证。付款凭证指专门用以记录库存现金和银行存款付款业务的会计凭证,根据库存现金和银行存款付款业务的原始凭证填制而成,如用现金支付职工差旅费、以银行存款支付材料费用等。付款凭证又可根据记录的具体对象不同,分为库存现金付款凭证和银行存款付款凭证两种。其中,库存现金付款凭证是根据现金付款业务的原始凭证填制的付款凭证;银行存款付款凭证是根据银行存款付款业务的原始凭证填制的付款凭证。付款凭证是登记库存现金日记账、银行存款日记账及有关明细分类账和总分类账等账簿的依据,也是出纳人员支付款项的依据。付款凭证的格式如表5-8所示。

表5-8 付款凭证

贷方科目:　　　　　　　　　　　　　年　月　日　　　　　　　　　付字第　号

摘要	借方科目		金额									√	
	总账科目	明细科目	千	百	十	万	千	百	十	元	角	分	
													附件　张
	合计金额												

会计主管:　　　　记账:　　　　出纳:　　　　复核:　　　　制单:

需要指出的是,在会计实务中,涉及库存现金和银行存款之间的收付业务,也称相互划转,即将现金存入银行或从银行提取现金,通常只编制付款凭证,不编制收款凭证,以避免重复记账。出纳人员不能依据现金、银行存款收付业务的原始凭证收付款项,必须根据会计主管人员或指定人员审核批准的收款凭证和付款凭证收付款项,以加强对货币资金的管理,有效地监督货币资金的使用。

(3) 转账凭证。转账凭证用以记录不涉及库存现金和银行存款收付业务(转账业务)的会计凭证,根据有关转账业务的原始凭证或记账编制凭证填制而成,如材料或产成品入库、生产费用的分配等。转账凭证是登记有关明细账和总分类账等账簿的依据。转账凭证的格式如表 5-9 所示。

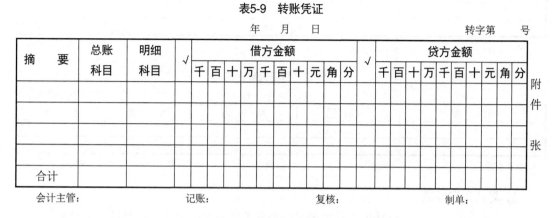

表5-9 转账凭证

2) 通用记账凭证

通用记账凭证是指用来记录所有经济业务的记账凭证。在规模小、会计人员少、经济业务比较简单的单位，为了简化凭证，可以使用通用记账凭证，记录所发生的各种经济业务。通用记账凭证格式与转账凭证格式基本相同，如表 5-10 所示。

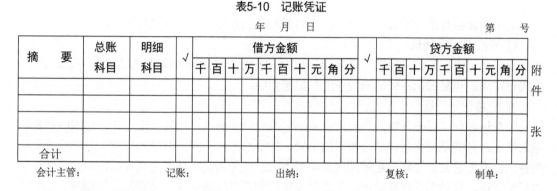

表5-10 记账凭证

2. 按填制方法分类

记账凭证按其填制方法的不同，分为单式记账凭证和复式记账凭证。

1) 单式记账凭证

单式记账凭证指在一张凭证上只登记一个会计科目及其金额的凭证，其对方科目不凭此记账，只供参考。一笔经济业务涉及多少个会计科目，就要填制多少张凭证。填列借方科目的称为借项记账凭证，填列贷方科目的称为贷项记账凭证。借项记账凭证和贷项记账凭证的格式如表 5-11、表 5-12 所示。单式记账凭证的优点是：①反映内容单一，便于按科目汇总，即每张凭证只汇总一次，减少差错；②有利于分工填制凭证和记账，将责任落实到每个人身上，从而可以更好地贯彻内部控制制度，防止差错和违法行为的发生。单式记账凭证的缺点是：工作量大，一张凭证不能反映每一笔经济业务的全貌，不便于检验会计分录的正确性，不便于分析、考核。

表5-11 借项记账凭证

年　月　日　　　　　　　　　　　　　　　　　　凭证编号：

摘　　要	一级科目	明细科目	账　页	金　额
合　　计				

会计主管：　　　　记账：　　　　出纳：　　　　复核：　　　　制单：

表5-12 贷项记账凭证

年　月　日　　　　　　　　　　　　　　　　　　凭证编号：

摘　　要	一级科目	明细科目	账　页	金　额
合　　计				

会计主管：　　　　记账：　　　　出纳：　　　　复核：　　　　制单：

2) 复式记账凭证

复式记账凭证指在一张凭证上登记每笔经济业务所涉及的全部会计科目。上述专用记账凭证和通用记账凭证均为复式记账凭证。复式记账凭证的优点是：在一张凭证上能反映出一笔经济业务的全貌，便于查账，减少了工作量。复式记账凭证的缺点是：不便于会计岗位上的分工记账和汇总计算每一会计科目的发生额。

3. 按汇总分类

记账凭证按其是否经过汇总不同，分为非汇总记账凭证和汇总记账凭证。

1) 非汇总记账凭证

非汇总记账凭证指只包括一笔会计分录的记账凭证。上述专用记账凭证和通用记账凭证、单式记账凭证和复式记账凭证均为非汇总记账凭证。

2) 汇总记账凭证

汇总记账凭证指把反映同类经济业务或多类经济业务的记账凭证汇总在一起编制而成的记账凭证，目的是简化登记总分类账的手续。按汇总方法不同，可分为分类汇总和全部汇总两种。分类汇总是指根据一定时期内反映同类经济业务的记账凭证定期加以汇总而重新编制的记账凭证，包括汇总收款凭证、汇总付款凭证和汇总转账凭证。全部汇总是指将一定时期内所有的记账凭证定期加以汇总而重新编制的记账凭证，这种记账凭证又称科目汇总表。分类汇总记账凭证的格式如表 5-13～表 5-15 所示，科目汇总表的格式如表 5-16 所示。

表5-13 汇总收款凭证

借方科目：　　　　　　　　　　　　　　　　　　　　　　　　汇收字第　　　号

贷方科目	金　　额			合计	总账页数	
	1—10日 第　号至第　号	11—20日 第　号至第　号	21—30日 第　号至第　号		借方	贷方

会计主管：　　　　记账：　　　　复核：　　　　制单：

表5-14　汇总付款凭证

贷方科目：　　　　　　　　　　　　　　　　　　　　　　　　　　　　　　　　　汇付字第　　号

借方科目	金　　额			合计	总账页数	
	1—10日 第　号至第　号	11—20日 第　号至第　号	21—30日 第　号至第　号		借方	贷方

会计主管：　　　　　　　记账：　　　　　　　复核：　　　　　　　制单：

表5-15　汇总转账凭证

贷方科目：　　　　　　　　　　　　　　　　　　　　　　　　　　　　　　　　　汇转字第　　号

借方科目	金　　额			合计	总账页数	
	1—10日 第　号至第　号	11—20日 第　号至第　号	21—30日 第　号至第　号		借方	贷方

会计主管：　　　　　　　记账：　　　　　　　复核：　　　　　　　制单：

表5-16　科目汇总表

　　　　　　　　　　　　　　　　　　　　年　　月　　　　　　　　　　　　　　　科汇字第　　号

会计科目	总账页数	本期发生额		记账凭证起讫号数
		借方	贷方	
银行存款				
库存现金				
应收账款				
原材料				
在途物资				
生产成本				
……				
合计				

会计主管：　　　　　　　记账：　　　　　　　复核：　　　　　　　制单：

任务二 原始凭证

一、原始凭证的基本内容

通常,不同的原始凭证所记录的经济业务是多种多样的,原始凭证的格式和内容因经济业务和经营管理的不同而有所差异。例如,收料单所记录的是材料的收录,而领料单所记录的是材料的领用。但无论是哪一种原始凭证,都应该反映有关经济业务的执行和完成情况,明确经办业务的单位、部门和人员及其他有关单位的经济责任。因此,各种原始凭证都应具备一些共同的基本内容,也称原始凭证基本要素。按照我国《会计基础工作规范》的规定,原始凭证的内容必须具备以下内容:①原始凭证的名称;②填制原始凭证的日期;③填制原始凭证单位的名称或填制人姓名;④经办人员的签名或盖章;⑤接受原始凭证单位的名称;⑥经济业务的内容;⑦数量、单价和金额。

在实际工作中,各单位为了满足经营管理和特殊业务的需要,在有些凭证上,还应当增加一些必要的补充内容,如在自制原始凭证上注明同该项经济业务有关的生产计划、合同号码、结算方式和预算项目等内容,以便更加完整地反映经济业务。

二、原始凭证的填制

(一)原始凭证的填制方法

原始凭证的填制是指由填制人员将发生的经济业务按规定的方法记录于原始凭证的各要素项目中的过程。原始凭证的填制方法一般有三种形式:一是根据实际发生或完成的经济业务,由经办人员直接填列,如"材料入库单"就是由材料保管员在验收材料入库时填制的;二是根据有关经济业务的会计账簿记录进行归类、整理、重新填制,如期末计算完工产品成本时,根据制造费用明细账的记录编制的"制造费用分配表";三是根据若干张反映同类经济业务的原始凭证定期汇总填制,如期末根据多张领料单编制的"发出材料汇总表"。

(二)原始凭证的填制要求

原始凭证是具有法律效力的证明文件,是进行会计核算的原始依据。为了保证会计信息的真实性、可靠性和正确性,有关责任人必须按照规定的方法填制原始凭证。虽然原始凭证的种类繁多,具体的填制方法和要求也不一样,但就原始凭证应反映经济业务、明确经济责任而言,原始凭证的填制一般要符合下列要求。

1. 记录真实

原始凭证作为会计信息的基本信息源,其记录的真实性对会计信息的质量具有至关重要的影响。原始凭证记录的真实性就是要求填列原始凭证时做到填列的日期、经济内容、数据要真实,即凭证上记载的各项经济内容,必须符合实际情况,决不允许有任何歪曲或弄虚作假,不得匡算、估算或随意填写。

2. 手续完备

原始凭证中的各项内容,包括基本内容和补充内容都要详尽地填写齐全,不得漏填或省略不填,填制手续要完备。按照我国《会计基础工作规范》的要求,具体应做到以下内容。

(1) 从外单位取得的原始凭证,必须盖有填制单位的公章或财务专用章,从个人取得的原始凭证,必须有填制人员的签名或盖章。自制原始凭证必须有经办单位相关负责人的签名或盖章。

(2) 凡是有大写和小写金额的原始凭证,大写与小写金额必须相符;购买实物的原始凭证,必须有实物的验收证明;支付款项的原始凭证,必须有收款单位和收款人的收款证明。

(3) 一式几联的原始凭证,应当注明各联用途,只能以一联作为报销凭证。一式几联的发票和收据,必须用双面复写纸(发票和收据本身具备复写功能的除外)套写,并连续编号。作废时应加盖"作废"戳记,连同存根一起保存,不得撕毁。

(4) 发生销货退回的,除填制退货发票外,还必须有退货验收证明;退款时,必须取得对方的收款收据或汇款银行的凭证,不得以退货发票代替收据。

(5) 职工公出借款凭据,必须附在记账凭证之后。收回借款时,应当另开收据或退回借据副本,不得退回原借款收据。

(6) 经上级有关部门批准的经济业务,应当将批准文件作为原始凭证的附件。如果批准文件需要单独归档,应在凭证上注明批准机关名称、日期和文件字号。

3. 填制及时

原始凭证应在每笔经济业务发生或完成时由经办人员及时填写或取得,并按规定的程序和手续及时送交会计部门审核,作为记账依据。如果不能做到及时,就可能会造成差错、舞弊,甚至违法行为的发生。

4. 书写规范

原始凭证上的文字或数字,要按规定书写,必须严肃认真,文字要简明,字迹要清楚、工整,易于辨认,不得使用未经国务院公布的简化汉字。原始凭证的数字书写规范主要包括阿拉伯数字金额和汉字大写数字金额两个方面。

1) 阿拉伯数字金额的书写

阿拉伯数字应当一个一个地写,不得连笔写。阿拉伯金额数字前面应当书写货币币种符号,如人民币符号"¥"、美元符号"$"、港元符号"HK$"等。币种符号与阿拉伯数字之间不得留有空白。凡阿拉伯数字前写有币种符号的,数字后面不再写货币单位。所有以元为单位的阿拉伯数字,除表示单价等情况外,一律填写到角分。无角分的,角位和分位可写"00",或符号"—";有角无分的,分位应写"0",不得用符号"—"代替。

2) 汉字大写数字金额的书写

汉字大写数字金额如零、壹、贰、叁、肆、伍、陆、柒、捌、玖、拾、佰、仟、万、亿等,一律用正楷或行书体书写,不得用 O、一、二、三、四、五、六、七、八、九、十等简化字样代替,不得任意自造简化字。大写金额数字到元或角为止的,在"元"或"角"

字之后应当写"整"字或"正"字；大写金额数字有分的，分字后面不写"整"或"正"字。大写金额数字前未印有货币名称的，应当加填货币名称，货币名称与金额数字之间不得留有空白。阿拉伯数字中间有"0"时，汉字大写金额要写"零"字，例如，¥1603.50，汉字大写金额应写成人民币壹仟陆佰零叁元伍角整。阿拉伯金额数字中间连续有几个"0"时，汉字大写金额中可以只写一个"零"字，例如，¥3005.47，汉字大写金额应写成人民币叁仟零伍元肆角柒分。阿拉伯金额数字元位是"0"，或者数字中间连续有几个"0"，元位也是"0"，但角位不是"0"时，汉字大写金额中可以只写一个"零"字，也可以不写"零"字，例如，¥4360.82，应写成人民币肆仟叁佰陆拾元零捌角贰分，或者写成人民币肆仟叁佰陆拾元捌角贰分；又如¥709 000.85，应写成人民币柒拾万玖仟元零捌角伍分，或者写成人民币柒拾万零玖仟元捌角伍分。阿拉伯金额数字角位是"0"，而分位不是"0"时，汉字大写金额"元"后面应写"零"字，例如，¥35 402.08，应写成人民币叁万伍仟肆佰零贰元零捌分。

5. 不得涂改、刮擦、挖补

原始凭证不得随意涂改、刮擦、挖补。发现原始凭证有错误的，应当由开出单位重开或更正，更正处应当加盖开出单位的公章。对于重要的原始凭证，如支票及各种结算凭证填写错误时，不得在原始凭证上更正，应按规定的手续办理注销留存，另行填写。

6. 编号连续

各种凭证要连续编号，以便检查。如果凭证已预先印定编号，如发票、支票等重要凭证，在写坏作废时，应加盖"作废"戳记，妥善保管，不得撕毁。

7. 内容完整

原始凭证所要求填列的项目必须逐项填列齐全，不得遗漏或省略。原始凭证中的年、月、日要按照填制原始凭证的实际日期填写；名称要齐全，不能简化；品名或用途要填写明确，不能含糊不清；有关人员的签章必须齐全。

（三）自制原始凭证填制的基本要求

自制原始凭证有一次凭证、累计凭证和汇总凭证三类。

1) 一次凭证

一次凭证，应在经济业务发生或完成时，由相关业务人员一次填制完成。该凭证往往只能反映一项经济业务，或者同时反映若干项同一性质的经济业务。一次凭证有些是自制的原始凭证，如收料单、领料单、工资结算表、制造费用分配表等；有些是外来的原始凭证，如增值税专用发票、税收缴款书、各种银行结算凭证等。

2) 累计凭证

累计凭证，应在每次经济业务完成后，由相关人员在同一张凭证上重复填制完成。该凭证能在一定时期内不断重复地反映同类经济业务的完成情况。典型的累计凭证是限额领料单。

3) 汇总凭证

汇总凭证，应由相关人员在汇总一定时期内反映同类经济业务的原始凭证后填制完成。

该凭证只能将类型相同的经济业务进行汇总,不能汇总两类或两类以上的经济业务。

(四)原始凭证的填制举例

【例5-1】B公司材料采购员王敏2020年3月22日向公司财务部门预借差旅费5800元,拟到贵阳A公司采购材料。王敏填制借款单并经业务主管李华签字后交财务部门办理借款手续。王敏填制的借款单如表5-17所示。

表5-17 借款单

2020年03月22日

借款单位:供应科	
借款理由:差旅费	
借款金额:人民币(大写)伍仟捌佰元整	¥5800.00
部门负责人:李华	借款人:王敏
会计主管审批:	付款记录: 年　月　日

【例5-2】2020年4月05日,王敏出差回来报销差旅费。王敏出差往返火车票两张,单程票价210元;住宿费收据一张1800元;市内交通费单据12张,共计380元;公司规定每日补贴40元,剩余款项王敏退回现金。王敏填制的差旅费报销单如表5-18所示。

表5-18 差旅费报销单

2020年04月05日　　　　　　　　　　　　　　　附单据15张

部门	供应科	姓名	王敏	职别	采购员	出差	自2020年3月22日		共14天
出差事由	采购材料		到达地点		贵阳	日期	至2020年4月05日		
项目金额	交通费用					住宿费	出差补贴		其他费用
	火车	卧铺补贴	长途汽车	轮船	市内交通	飞机	共12天	共14天	
	420.00	——	——	——	380.00	——	1800.00	560.00	——
报销总额	人民币(大写)叁仟壹佰陆拾元整 ¥3160.00					预借差旅费	¥3160.00	补领金额	——
								归还金额	¥2640.00
部门主管:李华　　　　　审核:　　　　　报销人:王敏　　　　　出纳									

三、原始凭证的审核

为了如实反映经济业务的发生和完成情况,充分发挥会计的监督职能,保证原始凭证内容的真实性和合法性,提高会计信息质量,各单位会计部门必须对各种原始凭证进行严格的审核。只有经过审核合格的原始凭证,才能作为编制记账凭证和登记账簿的依据。

(一) 原始凭证审核的内容

原始凭证的审核主要从以下几个方面进行。

1. 审核原始凭证的真实性

真实性的审核包括凭证日期、业务内容、数据等是否真实。对外来原始凭证，必须有填制单位公章或财务专用章和填制人员签章；对自制原始凭证，必须有经办部门和经办人员的签名或盖章。此外，对通用原始凭证，还应审核凭证本身的真实性，以防作假。

2. 审核原始凭证的正确性

审核人员应该审核原始凭证上填列的数字及其他项目是否正确，数量、单价、金额、小计、合计是否正确，大、小写金额是否相符，原始凭证记录的经济业务内容是否真实，记载的各项内容是否有涂改现象。

3. 审核原始凭证的完整性

审核人员应该审核原始凭证各项基本要素是否齐全、是否有漏项情况、日期是否完整、数字是否清晰、文字是否工整、有关人员签章是否齐全、凭证联次是否正确等。

4. 审核原始凭证的合规性

审核人员应该审核原始凭证所反映的经济内容是否符合现行的法律法规、政策、制度的规定，是否符合本单位制定的有关规则、规章、预算和计划的要求。审核有无违反规定的开支标准乱支乱用、任意扩大费用开支范围的情况，有无弄虚作假、贪污舞弊、违法乱纪的行为。

(二) 原始凭证审核后的处理

原始凭证的审核是一项十分重要、细致而严肃的工作，审核后的原始凭证应根据不同情况处理：对于完全符合要求的原始凭证，应及时据以编制记账凭证入账；对于不真实、不合法的原始凭证，会计人员有权不予接受，并及时向单位负责人报告；对记载不准确、不完整的原始凭证，予以退回，要求经办人员按照国家统一的会计制度的规定更正、补充。

任务三 记账凭证

一、记账凭证的基本内容

记账凭证的主要作用在于对种类繁多、格式各异的原始凭证进行归类、整理，运用账户和复式记账方法确定会计科目，编制会计分录，并据以记账。虽然在实际工作中，记账凭证的种类和格式不尽相同，但是作为确定会计分录、登记账簿的依据，必须具备一些基本内容，也称作基本要素。这些基本内容如下：①记账凭证的名称；②填制记账凭证的日期；③经济业务的内容摘要；④记账凭证编号；⑤账户(包括一级、二级或明细账户)名称、记账方向和金额；⑥记账标记；⑦所附原始凭证张数和其他有关资料；⑧填制凭证人员、稽核人员、记账人员、会计机构负责人、会计主管人员签名或盖章，收款凭证和付款凭证还要有出纳人员的签名或盖章。

二、记账凭证的填制

(一) 记账凭证的填制要求

记账凭证是登记账簿的直接依据。为了提高编制记账凭证的质量，发挥记账凭证的作用，各种记账凭证在填制时除严格遵守原始凭证的填制要求外，还应注意以下填制要求。

1. 编号要连续

填制记账凭证时，记账凭证应连续编号。采用通用记账凭证的，可按经济业务发生的先后顺序统一编号，即每月从第1号记账凭证起依次编号；采用专用记账凭证的，按经济业务内容加以归类，可按收、付、转字三类编号或按现收字、现付字、银收字、银付字、转字五类编号，如银收字第1号、现收字第2号、银付字第1号、现付字第2号、转字第4号等。若一笔经济业务需要填制两张以上(含两张)记账凭证，可以采用"分数编号法"编号，即在原编记账凭证号码后面用分数的形式表示。例如，一笔经济业务需要填制3张转账凭证，凭证顺序号为11，则这笔经济业务所编3张凭证的编号分别为转字第$11\frac{1}{3}$号、转字第$11\frac{2}{3}$号、转字第$11\frac{3}{3}$号。每月末最后一张记账凭证的编号旁还要加注"全"字，以免凭证丢失后茫然不知。为便于监督，反映付款业务的会计凭证不得由出纳人员编号。

2. 分录要正确

记账凭证上会计科目的使用必须准确无误，应按照国家会计制度统一规定的会计科目名称和内容，结合经济业务的特点分析填列。若有二级和明细科目也要填列齐全，尤其是在编制复合会计分录时，应为一"借"多"贷"或一"贷"多"借"，一般不编多"借"多"贷"的会计分录。记账凭证上金额的登记方向、大小写数字必须正确，符合数字书写规定，角分位不留空格。合计金额的第一位数字前要填写币种符号，如人民币符号"￥"。

3. 摘要要简明

记账凭证的"摘要"是对经济业务的简要说明，必须根据原始凭证正确填写，不得漏填或错填。但摘要栏空间有限，字数不能太多，尽量做到既意义完备又简明扼要。同时，填写摘要时，要考虑登记明细账的需要，对不同的经济业务和不同性质的科目，其摘要栏的填写应有所区别。例如，反映原材料等实物财产的科目，摘要栏内要注明品种、数量、单价等；反映现金、银行存款或借款的科目，摘要栏内要注明收付凭证和结算凭证的号码及款项增减变动原因、收付款单位名称等。

4. 逐项填写

记账凭证应按行次逐项填写，不能跳行。记账凭证填制完经济业务事项后，如有空行，应当自金额栏最后一笔金额数字下的空行处至合计数上的空行处划线注销。

5. 要标明附件

除期末结账和更正错误的记账凭证可以不附原始凭证外，其他记账凭证必须附有原始凭证，并在记账凭证的附单据栏内，标明记账凭证所附原始凭证的张数，以便核对摘要及所编会计分录是否正确。若一张原始凭证涉及多张记账凭证，则可以把原始凭证附在一张主要的记账凭证后面，并在其他记账凭证上注明附有该原始凭证的记账凭证的编号或原始凭证复印件。一张原始凭证所列支出需要多个单位共同承担的，应将其他单位承担的部分，开给对方原始凭证分割单，进行结算。原始凭证分割单必须具备原始凭证的基本内容：凭证名称、填制凭证日期、填制凭证单位名称或填制人姓名、经办人的签名或盖章、接受凭证的单位名称、经济业务内容、数量、单价、金额和费用分摊情况等。附有原始凭证的记账凭证可以根据每一张原始凭证单独填制，也可以根据若干张同类的原始凭证汇总填制，还可以先将同类的原始凭证编成原始凭证汇总表，再根据原始凭证汇总表填制记账凭证。但不可以将不同内容和类别的原始凭证汇总填制在一张记账凭证上。

6. 填制时如发生错误，应当重新填制

若在填制记账凭证时发生错误，应重新填制。已经登记入账的记账凭证，在当年内发现填写错误时，可以用红字填写一张与原内容相同的记账凭证，在摘要栏注明"注销某月某日某号凭证"字样，同时再用蓝字重新填制一张正确的记账凭证，注明"订正某月某日某号凭证"字样。如果会计科目没有错误，只是金额错误，也可以将正确数字与错误数字之间的差额另编一张调整的记账凭证，调增金额用蓝字，调减金额用红字。发现以前年度记账凭证有错误的，应当用蓝字填制一张更正的记账凭证。

（二）记账凭证的填制方法举例

1. 收款凭证的填制

收款凭证左上角的"借方科目"按收款的性质填写"库存现金"或"银行存款"；日期填写的是编制本凭证的日期；右上角的编号填写本收款凭证的顺序号；"摘要"填写对所记录经济业务的简要说明；"贷方科目"填写与收入"库存现金"或"银行存款"相对应的会计科目；"金额"是指该项经济业务的发生额；"记账"是指该凭证已登记账簿的标记，防止经济业务重记或漏记；凭证右侧"附件××张"是指该收款凭证所附原始凭证的张数；最下面分别由有关的经手人签章，以明确账证经管责任。收款经济业务主要有借款收入、拨款收入、销货收入和其他收入等。

【例5-3】2020年2月23日，根据合同，B公司销售给G公司甲产品120件，每件100元，已将销货发票开给G公司，价款为12 000元。G公司在相关提货单上签字确认并已提货。B公司收到G公司开具的票面金额为12 000元的转账支票一张。出纳员吴丽在审核后填列银行存款进账单，并将转账支票存入本公司在曲靖市的商业银行账号内。

根据上述提货单、银行存款进账单、销货发票填制的银行存款收款凭证,如表5-19所示。

表5-19 收款凭证

借方科目:银行存款　　　　　2020 年 02 月 23 日　　　　　银收字第 08 号

摘要	贷方科目		金额									√
	总账科目	明细科目	千	百	十	万	千	百	十	元	角	分	
销售甲产品	主营业务收入	甲产品				1	2	0	0	0	0	0	
	合计金额		¥			1	2	0	0	0	0	0	

附件 3 张

会计主管:　　　　记账:　　　　复核:　　　　出纳:赵晓　　　　制单:吴丽

2. 付款凭证的填制

付款凭证是根据审核无误的库存现金和银行存款的付款业务的原始凭证填制的。付款凭证的填制方法与收款凭证的填制基本相同,不同的只是"借方科目"和"贷方科目"的位置与收款凭证相反。付款经济业务主要有归还借款、上缴税金、发放工资、支付费用和其他支出等。

【例 5-4】承【例 5-1】,根据差旅费借款单编制现金付款凭证,如表 5-20 所示。

表5-20 付款凭证

贷方科目:库存现金　　　　　2020 年 03 月 22 日　　　　　现付字第 06 号

摘要	借方科目		金额									√
	总账科目	明细科目	千	百	十	万	千	百	十	元	角	分	
供应部门王敏预借差旅费	其他应收款	王敏					5	8	0	0	0	0	
	合计金额					¥	5	8	0	0	0	0	

附件 1 张

会计主管:　　记账:　　复核:　　出纳:李阳　　制单:陆地　　领款人:王敏

需要注意的是,在采用收款凭证、付款凭证和转账凭证的单位,对于涉及"库存现金"和"银行存款"科目之间的经济业务,如将现金存入银行或从银行提取现金,为避免重复记账,一般只填制付款凭证,不填制收款凭证。

3. 转账凭证的填制

转账凭证通常是根据有关转账业务的原始凭证填制的。转账凭证的左上角不设会计科目,而是将经济业务中所涉及的会计科目全部放在凭证中，填制时要按照先借方科目后贷方科目的顺序记入"会计科目"栏中的"总账科目"和"明细科目"，并按应借、应贷方向分别对应填入"借方金额"或"贷方金额"栏，其他项目的填列与收款凭证相同。转账业务主要有计提折旧应付费用、分配结转费用、计算结转成本及损益和其他调整事项等。

【例5-5】承【例5-2】，根据差旅费报销单编制转账凭证，如表5-21所示。

表5-21 转账凭证

2020 年 04 月 05 日　　　　　　　　　　　　　　　　　　转字第 11 号

摘要	总账科目	明细科目	借方金额							√	贷方金额							
王敏报销差旅费	管理费用	差旅费			3	1	6	0	0									
	其他应收款	王敏											3	1	6	0	0	
合计			¥		3	1	6	0	0		¥		3	1	6	0	0	

附件 1 张

会计主管：　　　　　　　记账：　　　　　　复核：　　　　　　制单：陆地

三、记账凭证的审核

记账凭证是登记账簿的直接依据，为了保证会计信息的质量，在记账之前应由有关会计稽核人员对记账凭证进行严格、认真审核，只有经过审核确认无误的记账凭证，才能作为记账的依据。记账凭证审核的主要内容包括以下几项。

1. 会计科目是否正确

审核记账凭证所使用的会计科目是否符合有关会计制度的规定，应借、应贷的总账科目、明细科目填写是否正确，是否有明确的账户对应关系。

2. 金额是否正确

审核记账凭证所记录的金额与所附原始凭证的有关金额是否一致，汇总记账凭证的金额与分录记账凭证的金额合计是否相符，原始凭证中的数量、单价、金额计算是否正确等。

3. 书写是否正确

审核记账凭证各项目的填写是否齐全，如日期、凭证编号、摘要、会计科目、金额、附单据张数及有关人员签章等。实行电算化的单位，打印出的机制记账凭证要加盖制单人员、审核人员、记账人员及会计机构负责人、会计主管人员印章或签字。此外，出纳人员在办理收款或付款业务后，应在原始凭证上加盖"收讫"或"付讫"的戳记，以免重收重付。

4. 填制依据是否真实

审核记账凭证是否有原始凭证作为依据,所附原始凭证是否手续健全、符合有关规定,记账凭证的内容与所附原始凭证的内容是否一致,汇总记账凭证与其所依据的分录记账凭证是否一致。

审核记账凭证中的记录是否文字工整,数字清晰,是否按规定使用墨水,是否按规定进行更正等。

在审核中若发现差错,应查明原因,予以重填或按规定方法及时更正,并由更正人员在更正处签章。只有经审核无误的记账凭证,才能据以记账。

任务四 会计凭证的传递和保管

一、会计凭证的传递

会计凭证的传递是指从凭证的填制或取得时起,经过审核、记账、装订到归档保管时止,在单位内部有关业务部门和人员之间按规定的时间、路线办理业务手续和进行处理的过程。

正确、合理地组织会计凭证的传递,可以使经济业务得到及时处理,有利于协调单位内部各部门之间的关系,明确经济责任,实行会计监督,加强内部控制制度的执行。因此,明确规定凭证的传递过程和时间,具有重要作用。例如,企业职工出差借差旅费业务,首先要由职工填制借款单,注明借款用途和事由,经主管部门负责人同意签字后,到财务部门办理借款手续,经财会部门相关人员审核批准填制付款凭证后,出纳人员方可据以支付这笔款项,并在付款凭证上打上付款戳记,再交由会计人员登记账簿。这个过程就涉及凭证的合理传递问题,即凭证由谁填制或取得,由谁在何时将其送交哪个部门,由谁在何时去办理下一步手续,办完所有手续后,由谁负责送交会计部门,由谁审核,由谁在何时负责整理,由谁在何时填制记账凭证和登记账簿,直到归档保管为止。

科学合理地组织会计凭证的传递一般包括规定凭证的传递路线、传递时间及传递手续三个方面的内容。

1. 传递路线

会计凭证的传递路线是指凭证流经的各环节及其先后次序。各单位经济业务不同,内部机构设置和人员分工情况不同,会计凭证的传递程序也不同。因此各单位应根据自己的特点,恰当地规定会计凭证传递的路线,既要保证会计凭证经过必要的环节进行处理和审核,又要尽量避免会计凭证经过不必要的环节,做到既有利于会计反映和监督,又能减少不必要的劳动,从而提高工作效率。

2. 传递时间

会计凭证的传递时间,是指各种凭证在各经办部门、环节所停留的最长时间。关于凭证传递时间的确定,应考虑各环节的工作内容和工作量,以及在正常情况下完成工作所需的时间。为了保证核算的及时性，应明确规定各种凭证在各个部门和业务环节停留的最长时间，指定专人负责，按规定的顺序和时间监督凭证的传递。只有这样才能保证凭证传递通畅无阻，使其通过最短途径并以最快的速度传递。

3. 传递手续

会计凭证的传递手续，是指凭证在传递过程中的衔接手续。应尽量做到既完备严密，又简便易行。凭证的收发、交接应有一定的制度手续，以确保会计凭证的安全和完整。在会计凭证传递过程中，若有不合理的环节，应根据实际情况及时修改，确保会计凭证传递程序的合理化、制度化和传递时间的节约。

二、会计凭证的保管

会计凭证的保管，是指会计凭证记账后的整理、装订、归档和存查工作。会计凭证作为记账的依据，是重要的经济资料和会计档案之一。各单位在完成经济业务手续和记账后，必须将会计凭证按规定的立卷归档制度形成会计档案，妥善保管，防止丢失，不得任意销毁，以便日后查阅。会计凭证一般的保管方法和要求如下。

1. 装订成册

会计部门的有关人员根据会计凭证登记账簿后，应将各种记账凭证按照编号顺序连同所附原始凭证，定期(一般为每月)进行分类整理，在确保完整无损后，将其装订成册，加上封面，并在装订线上加贴封签。为了便于日后查阅，应在封面上注明单位名称、所属的年度月份或起止日期，以及记账凭证的种类、张数、起止号数等，并由有关人员在装订线封签处签名盖章。如果原始凭证数量过多，可以另行装订或单独保管，但应在记账凭证中注明。

2. 归档保管

装订成册的会计凭证，应按规定归档保管。一般情况下，当年的会计凭证，在会计年度终了后，可暂由本单位会计部门保管一年，期满后，原则上由会计部门编造清册，交本单位档案部门保管。档案部门接收的会计凭证，原则上要保持原卷册的封装，个别需要拆封重新整理的，应由会计部门和经办人员共同拆封，以明确各自的责任。会计凭证应严格保管，防止毁损或泄密。

3. 借阅

本单位会计人员确实因工作需要，可以借阅会计凭证，但必须经会计主管人员同意，办理借阅手续，如填写"借阅登记簿"。会计凭证原则上不外借，如因特殊情况其他单位需要使用本单位的会计凭证时，应报经批准，并限期归还。若需复制，则必须在专设的登记簿上登记，并由双方共同签名、盖章。

4. 销毁

会计凭证有规定的保管期限，企业应严格遵守会计凭证的保管期限要求。按照1999年1

月 1 日起施行的《会计档案管理办法》规定，原始凭证、记账凭证和汇总凭证保管 15 年，银行存款余额调节表保管 5 年。会计凭证保管期限未满时，任何人不得随意销毁。保管期满后需销毁的，应列出清单，报经批准后，由档案部门和会计部门共同派人员监督销毁。在销毁前，应由负责监销的人员认真核对清单，销毁后，应在销毁清册上签名或盖章，并将监销情况书面报告本单位负责人。但保管期满而未结清的债权债务原始凭证和涉及其他未了事项的原始凭证，不得销毁，应单独抽出立卷，保管到未了事项完结时为止。

项目练习

一、单项选择题

1. 会计凭证按其(　　)不同，可以分为原始凭证和记账凭证。
   A. 填制的方法　　　　　　　B. 取得的来源
   C. 填制的程序和用途　　　　D. 反映经济业务的次数

2. 限额领料单按其填制方法属于(　　)。
   A. 记账凭证　　　　　　　　B. 汇总凭证
   C. 一次凭证　　　　　　　　D. 累计凭证

3. "发出材料汇总表"是(　　)。
   A. 汇总原始凭证　　　　　　B. 汇总记账凭证
   C. 累计凭证　　　　　　　　D. 记账凭证

4. (　　)属于外来原始凭证。
   A. 入库单　　　　　　　　　B. 出库单
   C. 付款收据　　　　　　　　D. 发出材料汇总表

5. 只反映一项经济业务或同时反映若干项同类经济业务，凭证填制手续是一次完成的自制原始凭证称为(　　)。
   A. 累计凭证　　　　　　　　B. 汇总原始凭证
   C. 一次凭证　　　　　　　　D. 单式记账凭证

6. 对于将现金存入银行的业务，按规定应编制(　　)。
   A. 现金收款凭证　　　　　　B. 银行存款收款凭证
   C. 现金付款凭证　　　　　　D. 银行存款付款凭证

7. 会计凭证的传递，是指(　　)，在单位内部有关部门及人员之间的传递程序和传递时间。
   A. 会计凭证的填制到登记账簿止　　B. 会计凭证的填制或取得到归档止
   C. 会计凭证审核后到归档止　　　　D. 会计凭证填制后取得到汇总登记账簿止

8. 记账凭证是(　　)根据审核无误的原始凭证填制的。
   A. 会计人员　　　　　　　　B. 经办人员
   C. 主管人员　　　　　　　　D. 复核人员

9. 下列各项中，不属于原始凭证审核内容的是(　　)。
   A. 凭证是否有填制单位的公章和填制人员的签章

B. 会计科目使用是否正确

C. 凭证项目填列是否齐全

D. 凭证所列事项是否符合有关的计划和预算

10. 以下各项中，不属于原始凭证的是( )。

A. 发货票　　　　　　　　　　　B. 付款收据

C. 商品订购单　　　　　　　　　D. 车票、船票

11. 出差人员预借差旅费应当填写借款单，下列表述中，正确的是( )。

A. 借款单是一种自制的原始凭证　　B. 借款单是一种外来原始凭证

C. 借款单是一种付款凭证　　　　　D. 借款单是一种单式凭证

12. 下列各项中，作为将原始凭证分为通用凭证和专用凭证的分类依据是( )。

A. 内容　　　　　　　　　　　　B. 来源

C. 格式　　　　　　　　　　　　D. 手续

13. 下列对税务部门统一印制的增值税专用发票的表述中，正确的是( )。

A. 属于汇总原始凭证　　　　　　B. 属于通用原始凭证

C. 属于专用凭证　　　　　　　　D. 属于累计凭证

14. 会计人员对真实合法但小写金额错误的原始凭证应( )。

A. 直接据以编制记账凭证

B. 将金额更正后据以编制记账凭证

C. 退回出具单位重新开具

D. 不予受理，并向单位负责人报告

15. 某单位财务部第 2 号记账凭证的会计事项需要填制 3 账记账凭证，下列编号中，正确的是( )。

A. 2-1/3，2-2/3，2-3/3　　　　　B. 2，2，5

C. 2，3，4　　　　　　　　　　　D. 1/3，2/3，2/3

16. 收款凭证是由出纳人员根据审核无误的原始凭证填制的，收款凭证的日期填写的是( )。

A. 实际收款的日期　　　　　　　B. 原始凭证注明的日期

C. 编制收款凭证的日期　　　　　D. 单位负责人审批的日期

二、多项选择题

1. 记账凭证应该是( )。

A. 根据审核无误的原始凭证填制的　　B. 由经办业务人员填制的

C. 由会计人员填制的　　　　　　　　D. 登记账簿的直接依据

2. 以下各项中，属于原始凭证的有( )。

A. 付款凭证　　　　　　　　　　B. 销货发票

C. 收料单　　　　　　　　　　　D. 制造费用分配表

3. 以下各项中，属于一次性原始凭证的有( )。

A. 收料单　　　　　　　　　　　B. 销货发票

C. 产品质量检验单　　　　　　　D. 限额领料单

4. 原始凭证的内容有( )。
   A. 凭证的名称、日期、编号   B. 接受凭证的单位名称
   C. 会计分录   D. 经济业务的内容
5. 下列凭证中，属于外来原始凭证的有( )。
   A. 付款收据   B. 购货发货票
   C. 施工单   D. 出差人员车票
6. 原始凭证的填制要求有( )。
   A. 记录真实   B. 内容齐全
   C. 手续完备   D. 书写规范
7. 涉及现金与银行存款之间划转业务时，可以编制的记账凭证有( )。
   A. 现金收款凭证   B. 现金付款凭证
   C. 银行存款收款凭证   D. 银行存款付款凭证
8. 记账凭证填制的要求有( )。
   A. 摘要应简明   B. 分录要正确
   C. 编号要连续   D. 要标明附件
9. 记账凭证审核的主要内容有( )。
   A. 是否附有原始凭证，所记内容与原始凭证是否一致
   B. 应借应贷的会计账户与金额是否一致
   C. 是否有经手人签名盖章
   D. 摘要、项目、日期是否填列齐全、清楚
10. 科学合理地组织会计凭证的传递一般包括规定凭证的( )。
    A. 传递路线   B. 传递时间
    C. 传递手续   D. 传递内容
11. 下列各项中，属于填制外来原始凭证时应当注意的事项的有( )。
    A. 对于一式多联的原始凭证必须用复写纸套写
    B. 对于一式多联的原始凭证无须用复写纸套写
    C. 外来原始凭证一般由税务局等部门统一印制，或者经税务部门批准由经营单位印制，在填制时加盖出具凭证单位公章方有效
    D. 会计人员在记录经济业务时，应注意外来原始凭证的填制内容是否完整有效
12. 下列各项中，属于原始凭证按其填制手续不同所分类别的有( )。
    A. 一次凭证   B. 累计凭证
    C. 汇总凭证   D. 多用途凭证
13. 下列表述正确的有( )。
    A. 收款凭证的借方科目只能是库存现金或银行存款
    B. 付款凭证的贷方科目只能是库存现金或银行存款
    C. 收款凭证是出纳人员收款的依据
    D. 转账凭证中不会涉及库存现金或银行存款科目

三、判断题

1. 记账凭证是登记账簿的直接依据。（　）
2. 对于真实，但是不合法的原始凭证，会计人员有权拒绝受理。（　）
3. 所有记账凭证都只能根据一张原始凭证逐一编制。（　）
4. 自制原始凭证都应由会计人员填制。（　）
5. 转账凭证只登记与货币资金收付无关的业务。（　）
6. 付款凭证的借方科目只能填写"库存现金"或"银行存款"。（　）
7. 出纳人员可以依据现金、银行存款收付业务的原始凭证收付款项。（　）
8. 原始凭证和记账凭证同样都具有较强的法律效力。（　）
9. 实际工作中，大多数单位都使用复式记账凭证。（　）
10. 一般情况下，当年的会计凭证，在会计年度终了后，可暂由本单位会计部门保管 0.5 年。（　）

四、业务处理题

习题一

【目的】练习原始凭证的填制。

【资料】欢乐责任有限公司 2020 年 5 月发生下列经济业务。

(1) 9 日，采购员张飞预借去深圳采购材料的差旅费 3200 元，经部门主管杜宇同意，财务主管赵杰核批，由出纳员白慧以现金支付。

(2) 15 日，财务处出纳员王英开出转账支票(#0874708)一张，支付向宏欣公司购买办公用品货款 28 000 元。欢乐公司账号为 5314101736，开户行为中国建设银行南宁街道分理处。

(3) 20 日，公司收到星星公司转账支票一张，偿还所欠购商品款 32 000 元(星星公司开户行为中国建设银行五华区大观路分理处，账号为 7452889610)。

【要求】

(1) 根据资料(1)填制借款单。借款单格式如表 5-22 所示。

表5-22　借款单

年　　月　　日

借款单位：	
借款理由：	
借款金额：人民币(大写)　　　　　　　　　¥	
部门负责人：	借款人：
会计主管审批：	付款记录： 年　月　日

(2) 根据资料(2)填制转账支票。转账支票格式如图 5-2 所示。

中国建设银行转账支票存根

支票号码：

科目 _____

对方科目_____

签发日期　年　月　日

收款人：
金额：
用途：
备注：

单位主管　会计

中国建设银行转账支票

支票号码：

签发日期　年　月　日　　　　开户银行名称

本支票付款期十天	收款人：		签发人账号：									
	人民币(大写)		千	百	十	万	千	百	十	元	角	分
	用途：											
	上列款项从我账户内支付 签发人签章：		银行会计分录： 科目(借)： 对方科目(贷)： 　　　　复核　　　　记账									

图5-2　转账支票

(3) 根据资料(3)，填制进账单。进账单格式如图 5-3 所示。

中国建设银行进账单(收账通知) 1

年　　月　　日　　　　　　　　　　　　　第　　号

出票人	全称		持票人	全称	
	账号			账号	
	开户银行			开户银行	

| 人民币（大写） | | 千 | 百 | 十 | 万 | 千 | 百 | 十 | 元 | 角 | 分 |

| 票据种类 | |
| 票据张数 | |

单位主管　　会计　　复核　　记账

持票人开户行盖章

此联是持票人开户银行交给持票人的收款通知

图5-3　进账单

习题二

【目的】练习记账凭证的填制。

【资料】大山公司 2020 年 5 月份发生下列经济业务。

(1) 3 日，业务员王华出差，预借差旅费 1153 元，财务处用现金支付。

(2) 5 日，销售甲商品 16 000 元，收到客户的转账支票，且已送存银行。

(3) 6 日，向峰越公司销售乙商品 25 000 元，货款尚未收到。

(4) 24 日，用银行存款支付本月销售产品的广告费用 2300 元。

(5) 31 日，结转本月销售产品成本 18 000 元。

(6) 31 日，摊销应由本月负担的经营租入固定资产的改良支出 300 元。

(7) 31 日，收到宏泰公司还来前欠货款 8000 元，款项已经存入银行。

(8) 31 日，按规定折旧率，计提本月车间管理部门使用固定资产折旧费 680 元。

(9) 31 日，到银行提取现金 1000 元，备发工资。

(10) 31 日，用现金发放职工工资。

【要求】根据上述资料编制专用记账凭证。

项目六

认识会计账簿

> **学习要求**
> 1. 理解设置和登记账簿对于系统地提供经济信息、加强经济管理的作用；
> 2. 熟悉日记账、总分类账、明细分类账的内容、格式、登记依据和登记方法；
> 3. 掌握登记账簿的规则、错账更正方法，以及对账和结账的基本内容和方法。

任务一　会计账簿概述

在会计核算中，对每一项经济业务，都必须取得和填制会计凭证。但会计凭证数量很多，又很分散，而且只能分散地反映个别经济业务的内容，不能全面、连续、系统地反映和监督经济单位在一定时期内某类和全部经济业务的变化情况，且不便于日后查阅。因此，为了提供系统的核算资料，就要运用登记账簿的方法，把大量分散的会计凭证核算资料，加以集中和归类整理，登记到账簿中。

一、会计账簿的作用

会计账簿，简称账簿，是指由具有一定格式而又互相联系的账页组成的，以会计凭证为依据，用来全面、系统、连续地记录和反映各项经济业务的簿籍。

如前所述，任何一个组织单位发生一笔经济业务后，首先要取得或填制会计凭证，即通过各种会计凭证来反映经济业务，这是会计核算工作的起点和基础。但会计凭证对经济业务的反映是零散的、片面的。每一张会计凭证只能记录某笔或性质相同的若干笔经济业务，不能把一个组织单位在某一时期内发生的全部经济业务全面、系统、连续地加以分类反映。因此，为便于了解组织单位在某时期内的全部经济活动情况，了解经济管理、经济活动情况，取得经济管理所需要的一系列会计核算资料，并为编制会计报表提供依据，就必须在会计凭证的基础上设置和登记账簿。把会计凭证上所记录的分散的、零星的会计信息，通过归类整理，登记到相应的账簿中，使之更加系统化。

登记会计账簿是会计核算的一种专门方法，它在会计核算工作中具有重要作用。

(一) 连续、系统、综合地登记和反映

通过设置和登记会计账簿，可以把会计凭证上所反映的全部经济业务按照不同的标准进行归类和汇总，使分散的资料被进一步系统化。通过登记各种日记账，对经济业务进行序时核算，可以防止账务处理上的错误和遗漏。通过登记各种总分类账，对经济业务进行分类核算，可以连续、系统地记录各项资产、负债、所有者权益的增减变化及财务成果的核算资料。这样对于加强经营管理、合理地使用资金、保护资产的安全完整起到控制作用。

(二) 编制财务报表的依据

账簿通过对会计凭证所反映的大量经济业务进行序时、分类地记录和加工后，在一定时期终了，就积累了编制财务报表的资料，再将这些资料进行加工整理后，就可以作为编制财务报表的主要依据。财务报表信息是否真实、可靠、及时，在一定程度上都与账簿设置和记录有关。

(三) 考核经营成果，为进行业绩评价提供参考数据

根据账簿记录的结果，可以计算出各种收入、成本、费用和利润指标，从而反映一定时期的财务成果。确定财务成果后，按规定的方法进行利润分配，计算出一系列财务指标，进而可以评价企业经营状况和财务成果的好坏，分析和评价企业的经营活动，为企业的经营决策和预测提供可靠的参考数据。

(四) 保障企业财产物资的安全完整

通过设置和登记账簿，能够在账簿中连续反映各项财产物资的增减变动及结存情况，并通过财产清查等方法，确定财产物资的实际结存情况；账簿记录控制实存物资，以保证财产物资的安全完整。

二、会计账簿的种类

各会计主体的经济业务特点和管理的要求不同，所设置的账簿种类及格式也不同。这些账簿可以按不同的标准进行分类，常见的分类方法有以下几种。

(一) 按用途分类

会计账簿按其用途不同可分为序时账簿、分类账簿、备查账簿和联合账簿。

1. 序时账簿

序时账簿也称日记账，是指根据经济业务发生的时间先后顺序逐日逐笔进行连续登记的账簿。序时账簿按其记录的经济业务内容不同，又分为普通日记账和特种日记账。用来登记

全部经济业务的日记账称为普通日记账;专门用来登记某一类经济业务的日记账称为特种日记账,如现金和银行存款日记账。

2. 分类账簿

分类账簿又称分类账,是对全部经济业务进行分类登记的账簿。分类账按其所反映内容详细程度的不同,又分为总分类账和明细分类账。

1) 总分类账

总分类账簿又称总分类账,简称总账,是指根据总分类科目(一级会计科目)开设,用以分类记录全部经济业务,提供总括核算资料的分类账簿。它对明细分类账簿具有统驭和控制作用。

2) 明细分类账

明细分类账簿又称明细分类账,简称明细账,是指根据总分类账所属的二级或明细科目设置的,详细记录某类经济业务,提供比较详细核算资料的分类账簿。明细分类账簿对总分类账簿具有辅助和补充的作用。

3. 备查账簿

备查账簿又称辅助账簿,是对某些未能在序时账和分类账等主要账簿中登记的经济业务进行补充登记的账簿。备查账簿主要是为某些经济业务的经营决策提供一些必要的参考资料,如租入固定资产登记簿、应收票据备查簿、代管商品物资登记簿、受托加工物资登记簿等。这种账簿属于备用性质的辅助账簿,与其他账簿之间不存在严密的依存、钩稽关系。

4. 联合账簿

联合账簿是指兼有序时账簿和分类账簿两种用途的账簿。这种账簿对每项经济业务既进行序时登记,又进行分类登记,如日记总账就是兼有序时账簿和总分类账簿作用的联合账簿。

(二) 按外表形式分类

账簿按其外表形式不同,分为订本式账簿、活页式账簿和卡片式账簿。

1. 订本式账簿

订本式账簿又称订本账,是在账簿启用之前,就把按若干顺序编号的、具有专门格式的账页固定装订成册的账簿。一般情况下,一些重要的、具有统驭作用的账簿,如现金日记账、银行存款日记账、总分类账等,都采用订本式账簿。应用订本式账簿,可以避免账页散失,防止任意抽换账页。但是在使用时,必须为每一账户预留账页,这样可能会出现某些账户预留账页不足,影响账户连续登记,不便查阅,或者有些账户预留账页过多,造成浪费的情况。另外,采用订本式账簿,在同一时间里,只能由一人负责登记,不便于分工。

2. 活页式账簿

活页式账簿又称活页账，是把若干张具有专门格式、零散的账页，根据业务需要自行组合而成，并装在活页夹内的账簿。一般情况下，一些明细账采用活页账的形式。应用活页式账簿，账页不固定装订在一起，可根据业务的需要随时加入、抽出或移动账页，这样可以适当避免浪费，使用起来灵活，而且可以分工记账，有利于提高工作效率。但是由于账页是分开的，因此账页容易散失或被任意抽换。因此，使用时应将账页按顺序编号，置于账夹内，并在账页上由有关人员签名或盖章，以防止产生一些舞弊行为。在年度终了，更换新账后，应将使用过的账页装订成册，作为会计档案予以保管。

3. 卡片式账簿

卡片式账簿又称卡片账，是由若干张分散的、具有专门格式的存放在卡片箱中的卡片组成的账簿。这种账簿主要适用于内容比较复杂、变化不大的财产明细账，如固定资产卡片、低值易耗品卡片等。卡片式账簿具有活页式账簿的特点，便于随时查阅及归类整理，不容易损坏，但容易出现账页散失或被任意抽换的问题。因此，在使用时，需要将卡片式账页连续编号，并在卡片上由有关人员签名或盖章，放在卡片箱内，由专人保管。更换新账后，也需要封扎起来，作为会计档案妥善保管。

(三) 按账页格式分类

会计账簿按账页格式分类，可分为三栏式账簿、数量金额式账簿、多栏式账簿等。

1. 三栏式账簿

三栏式账簿是指由设置三个金额栏的账页组成的账簿。它适用于总分类账、日记账，也适用于只进行金额核算而不需要数量核算的债权、债务结算账户的明细分类账。

2. 数量金额式账簿

数量金额式账簿也称三大栏式账簿，是指在每一大栏内，又设置由数量、单价、金额等小栏目的账页组成的账簿。这种账簿适用于既要进行金额核算，又要进行实物数量核算的各种财产物资账簿。

3. 多栏式账簿

多栏式账簿是指由三个以上金额栏的账页所组成的账簿。这种账簿根据经济业务特点和经营管理的需要，把同一级账户所属的明细账户，集中在一张账页上设置专栏，反映各有关明细账户的核算资料。它适用于成本、收入、费用和利润等账户。

综上所述，会计账簿分类如图 6-1 所示。

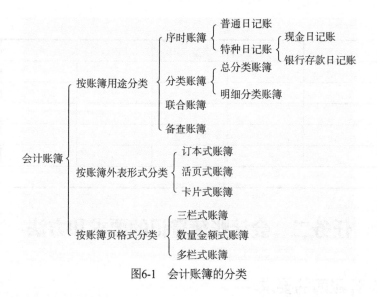

图6-1 会计账簿的分类

三、会计账簿的基本内容

各种账簿所记录的经济内容、账簿的格式可以多种多样,但各种账簿都应具备一些基本内容,也称基本要素,这些基本要素主要如下。

1. 封面

封面主要表明单位名称和账簿的名称,如现金日记账、材料明细账等。

2. 扉页

扉页主要列明账户目录(或科目索引)和账簿启用及经管账簿人员一览表,其一般格式如表6-1所示。

3. 账页

账页是构成账簿的主要部分,账页根据其反映经济业务的不同,具有多种格式,但基本内容一般包括:①账户名称或称会计科目(一级、二级或明细科目);②日期栏;③凭证种类和号数栏;④摘要栏;⑤金额栏;⑥总页次和分页次。账簿启用及经管账簿人员一览表如表6-1所示。

表6-1 账簿启用及经管账簿人员一览表

使用者姓名				印鉴	
账簿名称					
账簿编号					
账簿页数		本账簿共计 页			
启用日期		年 月 日			
责任者		主管	会计	记账	审核

(续表)

经管人姓名及交接日期						
备考						

任务二　会计账簿登记的要求和方法

一、启用会计账簿的要求

　　账簿是储存会计信息的载体，是重要的会计档案。为了保证账簿记录的合法性，明确记账人的责任，保证账簿资料完整无缺，防止任何舞弊行为，在账簿启用时，应在账簿封面上写明单位名称和账簿的名称。在账簿扉页上填写"账簿使用登记表"或"账簿启用及经管人员一览表"，其内容包括启用日期、账簿页数、记账人员或会计机构负责人和会计主管人员姓名，并加盖名章和单位公章等。

　　启用订本式账簿，应从第一页到最后一页顺序编号，不得跳页、缺号。使用活页式账簿，应按账户顺序编号，并需定期装订成册。装订后再按实际使用的账页顺序编定页码，另加目录记明每个账户的名称和页次。

　　记账人员或会计人员调动工作时，应办理账簿交接手续，在交接记录栏内填写交接日期、交接人员和监交人员的姓名，并由交接双方人员签名或盖章。

二、会计账簿登记的基本要求

　　会计账簿的登记一般叫记账。会计人员登记账簿时，应当以审核无误的会计凭证为依据。按照我国《会计基础工作规范》的规定，登记会计账簿应符合以下基本要求。

　　(1) 登记会计账簿时，应将会计凭证日期、编号、业务内容摘要、金额和其他有关资料逐项记入账内，做到数字准确、摘要清楚、登记及时、字迹工整。

　　(2) 登记完毕后，要在记账凭证上签名或盖章，并注明已经登账的符号，表示已经记账。

　　(3) 账簿中书写的文字和数字上面要留有适当的空格，不要写满格，一般应占格距的1/2。

　　(4) 登记账簿要用蓝黑墨水或碳素墨水书写，不得使用圆珠笔(银行的复写账簿除外)或铅笔书写。

　　(5) 下列情况，可以用红色墨水记账：①按照红字冲账的记账凭证，冲销错误记录；②在不设借贷等栏的多栏式账页中，登记减少数；③在三栏式账户的余额栏前，如未印明余额方向的，在余额栏内登记负数余额；④根据国家统一会计制度的规定可以用红字登记的其他会计记录。

(6) 各种账簿按页次顺序连续登记，不得跳行、隔页。如果发生跳行、隔页，应当将空行、空页划线注销，或者注明"此行空白""此页空白"字样，并由记账人员签名或盖章。

(7) 凡需要结出余额的账户，结出余额后，应当在"借或贷"等栏内写明"借"或"贷"等字样。没有余额的账户，应当在"借"或"贷"等栏内写"平"字，并在余额栏内用"母"表示。现金日记账和银行存款日记账必须逐日结出余额。

(8) 每一账页登记完毕结转下页时，应结出本页合计数及余额，写在本页最后一行和下页第一行有关栏内，并在摘要栏内注明"过次页"和"承前页"字样；也可以将本页合计数及金额只写在下页第一行有关栏内，并在摘要栏内注明"承前页"字样。对需要结计本月发生额的账户，结计"过次页"的本页合计数应当为自本月初起至本页末止的发生额合计数；对需要结计本年累计发生额的账户，结计"过次页"的本页合计数应当为自年初起至本页末止的累计数；对既不需要结计本月发生额也不需要结计本年累计发生额的账户，可以只将每页末的余额结转次页。

(9) 实行会计电算化的单位，应当定期打印总账和明细账。发生收款和付款业务的，在输入收款凭证和付款凭证的当天必须打印出现金日记账和银行存款日记账，并与库存现金核对无误。

(10) 账簿记录发生错误，不得涂改、挖补、刮擦或用药水消除字迹，不准重新抄写，必须按规定的方法更正。

三、错账的更正方法

登记账簿难免会发生差错，发生错账的情况是多种多样的，包括：填制凭证和记账时发生的单纯笔误；用错应借应贷的会计科目，或者错记摘要、金额等；过账错误；合计时计算错误等。账簿记录的错误，经发现后，应立即分析发生错误的情况并按规定的方法进行更正。在手工记账的情况下，常用的错账更正方法有划线更正法、红字更正法和补充登记法三种。

（一）划线更正法

在结账以前，如果发现账簿记录中有数字或文字错误，而记账凭证没有错，可用划线更正法进行更正。更正时，先在错误的数字或文字上划一条红线，表示注销，但应保证原有字迹仍能辨认，然后在划线上方空白处填写正确的数字或文字，并在更正处加盖更正人员的印章，以明确责任。但应注意，对于错误数字，必须全部划掉，不能只划去整个数字中的个别错误数字。例如，将6721元误记为6271元，应先在6271上划一条红线以示注销，然后在其上方空白处填写正确数字，而不能只更正72两位数。对于文字错误，可只划去错误部分。

（二）红字更正法

红字更正法适用于以下两种情况。

第一，记账以后，如果发现记账凭证中应借、应贷科目发生错误时，应用红字更正法进行更正。更正的方法是：先用红字金额填制一张与原错误的记账凭证完全相同的记账凭证，并据此用红字记入有关账簿,冲销原来的错误记录;然后再用蓝字金额填制一张正确的记账凭证,并据此用蓝字登记入账。

【例 6-1】A 公司以银行存款支付销售产品运费 6000 元。在填制记账凭证时,误将"销售费用"科目记为"管理费用"科目,并据以登记入账。其错误的会计分录如下。

(1) 借:管理费用　　　　　　　6000
　　　贷:银行存款　　　　　　6000

更正上述错误时,应用红字金额编制如下记账凭证。

(2) 借:管理费用　　　　　　　6000 ①
　　　贷:银行存款　　　　　　6000

以上记账凭证用红字金额记账之后,表明已冲销原错误账簿记录,然后用蓝字填制如下正确的记账凭证。

(3) 借:销售费用　　　　　　　6000
　　　贷:银行存款　　　　　　6000

以上有关账户的记录如下。

借方	银行存款	贷方	借方	管理费用	贷方	借方	销售费用	贷方
	(1) 6000		(1) 6000			(3) 6000		
	(2) 6000		(2) 6000					
	(3) 6000							

第二,记账以后,如果发现记账凭证和账簿记录中会计科目无错误,而金额有错误,且错误金额大于应记的正确金额,则应采用红字更正法进行更正。更正方法是:将多记的差额用红字编制一张与错误凭证相同的记账凭证,并据以用红字登记入账,以冲销原账簿记录中多记的金额。

【例 6-2】承【例 6-1】,在填制记账凭证时,误将金额 6000 元填为 60 000 元,并已登记入账。其错误的会计分录如下。

(1) 借:销售费用　　　　　　　60 000
　　　贷:银行存款　　　　　　60 000

更正时,应用红字金额编制如下会计分录,将多记的 54 000 元冲销掉。

(2) 借:销售费用　　　　　　　54 000
　　　贷:银行存款　　　　　　54 000

借方	销售费用	贷方	借方	银行存款	贷方
(1) 60 000				(1) 60 000	
(2) 54 000				(2) 54 000	

(三) 补充登记法

记账以后,如果发现记账凭证和账簿记录中会计科目无错误,而金额有错误,且所记金额少于应记的正确金额,则应采用补充登记法进行更正。更正方法是:将少记的差额用蓝字填制一张与错误凭证相同的记账凭证,并据以登记入账。

【例 6-3】承【例 6-1】,在填制记账凭证时,误将金额 6000 元填为 600 元,并已登记入账。其错误的会计分录如下。

(1) 借：销售费用　　　　　　　600
　　　贷：银行存款　　　　　　600

更正时，应用蓝字金额编制如下会计分录，将少记的5400元补上。

(2) 借：销售费用　　　　　　　5400
　　　贷：银行存款　　　　　　5400

以上有关账户的记录如下。

借方	销售费用	贷方	借方	管理费用	贷方
	(1) 600			(1) 600	
	(2) 5400			(2) 5400	

四、会计账簿的登记方法

(一) 日记账的登记方法

1. 普通日记账的登记方法

普通日记账是逐日序时登记全部经济业务的账簿。它是根据日常发生的经济业务所取得的原始凭证逐日逐笔顺序登记的，把每一笔经济业务转化为会计分录登记在账，然后再转记列入分类账中，因此普通日记账也称分录簿，它起到了记账凭证的作用。普通日记账账页格式一般只设两个金额栏，即"借方金额"和"贷方金额"两栏，用来登记每一分录的借方账户和贷方账户及金额，这种账簿不结余额。因此，这种格式又称"两栏"式。

2. 特种日记账的登记方法

特种日记账分为现金日记账和银行存款日记账，每种账簿的登记方法如下。

1) 现金日记账的登记方法

我国《会计基础工作规范》规定，企业必须设置现金日记账。现金日记账是记录和反映库存现金收付业务的一种特种日记账，必须采用订本式账簿。

现金日记账由出纳人员根据审核无误的现金收款凭证、现金付款凭证和银行存款付款凭证，按照业务发生的时间先后顺序，逐日逐笔顺序进行登记。现金日记账示例如表6-2所示。

(1) "日期"栏：登记现金实际收付日期。

(2) "凭证号"栏：登记所根据的收付款凭证的种类和编号，其中，种类是指收款或付款凭证。例如，现金收款凭证，可简写为"现收"；现金付款凭证和银行付款凭证(从银行提取现金)，可简写为"现付""银付"等。编号按规定登记。

(3) "摘要"栏：简要概括登记入账的经济业务的内容。一般根据凭证中的摘要栏填写。

(4) "对方科目"栏：登记现金收入的来源科目或现金付出的用途科目，一般根据凭证中的对方科目填写。

表6-2 现金日记账

2019年		凭证号		摘要	对方科目	收入	付出	结余
月	日	种类	编号					
12	1			月初余额				9000
	6	银付	6	从银行提取现金备用	银行存款	30 000		39 000
	15	现付	2	用现金发放职工工资	应付职工薪酬		2600	36 400
	17	现付	3	支付办公费	管理费用		500	35 900
	20	现收	4	出售原材料收入	其他业务收入	400		36 300
	31	现付	3	职工预借差旅费	其他应收款		700	35 600
12	31			本月发生额及月末余额		30 400	3800	35 600

(5)"收入"栏：登记现金实际收入的金额。根据现金收款凭证和银行付款凭证中(从银行提取现金)所列金额填写。

(6)"付出"栏：登记现金实际支出的金额。根据现金付款凭证所列金额填写。

(7)"结余"栏：登记现金的余额。通常收入或支出每笔现金后，都要随时计算出余额。

2) 银行存款日记账的登记方法

我国《会计基础工作规范》规定，企业必须设置银行存款日记账。银行存款日记账是记录和反映银行存款收付业务的特种日记账，必须采用订本式账簿。

银行存款日记账由出纳人员根据审核无误后的银行存款收款凭证、银行存款付款凭证及现金付款凭证，按照业务发生的时间先后顺序，逐日逐笔顺序进行登记。其具体登记方法与现金日记账基本相同，只不过，由于银行存款的支付都是根据特定的结算凭证进行的，为了反映结算凭证的种类编号，特开设"结算凭证"栏。结算凭证栏分为"种类"和"编号"两个专栏，分别登记结算凭证的种类和编号。其中，"种类"栏登记结算凭证的种类，如"现金支票""转账支票""普通支票"等；"编号"栏登记结算凭证的号码，"现金支票"登记现金支票号码，"转账支票"登记转账支票号码，"普通支票"登记普通支票号码。这样做的目的是便于和银行对账。银行存款日记账示例如表6-3所示。

表6-3 银行存款日记账

单位：元

2019年		凭证号		摘要	结算凭证		对方科目	收入	付出	余额
月	日	种类	编号		种类	编号				
12	1			期初余额						12 000
	6	银付	6	从银行提取现金	现金		库存现金		2000	10 000
	13	银付	7	采购原材料	转账		在途物资		2500	7500
	19	银收	3	销售产品收入			主营业务收入	9000		16 500
	30	银付	8	采购固定资产			固定资产		7000	9500
12	31			本月发生额及月末余额				9000	11 500	9500

(二) 分类账的登记方法

1. 总分类账的登记方法

为了总括、全面地反映经济活动和财务收支情况，并为编制会计报表提供资料，每个会计主体必须设置总分类账。总分类账是根据总分类账户分类登记全部经济业务的账簿。一般按照一级会计科目的编码顺序分设账户，并为每个账户预留若干账页。为了保证账簿资料的安全完整，总分类账簿应采用订本式账簿。总分类核算只运用货币量度，所以总分类账只登记各账户金额的增减。

总分类账的登记，可以根据各种记账凭证逐笔登记，也可以根据汇总记账凭证(汇总收款凭证、汇总付款凭证和汇总转账凭证)或科目汇总表定期汇总登记，还可以根据多栏式现金日记账、银行存款日记账逐笔或定期登记。总分类账采用什么方法登记，取决于所采用的账务处理程序。

2. 明细分类账的登记方法

明细分类账简称明细账，其根据二级科目或明细科目开设，用以分类、连续记录和反映有关资产、负债、所有者权益和收入、费用、利润等各会计要素的详细情况，为编制财务报表提供所需的详细资料。各单位应结合自己的经济业务特点和经营管理的要求，在总分类账基础上设置若干明细分类账，作为总分类账的必要补充。这样，既可以根据总分类账了解某一账户的总括情况，又可以根据明细分类账了解该账户更详细的情况。根据管理要求和各种明细分类账记录的经济内容不同，明细分类账的账页格式主要有三栏式、数量金额式、多栏式三种格式。

1) 三栏式明细分类账

三栏式明细账的账页格式，只设有借方、贷方、余额三个金额栏，不设数量栏，用来登记只需反映金额的经济业务。一般适用于债权、债务等不需要进行数量核算的明细分类账户，如"应收账款""应付账款""其他应收款""其他应付款"账户等业务的明细核算。

三栏式明细分类账示例如表 6-4 所示。

表 6-4 应付账款明细账

第　页

明细科目：A 公司　　　　　　　　　　　　　　　　　　　　　　　　　　　单位：元

2019 年		凭证		摘　要	借方	贷方	借或贷	余额
月	日	种类	号数					
12	1			月初余额			贷	4000
	20	转	(略)	购料欠款		3000	贷	7000
	27	银付		偿还购料款	6000		贷	1000
12	31			本月发生额及月末余额	6000	3000	贷	1000

2) 数量金额式明细分类账

数量金额式明细分类账在收入(借方)、发出(贷方)和结存(余额)栏下分设数量、单价和金额三个小栏，用来登记既要反映金额，又要反映实物数量的经济业务，如"原材料""库存商品"账户等的收、发、结存业务的核算。数量金额式明细账示例如表 6-5 所示。

表 6-5 原材料明细账   第　　页

材料名称：甲材料　　　　　　金额单位：元　　　　　　　　　最低储量：(略)
编　号：(略)　　　　　　　规格：(略)　　　　数量单位：吨　　最高储量：(略)

2019年		凭证号	摘　要	收　入			发　出			结　存		
月	日			数量	单价	金额	数量	单价	金额	数量	单价	金额
12	1	(略)	月初余额							10	1000	10 000
	11		购入材料	6	1000	6000				16	1000	16 000
	19		生产领用				7	1000	7000	7	1000	9000
12	31		本月发生额及月末余额	6	1000	6000	7		7000	9	1000	9000

3) 多栏式明细分类账

多栏式明细分类账是根据经济业务的需求，在一张账页上按明细项目分设若干专栏，用于登记明细项目多、借贷方向单一，且无须数量核算的费用、收入、利润等业务，如"生产成本""制造费用""管理费用""主营业务收入""利润分配"等明细账。

(1) 费用明细账一般按借方设置多个栏目，当发生一笔或少数几笔贷方金额时，可在借方有关栏内用红字登记，表示从借方发生额中冲减。会计期末将借方净发生额从贷方结转到"本年利润"账户或其他账户中。

(2) 收入明细账一般按贷方设置多个栏目，当发生一笔或少数几笔借方金额时，可在贷方有关栏内用红字登记，表示从贷方发生额中冲减。会计期末将贷方净发生额从借方结转到"本年利润"账户。

(3) 利润明细账一般按借方和贷方分设多栏，即按利润构成项目设多个栏目。

多栏式明细分类账示例如表 6-6 所示。

表6-6 管理费用明细账   第　　页
                                                              单位：元

2019年		凭证号	摘要	借　方						贷方	余额
月	日			机物料消耗	工资	折旧费	办公费	水电费	合计		
12	23		工资		3000				3000		
	24		折旧费			600			600		
	25		付款凭证				450		450		
	26		领用材料	900					900		
	27		管理部门水电费					1000	1000		
	28		结转本年利润							5950	
12	31		合计	900	3000	600	450	1000	5950	5950	0

明细分类账的登记方法，可以直接根据原始凭证、记账凭证逐笔登记，也可以根据汇总原始凭证逐日、定期汇总登记。对于固定资产、低值易耗品、债权债务等明细账应逐笔登记，便于反映和监督其具体增减变动情况。产成品和材料明细分类账，如业务发生不是很多，可以逐笔登记；如业务发生较多，为了适当简化记账工作，也可以逐日汇总登记。

3. 总分类账和明细分类账的平行登记

总分类账与其所属的明细分类账所反映的经济内容相同，因而保持总分类账和明细分类账记录的一致，是记账工作的一条重要规则。为了便于账账核对，使总分类账与其所属的明细分类账之间能起到统驭和补充的作用，并确保核算资料的正确完整，必须采用平行登记的方法，在总分类账及其所属的明细分类账中进行记录。平行登记是指发生经济业务后，根据会计凭证，一方面要登记有关的总分类账，另一方面要登记该总分类账所属的各明细分类账。采用平行登记规则应注意以下要点。

1) 依据相同

对于需要提供其详细指标的每一项经济业务，应根据相关的会计凭证，一方面在有关的总分类账中进行登记，另一方面在其所属的明细分类账中进行登记。

2) 期间相同

发生的经济业务，总分类账和其所属的明细分类账必须在同一会计期间(如1个月、1个季度等)全部登记入账。

注意，这里所指的同会计期间并不代表同时，因为明细账一般根据记账凭证及其所附的原始凭证在平时登记，而总分类账因会计核算组织程序不同，可能在平时登记，也可能定期登记，但登记总分类账和明细分类账必须在同一会计期间完成。

3) 方向相同

在一般情况下，如果在总分类账中登记的是借方，在其所属的明细分类账中也应登记在借方；反之，如果在总分类账中登记的是贷方，在其所属的明细分类账中也应登记在贷方。

4) 金额相等

在总分类账及其所属的明细分类账中登记的金额是相等的。当总分类账同时涉及几个明细分类账时，则在总分类账中登记的金额应当与其所属的明细分类账中登记的金额之和相等，具体有：①总分类账本期发生额所属明细分类账本期发生额合计；②总分类账户期末余额＝所属明细分类账期末余额合计。

在会计核算工作中，可以利用上述关系，检查账簿记录是否正确。检查时，可以编制明细分类账簿的本期发生额和余额明细表，与相应的总分类账本期发生额和余额相互核对，以检查总分类账与其所属的明细分类账记录的正确性。明细分类账本期发生额和余额明细表根据不同的业务内容，可以分别采用不同的格式。

任务三 对账和结账

一、对账

(一) 对账的意义

对账，就是指核对账簿记录，它是会计核算的一项重要内容，也是审计常用的一种查账方法。我国《会计基础规范》规定，对账工作每年应至少进行一次。

在会计工作中，由于种种原因，账簿记录难免会有错漏。为了保证账簿记录的正确、完整、合理和可靠，如实地反映和监督经济活动，并为编制会计报表提供真实的数据和资料，就必须进行账簿之间的核对，确保账证相符、账账相符、账实相符。

(二) 对账的内容

1. 账证核对

账证核对是指各种账簿记录同会计凭证之间的核对，包括总分类账明细分类账和日记账的记录同记账凭证、原始凭证之间的相互核对。核对会计账簿记录与原始凭证、记账凭证的时间、凭证字号、内容、金额是否一致，记账方向是否相符。这种核对主要是在平时编制记账凭证和记账过程中随时进行的，做到随时发现错误，随时查明纠正。但是在月末如发现总分类账试算不平衡、账账不符或账实不符等情况，仍应核对账证是否相符。核对时，主要是抽查与账账不符或账实不符的有关凭证，直至查出错误为止，而不是核对全部凭证。

2. 账账核对

账账核对是指核对会计账簿之间账簿记录是否相符，包括以下几种。

(1) 总分类账户之间的核对。一般通过编制"总分类账户期末余额试算表"进行。检查各总分类账本期借方发生额是否等于本期贷方发生额之和，期末所有账、借方余额之和是否等于贷方余额之和。

(2) 总分类账户与所属明细分类账户之间的核对。一般通过编制"总分类账与明细分类账对照表"进行。检查总分类账户本期借、贷方发生额及期末余额与所属明细账户本期借、贷发生额及期末余额是否相符。

(3) 总分类账户与库存现金账、银行存款日记账之间的核对。检查"库存现金""银行存款"账本期发生额及期末余额与总账是否相符。

(4) 财会部门登记的各种财产物资明细分类账同财产物资保管、使用部门有关明细账的核对、检查各方期末财产物资结存数是否相等。

3. 账实核对

账实核对是指账簿记录结存数同各项财产物资的实有数之间的核对，包括以下几种。

(1) 现金日记账的账面余额同实地盘点的库存现金实有数之间的核对。

(2) 银行存款日记账的账面余额与各开户银行对账单之间的核对。

(3) 各种财产物资明细分类账账面余额与清查盘点后的财物实有数之间的核对。

(4) 各种应收、应付款项明细分类账的账面余额与有关债权、债务单位或个人账目之间的核对。

二、结账

(一) 结账的意义

结账，是指在将本期发生的经济业务全部登记入账的基础上，结算出每个账户的本期发生额和期末余额,并将期末余额结转至下期的一种方法。

结账是会计核算工作的又一项重要内容。如果只记账而不定期结账,记账就失去了意义。结账可以考察各期资产、负债、所有者权益和资金周转的情况,便于正确计算资金的耗费与产品成本,更重要的是为编制会计报表提供资料。各单位应当按照规定定期结账。

(二) 结账的内容

(1) 结账前,检查本期内发生的经济业务是否已全部登记入账,不能将本期发生的经济业务延至下期入账。这是结账工作的前提和基础,只有这样才能保证结账的正确性。

(2) 按权责发生制的原则调整和结转有关账项。对于本期内所有应计和预收收入及应计和预付费用,应编制记账凭证并记入有关账簿,以调整账簿记录。例如,将需摊销的费用按规定的比例分配到本期的成本、费用中,将本期所发生的各项收入、费用、成本、支出结转到"本年利润"账户。

(3) 计算各账户本期发生额和期末余额。在本期全部经济业务已登记入账的基础上,结算出现金日记账、银行存款日记账,以及总分类账和明细分类账户的本期发生额和期末余额。

注意,不能为了提前编制会计报表而先结账,也不能先编会计报表而后结账。

(三) 结账的方法

结账通常是为了总结一定时期的财务状况和经营成果,因此结账工作一般是在会计期末进行的,可以分为月结、季结和年结。结账主要采用划线法,即期末结出各账户的本期发生额和期末余额后,加划线标记,并将期末余额结转至下期的方法。划线的具体方法在月结、季结、年结时有所不同。

1. 月结

月底应办理月结。在各账户本月份最后一笔记录下面划一通栏红线,表示本月结束,然后在红线下结算出本月发生额和月末余额。如果没有余额,则在余额栏内注明"平"字或"0"符号。同时,在"摘要"栏注明"本月合计"或"×月份发生额及余额"字样,然后在下面再划一通栏红线,表示完成月结。需要结出本年累计发生额的,应当在摘要栏内注明"本年累计"字样,并在下面通栏划单红线。

2. 季结

季末应办理季结。办理季结,首先,应在各账户本季度最后一个月的月结下面(需按月结出累计发生额的,应在"本季累计"下面)划一通栏红线,表示本季结束;其次,在红线下结算出本季发生额和季末余额,并在摘要栏内注明"第×季度合计"或"本季合计"字样;最后,在本摘要栏下面划通栏红线,表示完成季结工作。

3. 年结

年终应办理年结。首先在 12 月份或第 4 季度季结下面划一通栏红线,表示年度终了,然后在红线下面结算出全年 12 个月的月结发生额或 4 个季度的季结发生额,在摘要栏内注明"年度发生额及余额"或"本年合计"字样,并在"本年发生额及余额"或"本年合计"下面通栏划双红线。年度终了,要把各账户的余额结转到下一会计年度,并在摘要栏内注明"结转下年"字样;在下一会计年度新建有关会计账簿的第一行余额栏内填写"上年结转"字样。

任务四　账簿的更换与保管

一、账簿的更换

账簿更换,是指在会计年度开始时启用新账簿,并将上年度的会计账簿归档保管。

现金、银行存款日记账、总分类账及绝大多数的明细分类账,每年都要更换新账。对于个别采用卡片式的明细账,如固定资产卡片明细账,可以跨年度使用,不必每年更换新账。

账簿更换的具体做法是:首先检查本年度账簿记录,在年终结账时是否全部结清,然后在新账中有关账户的第一行日期栏内注明 1 月 1 日,摘要栏内注明"上年结转"或"年初余额"字样,将上年的年末余额以同方向记入新账中的余额栏内,并在借或贷栏内注明余额的方向(即借方还是贷方)。需要注意的是,新旧账簿更换时账户余额结转不编制记账凭证,也不要记入借方栏或贷方栏,而是直接记入余额栏,因此凭证号栏、借方栏和贷方栏无须填制。

二、账簿的保管

账簿是重要的会计资料,且有些是需要保密的,因此,必须建立严格的账簿保管制度,妥善保管账簿。对账簿的管理包括以下两个方面的内容。

(一) 账簿的日常管理

(1) 各种账簿要分工明确,指定专人管理,账簿经管人员既要负责记账、对账、结账等工作,又要负责保证账簿的安全、完整。

(2) 未经领导和会计负责人或有关人员批准,非经管人员不能随意翻阅查看、摘抄和复制会计账簿等。

会计账簿除需要与外单位核对外,一般不能携带外出,对需要携带外出的账簿,通常由经管人员负责或会计主管人员指定专人负责。

(3) 会计账簿不能随意交与其他人员管理,以保证账簿安全完整,防止任意涂改、毁坏账簿等问题的发生。

(二) 旧账的归档保管

启用新账后,对更换下来的旧账需要进行整理、装订、造册,并办理交接手续,归档保管,具体内容如下。

1. 整理

归档前应对更换下来的旧账进行整理。其工作主要包括：检查应归档的旧账是否收集齐全；检查各种账簿应办的会计手续是否完备，对于手续不完备的应补办手续，如注销空行空页、加盖印章结转余额等。

2. 装订成册

账簿经过整理后要装订成册。装订前首先应检查账簿的扉页内容是否填写齐全，手续是否完备；其次检查订本式账页从第一页到最后一页是否顺序编写页数，有无缺页或跳页，活页账或卡片式账是否按账页顺序编号，是否加具封面。装订时，根据实际情况，一个账户可装订一册或数册，也可以将几个账户合并装订成一册。装订后应由经管人员、装订人员和会计主管人员在封口处签名或盖章。

3. 办理交接手续，归档保管

账簿装订成册后，应编制目录，填写移交清单，办理交接手续，归档保管。保管人员应按照《会计档案管理办法》的要求，编制索引分类储存、妥善保管，以便于日后查阅，并要注意防火、防盗，库房通风良好，以防毁损、霉烂等。保管期满后，应按规定的审批程序报经批准后才能销毁，不得任意销毁。

项目练习

一、单项选择题

1. 发现本期记账凭证中的会计科目和应借、应贷方向未错，但所记金额大于应记金额，并据以登记入账，应采用(　　)进行更正。
   A. 红字更正法　　B. 平行登记法　　C. 划线更正法　　D. 补充登记法
2. 平行登记法是指同一项经济业务在(　　)。
   A. 各有关总分类账户中登记　　　　B. 各有关明细分类账户中登记
   C. 汇总凭证与有关账户之间登记　　D. 总账及其所属明细账户之间登记
3. 对于临时租入固定资产，应在(　　)中登记。
   A. 序时账簿　　B. 总分类账簿　　C. 明细分类账簿　　D. 备查账簿
4. 总分类账簿一般应采用(　　)。
   A. 活页账簿　　B. 卡片账簿　　C. 订本账簿　　D. 备查账簿
5. 活页账簿和卡片账簿可适用于(　　)。
   A. 现金日记账　　B. 总分类账　　C. 银行存款日记账　　D. 明细分类账
6. 原材料明细账的外表形式一般采用(　　)。
   A. 订本式　　B. 活页式　　C. 三栏式　　D. 多栏式
7. 下列属于将现金存入银行的业务登记银行存款日记账的依据的是(　　)。
   A. 现金收款凭证　　　　　　　　　B. 现金付款凭证

C. 银行存款收款凭证　　　　　　　　D. 银行存款付款凭证

8. 制造费用明细账一般采用的账页格式是(　　)。
   A. 三栏式　　　B. 数量金额式　　　C. 多栏式　　　D. 两栏式

9. 会计人员在结账前发现，在根据记账凭证登记入账时，误将300元写成3000元，而记账凭证无误，应采用(　　)进行更正。
   A. 补充登记法　　B. 划线更正法　　C. 红字更正法　　D. 红字登记法

10. 记账以后，发现记账凭证中的应借、应贷会计科目有错误，应采用(　　)进行更正。
    A. 划线更正法　　B. 红字更正法　　C. 补充登记法　　D. 把该页撕掉

二、多项选择题

1. 数量金额式明细分类账的账页格式适用于(　　)。
   A. "管理费用"　　B. "制造费用"　　C. "库存商品"　　D. "原材料"

2. 关于账簿的启用，下列说法中正确的有(　　)。
   A. 调换记账人员，便应立即换用账簿
   B. 账簿交换时，会计主管人员应该监交，并签章
   C. 启用时，应详细登记账簿扉页的"账簿启用及经管账簿人员一览表"
   D. 每一本账簿均应编号并详细记录其册数、共计页数和启用日期

3. 账账相符是指(　　)。
   A. 全部总账的借方发生额合计与贷方发生额合计相符
   B. 总账余额与其所属明细账余额相符
   C. 账簿记录与记账凭证相符
   D. 库存现金、银行存款总账与现金日记账、银行存款日记账余额相符

4. 借方多栏式的账页格式适用于(　　)明细账。
   A. "其他业务收入"　　　　　　B. "主营业务收入"
   C. "管理费用"　　　　　　　　D. "生产成本"

5. 账簿按其用途分为(　　)账簿。
   A. 卡片式　　　B. 序时　　　C. 分类　　　D. 备查

6. 对账的主要内容包括(　　)。
   A. 账账　　　B. 账实　　　C. 账表　　　D. 账证

7. 更正本期错账的方法有(　　)。
   A. 补充登记法　　B. 划线更正法　　C. 红字更正法　　D. 账项调整法

8. 用红色墨水登记账簿时，适用于(　　)。
   A. 按照红字冲账的记账凭证，冲销错误记录
   B. 在不设借贷、收付等栏的多栏式账页中，登记减少数目
   C. 在三栏式账户的余额栏前，如未印明余额的方向，在余额栏内登记负数余额
   D. 任何一笔经济业务

9. 在总分类账及其所属的明细分类账中进行平行登记时，应注意的要点包括(　　)。
   A. 依据相同　　B. 方向相同　　C. 期间相同　　D. 金额相等

10. 下列凭证中，可作为总分类账登记依据的有( )。
   A. 原始凭证　　　B. 记账凭证　　　C. 科目汇总表　　　D. 汇总记账凭证

三、判断题

1. 在填制记账凭证时，4500 元误记为 5400 元并已登记入账。月终结账前发现错误，更正时应采用划线更正法。( )
2. 结账就是结算、登记每个账户的期末余额工作。( )
3. 记账除结账、改错和冲销账簿以外，不得用红色墨水。( )
4. 每一个会计主体都必须设置总分类账簿、序时账簿和备查账簿。( )
5. 序时账簿就是现金日记账和银行存款日记账。( )
6. 各种明细账的登记依据，既可以是原始凭证、汇总原始凭证，也可以是记账凭证。( )
7. 对于"原材料"账户的明细分类账，应采用多栏式账页。( )
8. 所有的总分类账户都要分设明细分类账户。( )
9. 新的会计年度开始，必须全部更换新的账簿。( )
10. 对发生的经济业务，总分类账户和其所属的明细分类账户必须在同一会计期间全部登记入账。( )

四、业务处理题

习题一

【目的】练习错账更正方法。

【资料】A 公司对账时发现下列经济业务内容的账簿记录有错误。

(1) 计提车间本月固定资产折旧费 5400 元。原编制记账凭证的会计分录如下。
借：管理费用　　　　　　5400
　　贷：累计折旧　　　　　　5400

(2) 用银行存款支付前欠供货单位货款 8600 元，登记账簿时误记为 6800 元。

(3) 开出现金支票 600 元，支付企业管理部门日常零星开支。原编制记账凭证的会计分录如下。
借：管理费用　　　　　　600
　　贷：库存现金　　　　　　600

(4) 签发转账支票 1600 元支付销售产品运费。原编制记账凭证的会计分录如下。
借：管理费用　　　　　　1600
　　贷：银行存款　　　　　　1600

(5) 结转本月完工 A 产品成本 100 000 元。原编制记账凭证的会计分录如下。
借：库存商品　　　　　　10 000
　　贷：生产成本　　　　　　10 000

【要求】将上列各项经济业务的错误记录，分别以适当的更正错账方法予以更正。

习题二

【目的】练习登记现金日记账和银行存款日记账。

【资料】A 公司 2019 年 11 月 30 日银行存款日记账余额为 125 600 元，现金日记账的余额为 4500 元。12 月份发生下列现金和银行存款收付业务。

(1) 1 日，以银行存款归还前欠 B 公司购货款 37 000 元。

(2) 2 日，以银行存款支付外购材料款 9000 元及增值税 1170 元，材料已验收入库。

(3) 3 日，以银行存款上缴上月未缴所得税 20 000 元。

(4) 4 日，收到 B 公司还来前欠货款 50 000 元，存入银行。

(5) 15 日，从银行提取现金 900 元备用。

(6) 17 日，职工李伟预借差旅费 1200 元，以现金支付。

(7) 19 日，李伟出差返回，报销差旅费 1000 元，余款交回现金。

(8) 20 日，以银行存款支付本月水电费 950 元。

(9) 21 日，出售产品 100 件，货款 30 000 元及增值税 3900 元已收到，存入银行。

(10) 22 日，以现金支付销售产品运费 150 元。

【要求】

(1) 编制收款凭证和付款凭证。(用会计分录表示)

(2) 开设并登记三栏式现金日记账和银行存款日记账。(用"T"形账户表示)

项目七

认识制造企业主要经济业务的核算

> **学习要求**
> 1. 了解相关各账户的科目设置特点及对借贷记账法的应用;
> 2. 掌握所涉及账户的用途、性质和结构,对于企业常见的经济业务能够做出正确的会计处理。

任务一 制造企业主要经济业务概述

一、制造企业的含义及其生产过程

不同企业的经济业务各有特点,其生产经营业务流程也不尽相同,本章主要介绍制造企业的含义及其生产经营过程,包括企业的资金筹集、设备购置、材料采购、产品生产、商品销售和利润分配等经济业务。

制造企业是市场经济中实行独立核算、自主经营、自负盈亏、自我约束、自我发展的经济实体。企业要独立地进行生产经营活动,自负盈亏,就必须拥有与生产经营规模相适应的资金。企业所需资金主要有两个筹集渠道:一是出资者(所有者)依法向企业投入资本,形成企业的资本金;二是由债权人提供,形成企业的负债。随着生产经营活动的进行,资金不断地被运用出去,其形态也相应地从货币资金转化为生产资金,通过销售出产品,最后再收回变成货币资金。这种资金不同形态的变化周而复始不断进行,形成了资金的循环和周转。制造企业的生产经营过程一般可以分为三个阶段,即采购过程、生产过程和销售过程。

二、制造企业资金的转化形态

制造企业从各种渠道筹集的资本金,首先表现为货币资产和非货币性资产。企业运用筹集来的资金购买厂房、机器设备、原材料等生产资料完成生产前的初步准备,随着企业开始进入生产过程,这时候需要将从市场上购置的原材料等物资转入生产加工阶段,同时生产产品还需要聘请劳动者进行加工生产,在生产过程中,劳动者借助于劳动资料对劳动对象进行加工,制造出各种为社会所需要的产品。在产品生产过程中会发生投入的原材料形态的转换,即变成半成品或产成品,以及加工当中固定资产的使用形成的固定资产折旧费用、支付的人工工资等人工费用等生产费用的总和构成了产品成本。在此过程中,资金从固定资金、储备资金和货币资金形态转化为生产资金形态。

随着产品的完工和验收入库,资金又从生产资金形态转化为成品资金形态。在销售过程中,企业将产品销售出去,收回货币资金,这时资金从成品资金形态转化为货币资金形态。

为了衡量一个企业在一定时期内的经营业绩和财务成果,需将企业在一定会计期间所取得的全部收入与全部费用支出相抵,计算出是盈利还是亏损。如果实现盈利,企业还应按照有关规定进行缴纳所得税后再进行利润分配;如果发生亏损,则企业还要弥补资金。利润是企业得以维持再生产的基础,反映了企业的经营业绩,因此,利润往往是评价企业管理层业绩的一项重要指标,也是投资者等财务会计报告使用者进行决策时的重要参考依据。

综上所述,根据工业制造企业在生产经营活动过程中各环节的生产业务特点,可将其主要经济业务分为资金的筹集业务、采购业务、生产业务、销售业务、利润形成及分配业务等。本章将以这些经济业务环节为主要内容,介绍基本的会计账户和借贷记账法的具体应用。

任务二 资金筹集业务的核算

企业要组织和完成生产经营活动,首要任务是为正常的生产经营活动筹集一定数量的资金。资金的筹集活动是企业根据生产经营对资本的需求,通过各种渠道,采取适当的方式获取所需资本的行为。资金筹集是企业开展生产经营活动的前提,也是企业再生产顺利进行的保证。为了满足生产经营的需要,企业必须通过一定的渠道,筹集一定数量的资金。企业的筹资渠道按其筹资方式不同,可分为自有资金和借入资金,因此,企业的资金筹集业务按其资金来源通常分为自有资金业务的核算和负债筹资业务的核算。

一、自有资金业务的核算(所有者权益筹资)

(一)实收资本

根据《中华人民共和国公司法》(以下简称《公司法》)最新的有关法律、法规规定,放宽了企业申请开业注册资本登记条件,除了法律行政法规及国务院决定对公司注册资本最低限额另有规定的情况之外,取消了有限责任公司最低注册资本3万元,一人有限责任公司最低注册资本10万元,股份有限公司最低注册资本500万元的限制。《公司法》不再限制公司设立时股东的首次出资比例，也不再限制股东的货币出资比例；同时也将注册资本实缴登记制改为认缴登记制，注册资本由实缴登记制改为认缴登记制，工商部门不再收取验资报告。注册资本认缴登记制是我国工商登记制度的一项改革措施，注册资本实缴登记制改为认缴登记制涉及企业如何进行账务处理、税务处理。

《中华人民共和国公司法》(2018年版)第二十六条规定："有限责任公司的注册资本为在公司登记机关登记的全体股东认缴的出资额。"第八十条规定："股份有限公司采取发起设立方式设立的，注册资本为在公司登记机关登记的全体发起人认购的股本总额。在发起人认购的股份缴足前，不得向他人募集股份。股份有限公司采取募集方式设立的，注册资本为在公司登记机关登记的实收股本总额。"根据《企业会计准则 14 号——收入》应用指南(2018)的附录"关于应设置的相关会计科目和主要账务处理"规定，"实收资本"科目核算企业接受投资者投入的实收资本。

注册资本和实收资本有一定的区别和联系，两者的区别是：注册资本是公司在设立时筹集的、由章程载明的、经公司登记机关登记注册的资本，是股东认缴或认购的出资额；实收资本是公司成立时实际收到的股东的出资总额，是公司现实拥有的资本。实收资本在某段时间内可能小于注册资本，但以后可能会大于注册资本。两者的联系是：在注册资本实缴制的情况下，注册资本与实收资本一般是一致的；而在注册资本认缴制的情况下，注册资本与实收资本不一致，一般体现为注册资本大于实收资本。在缴足注册资本前，实收资本低于注册资本；一旦缴足认缴的全部出资，则实缴资本与注册资本相等。

关于实收资本问题应如何进行账务处理？根据上述规定，"实收资本"应为企业"收到"或"接受"投资者投入的资本。而认缴的注册资本只是投资者承诺在未来的某个时间点将要投入企业的资本，投资者的投资行为并没有实际发生，因此不应进行账务处理。因此基于以上实收资本和注册资本的区别和联系的分析，在注册资本从实缴制改为认缴制的情况下，公司对于未收到股东的出资额不进行账务处理，只针对公司实际收到股东出资的部分进行账务处理。

虽然新公司法取消注册资本最低限额，降低了公司注册的门槛，从法律的角度来说，零元也可注册公司，但在现实中，这种零元注册的可能性几乎是不存在的，在商业经营合作中，零元的注册资本，使得公司的信誉和认可度，都会让人产生怀疑，而且办理公司仅有注册资本远远不够，还需要公司运作成本、经营场所等。因此，企业要进行生产经营活动，必须要有既定的"本钱"，即设立企业必须有一定的资本金。资本金是企业从事生产经营活动的基本条件，是企业独立承担民事责任的资金保证，在数量上应等于企业在工商部门登记的注册资金总额，在经营期内投资者除依法转让外，不得以任何方式抽回投资，因而称其为自有资金。企业自有资金的筹集，通过所有者向企业投入资本形成，因企业的组织形式不同其具体投入方式有所差别。通常，有限责任公司接受股东投资使用"实收资本"会计科目，股份有限公司通过发行股票的方式来筹集资金使用"股本"会计科目。

所有者投入的资本主要包括实收资本(或股本)和资本公积。所有者投入资本按照投资主体的不同可以分为国家资本金、法人资本金、个人资本金和外商资本金等。实收资本(或股本)是指企业的投资者按照企业章程、出资协议的规定，实际投入企业的资本及按照有关规定由资本公积、盈余公积等转增的资本。

(二) 资本公积

资本公积用来核算企业收到投资者投入的超出其在企业注册资本(或股本)中所占份额的投资，以及其他资本公积等。但是对于有限责任公司和股份公司的会计科目设置有较大的区别。

一般而言，对于新成立的有限责任公司，投资者的出资额全部作为实收资本入账，没有资本溢价。但在企业以后的发展中，如果继续扩大资本规模，需要吸引新的投资者加入时，新加入的投资者的出资额通常要大于其在注册资本中所占份额，这部分多出的数额称为资本溢价。这是因为该企业的发展前景不能简单地用会计账面价值来衡量，甚至也无法用该企业净资产的公允价值来衡量，新的投资者看好该公司的未来发展往往愿意多出一部分钱来投资，多出的这部分钱也就称为资本溢价，这实质上反映了公司未来的发展价值。

股份有限公司是指全部资本由等额股份构成并通过发行股票筹集资金，股东以其认购的股份为限对公司承担责任，公司以其全部财产对公司的债务承担责任的企业法人。我国《公司法》规定，股票发行价格可以按票面金额，也可以超过票面金额，但不得低于票面金额。股票的面值与股份的乘积为股本，股本应等于企业的注册资本，为了反映企业股本的增减变动情况，会计上应设置"股本"账户。"股本"账户属于所有者权益类账户，其贷方登记发行股票的面值；借方登记经批准核销的股票面值；期末余额在贷方，表示公司发行在外的股票面值。该账户一般按股票种类及股东名称设置明细账，进行明细核算。对于新成立的股份公司，可发行股票筹集资金，按实际收到的资金需要划分为两部分，一部分资金按照股票的面值计入股本，另一部分即超出股本的部分计入资本公积(股本溢价)。

资本公积作为企业所有者权益的重要组成部分，主要用于转增资本。

1. 账户设置

企业通常设置以下账户对所有者权益筹资业务进行核算。

1) "实收资本(或股本)" 账户

为了反映和监督企业接受投资者投入资本的情况，需要设置"实收资本"或"股本"账户。如果企业是有限责任公司，则使用"实收资本"；如果企业是股份有限公司，则应将该账户改为"股本"账户。"实收资本"账户属于所有者权益类账户，该账户按投资者的不同设置明细账户，进行明细核算。

"实收资本"账户贷方登记企业接受投资者投入的注册资本，以及用资本公积或盈余公积转增资本的金额，借方登记按法定程序报经批准减少的注册资本的金额，期末余额在贷方，反映企业期末实收资本总额。

"股本"账户与"实收资本"账户类似，也属于所有者权益类账户，贷方登记股本的增加额，借方登记股本的减少额(如注销公司股份时冲减的股本)，期末余额在贷方，反映企业期末股本的总额。

2) "资本公积" 账户

"资本公积"账户属于所有者权益类账户，用以核算企业收到投资者出资额超出其在注册资本或股本中所占份额的部分，以及其他资本公积等。该账户可按资本公积的来源不同，分别设置"资本溢价(或股本溢价)" "其他资本公积"进行明细核算。该账户贷方登记资本公积的增加额，如企业收到投资者出资额超出其在注册资本或股本中所占份额的部分；借方登记资本公积的减少额，如股东大会或类似机构决议用资本公积转增资本的金额；期末余额在贷方，反映企业期末资本公积的结余数额。

3) "银行存款"账户

"银行存款"账户属于资产类账户，用以核算企业存入银行或其他金融机构的各种款项的增减变动情况。该账户应当按照开户银行、存款种类等分别进行明细核算。

该账户借方登记存入的款项，贷方登记提取或支出的款项。期末余额在借方，反映企业存在银行或其他金融机构的各种款项的合计数。

2. 账务处理

1) 接受现金资产投资的账务处理

(1) 有限责任公司接受货币资金投资。应该按照实际收到或存入企业开户银行的金额借记"银行存款"科目，按照双方约定的份额贷记"实收资本"科目，两者之间的差额记入"资本公积——资本溢价"科目。

【例7-1】2020年1月1日，甲有限责任公司收到股东A公司投资30 000元和B股东投入30 000元，款项已存入银行。A和B股东均各自持有甲公司股份50%。这项业务应编制会计分录如下：

借：银行存款　　　　　　　　60 000
　　贷：实收资本——A股东　　　　30 000
　　　　　　　　——B股东　　　　30 000

假设两年后C股东加入甲公司，协议约定C股东共投入35 000元，C股东占有甲公司三分之一的股份，甲公司已经收到该笔投资额。这项业务应编制会计分录如下：

借：银行存款　　　　　　　　35 000
　　贷：实收资本——C股东　　　　30 000
　　　　资本公积——资本溢价　　　5 000

这是因为除股份有限公司外的其他类型的企业，在企业创立时，投资者认缴的出资额与注册资本一致，一般不会产生资本溢价。但在企业重组或有新的投资者加入时，常常会出现资本溢价。因为在企业进行正常生产经营后，其资本利润率通常要高于企业初创阶段，另外，企业有内部积累，新投资者加入企业后，也要分享这些积累，所以新加入的投资者往往要付出大于原投资者的出资额，才能取得与原投资者相同的出资比例。投资者多缴的部分就形成了资本溢价。

(2) 股份有限公司发行股票。在溢价发行的情况下，企业发行股票取得的收入，按照发行收入借记"银行存款"科目，按照股票面值部分作为股本增加，贷记"股本"科目，超出面值的溢价收入应作为资本公积(股本溢价)处理，贷记"资本公积——股本溢价"科目。

发行股票支付的手续费、佣金等发行费用，如股票溢价发行的，从发行股票的溢价中抵扣；股票发行没有溢价的，发行费用分别依次冲减"盈余公积"和"利润分配——未分配利润"；溢价金额不足以抵扣的发行费用，分别依次冲减"盈余公积"和"利润分配——未分配利润"。

【例7-2】华联股份有限公司发行普通股股票100万股，每股面值1元，发行价格为9元，股票已发行结束,全部款项已存入本公司账户,支付证券公司发行手续费 60 万元。这项业务应编制会计分录如下(单位:万元)。

发行股票时的分录如下。

借:银行存款　　　　　　　　　　900
　　贷:股本　　　　　　　　　　　100
　　　　资本公积——股本溢价　　　800

支付证券公司手续费时的分录如下。

借:资本公积——股本溢价　　　　60
　　贷:银行存款　　　　　　　　　60

【例 7-3】华联股份有限公司发行普通股股票 100 万股,每股面值 5 元,发行价格 6 元,股票已发行结束,全部款项已存入本公司账户,支付证券公司发行手续费 140 万元。盈余公积 10 万元,利润分配——未分配利润 60 万元。这项业务应编制会计分录如下(单位:万元)。

发行股票时的分录如下。

借:银行存款　　　　　　　　　　600
　　贷:股本　　　　　　　　　　　500
　　　　资本公积——股本溢价　　　100

支付证券公司手续费时的分录如下。

借:资本公积——资本溢价　　　　100
　　盈余公积　　　　　　　　　　10
　　利润分配——未分配利润　　　30
　　贷:银行存款　　　　　　　　　140

(三) 接受非现金资产投资的账务处理

我国《公司法》相关规定,股东可以用货币出资,也可以用实物、知识产权、土地使用权等可以用货币估价并可以依法转让的非货币财产作价出资,但是不得以劳务、信用、自然人姓名、商誉、特许经营权或设定担保的财产等作价出资。对作为出资的非货币财产应当评估作价,核实财产,不得高估或低估作价。法律、行政法规对评估作价有规定的,从其规定。因此,与个人合伙和合伙企业不同,公司法实际是不允许公司股东用劳务出资的。以非货币财产出资的,还应当依法办理其财产权的转移手续。

企业接受股东以固定资产、原材料、无形资产等方式投入的资本,应按照投资合同或协议约定价值确认接受非现金资产的价值,并确定在注册资本中应该享有的份额。借记相应的资产类科目,按照应享有的份额贷记"实收资本"或"股本"科目,两者之间差额记入"资本公积——资本(股本)溢价"科目。

1. 股东投入固定资产的账务处理

【例 7-4】2020 年 1 月 10 日,甲公司(有限责任公司)收到乙公司作为投资投入的设备一台,该设备所确认的公允价值为 90 000 元(假设不产生资本溢价,不考虑增值税)。这项业务应编制会计分录如下。

借：固定资产——设备　　　　　　　　90 000
　　贷：实收资本——乙公司　　　　　　　　90 000

若考虑增值税抵扣问题，则只能取得增值税专用发票。

【例7-5】2020年1月10日，甲公司(有限责任公司)收到乙公司作为投资投入的设备一台，该设备所确认的公允价值为101 700元(含税)，增值税税率为13%，取得乙公司开出的增值税专用发票注明的价款为90 000元，税额为11 700元。这项业务应编制会计分录如下。

借：固定资产——设备　　　　　　　　90 000
　　应交税费——应交增值税(进项税额)　11 700
　　贷：实收资本——乙公司　　　　　　　　101 700

若考虑增值税问题，则只能取得增值税普通发票。

【例7-6】2020年1月10日，甲公司(有限责任公司)收到乙公司作为投资投入的设备一台，该设备所确认的公允价值为101 700元(含税)，增值税税率为13%，取得乙公司开出的增值税普通发票注明的价税合计为101 700元。这项业务应编制会计分录如下。

借：固定资产——设备　　　　　　　　101 700
　　贷：实收资本——乙公司　　　　　　　　101 700

2. 股东投入原材料的账务处理

【例7-7】2020年1月11日，甲有限责任公司收到丙公司作为投资投入的A原材料一批，该原材料所确认的公允价值为10 000元(不考虑增值税)。这项业务应编制会计分录如下。

借：原材料　　　　　　　　　　　　　10 000
　　贷：实收资本——丙公司　　　　　　　　10 000

若考虑增值税抵扣问题，则取得增值税专用发票。

【例7-8】2020年1月11日，甲有限责任公司收到丙公司作为投资投入的A原材料一批，该原材料所确认的公允价值为11 300元(含增值税)，增值税税率为13%，取得乙公司开出的增值税专用发票注明的价款为10 000元，税额为1300元。这项业务应编制会计分录如下。

借：原材料　　　　　　　　　　　　　10 000
　　应交税费——应交增值税(进项税额)　1300
　　贷：实收资本——丙公司　　　　　　　　11 300

若考虑增值税问题，则只能取得增值税普通发票。

【例7-9】2020年1月11日，甲有限责任公司收到丙公司作为投资投入的A原材料一批，该原材料所确认的公允价值为11 300元(含增值税)，增值税税率为13%，取得乙公司开出的增值税专用发票注明的价款为10 000元，税额为1300元。这项业务应编制会计分录如下。

借：原材料　　　　　　　　　　　　　10 000
　　应交税费——应交增值税(进项税额)　1300
　　贷：实收资本——丙公司　　　　　　　　11 300

3. 股东投入无形资产的账务处理

【例7-10】2020年1月11日,甲有限责任公司收到丁公司作为投资投入的无形资产,该无形资产所确认的公允价值为200万元,取得丁公司开出的普通发票注明的价款为200万元(不考虑增值税)。这项业务应编制会计分录如下(单位:万元)。

借:无形资产　　　　　　　　　　　　　　200
　　贷:实收资本——丁公司　　　　　　　　200

需要注意的是,企业出售无形资产的,如果无形资产是专利技术或非专利技术的,免征增值税;如果无形资产是土地使用权的,按11%的税率计缴增值税;其他无形资产处置均按6%的税率计缴增值税。

(四)实收资本(或股本)的减少

1. 实收资本减少的账务处理

按照减少实收资本的金额,借记"实收资本"科目,按照实际支付的金额贷记"银行存款"等科目,差额借记"资本公积"科目。

【例7-11】大级典有限责任公司2020年4月30日的实收资本总额为2000万元,公司召开股东会,决议减少注册资本100万元,将100万元退回给C股东,没有资本溢价。会计处理如下(单位:万元)。

借:实收资本——C股东　　　　　　　　100
　　贷:银行存款　　　　　　　　　　　　100

2. 股本减少的账务处理

股份有限公司采用回购本公司股票方式减资的,按股票面值和注销股数计算的股票面值总额冲减股本,按注销库存股的账面余额与所冲减股本的差额冲减股本溢价,股本溢价不足冲减的,应冲减"盈余公积"和"利润分配——未分配利润"科目。如果购回股票支付的价款低于面值总额,则所注销库存股的账面余额与所冲减股本的差额作为增加股本溢价处理。

二、负债筹资业务的核算

负债筹资主要包括短期借款、长期借款及结算形成的负债等。

负债是指企业在持续的生产经营过程中,由于经营资金不足,通过签订借款协议向银行或其他金融机构或在符合条件的情况下通过发行债券借入的款项(发行债券业务的会计核算较为复杂,将在"中级财务会计"等后续课程中阐述)。向银行或其他金融机构借入的款项,按偿还期限不同分为短期借款和长期借款。短期借款是指企业向银行或其他金融机构借入的偿还期限在1年以下(含1年)的各种借款,主要是满足日常经营周转需要。长期借款是指企业向银行或其他金融机构借入的偿还期限在1年以上(不含1年)的各种借款,这类借款主要是用于固定资产购建、改建和扩建等。无论是短期借款,还是长期借款,企业除了按期归还本金以外,还应承担利息费用。借入资金业务核算的主要内容包括取得借款本金、承担的利息、归还本金及利息等。

(一) 账户设置

企业通常设置以下账户对负债筹资业务进行会计核算。

1. "短期借款"账户

"短期借款"账户属于负债类账户,一般按借款种类、贷款人和币种进行明细核算。

该账户贷方登记短期借款本金的增加额,借方登记短期借款本金的减少额;期末余额在贷方,反映企业期末尚未归还的短期借款。

2. "长期借款"账户

"长期借款"账户是用来核算企业借入的期限在1年以上(不含1年)的各种借款的账户。该账户属于负债类账户,其贷方登记企业借入的各种长期借款的本金,借方登记各种长期借款本金归还数额;期末贷方余额,表示企业尚未偿还的各种长期借款本金数额。该账户应按借款单位设置明细账,并按借款种类进行明细分类核算。

3. "财务费用"账户

"财务费用"账户是用来核算企业为筹集生产经营所需资金而发生的各项费用的账户。该账户属于损益类账户,其借方登记企业发生的各项财务费用,包括借款利息、借款手续费、债券发行成本、汇兑损失等;贷方登记发生的应冲减财务费用的利息收入、汇兑收益和结转到"本年利润"账户的财务费用;月末结转后该账户应无余额。该账户应按照费用项目设置明细账,进行明细分类核算。

4. "应付利息"账户

"应付利息"账户是用来核算企业按照合同约定应支付利息的账户。该账户属于负债类账户,其贷方登记企业应付而未付的借款利息数额,借方登记企业归还的借款利息数额;期末余额在贷方,表示企业尚未偿还的各种借款利息数额。该账户应按债权人设置明细账进行明细核算。

(二) 账务处理

1. 短期借款借入和归还的账务处理

企业从银行或其他金融机构取得短期借款时,借记"银行存款"科目,贷记"短期借款"科目。企业短期借款到期偿还本金时,借记"短期借款"科目,贷记"银行存款"科目。企业的短期借款利息一般采用月末预提的方式进行核算。短期借款利息属于筹资费用,应记入"财务费用"科目。企业应当在资产负债表日按照计算确定的短期借款利息费用,借记"财务费用"科目,贷记"应付利息"科目。实际支付利息时,如果支付的是已经计提的利息,则借记"应付利息"科目,贷记"银行存款"科目;如果支付的是尚未计提的利息,则借记"财务费用"科目,贷记"银行存款"科目。

【例7-12】甲公司2020年3月1日从银行借入100万元的短期借款,作为日常生产经营周转使用,期限为3个月,年利率为6%,到期一次性归还本息。甲公司的会计分录如下(单位：万元)。

(1) 2020年3月1日借入款项时，做如下处理。

借：银行存款　　　　　　　100
　　贷：短期借款　　　　　　　100

(2) 2020年3月31日计提利息为100×6%÷12＝0.5(万元)，做如下处理。

借：财务费用　　　　　　　0.5
　　贷：应付利息　　　　　　　0.5

(3) 2020年4月30日计提利息为100×6%÷12＝0.5(万元)，做如下处理。

借：财务费用　　　　　　　0.5
　　贷：应付利息　　　　　　　0.5

(4) 2020年5月31日计提利息为100×6%÷12＝0.5(万元)，同时归还贷款本金和利息。

借：财务费用　　　　　　　0.5
　　应付利息　　　　　　　1
　　短期借款　　　　　　　100
　　贷：银行存款　　　　　　　101.5

2. 长期借款的账务处理

按照付息方式，可将长期借款分为分期付息到期还本的长期借款和到期一次还本付息的长期借款。其中如果是分期付息到期还本的长期借款，则贷记"应付利息"科目，应付利息属于短期负债会计科目；如果是到期一次还本付息的长期借款，则贷记"长期借款——应计利息"科目，属于长期负债会计科目。

1) 长期借款借入和归还的账务处理

企业借入长期借款，应按实际收到的金额，借记"银行存款"科目，贷记"长期借款——本金"科目，如存在差额，还应记入"长期借款——利息调整"科目。企业归还长期借款的本金时，按应归还的金额，借记"长期借款——本金"科目，贷记"银行存款"科目，若存在"长期借款利息调整"科目，也要同时结转。

2) 长期借款利息及支付利息的账务处理

长期借款发生的利息费用应当在资产负债表日按照实际利率法计算确定，实际利率与合同利率差异较小的，也可以采用合同利率计算确定利息费用。长期借款利息应当按照权责发生制原则核算，用于购建固定资产或无形资产，在资产达到预定可使用状态前，所发生的应当资本化的利息支出数，记入"在建工程"或"研发支出"科目；达到预定可使用状态后发生的利息支出，以及按规定不予资本化的利息支出，则应该费用化记入"财务费用"科目。为生产产品发生的借款费用符合资本化的记入"制造费用"科目，同时确认"应付利息"或"长期借款——应计利息"科目。

【例7-13】甲公司2020年1月1日从银行借入100万元的长期借款，作为日常生产经营周转使用，期限为3年，年利率为6%，每年年底付息一次，到期一次性归还本金。甲公司的会计分录如下(单位：万元)。

(1) 2020年1月1日，会计处理如下。

借：银行存款　　　　　　　100

贷：长期借款　　　　　　　　　　　100

(2) 2020年12月31日计提利息100×6%＝6(万元)，会计处理如下。
　　借：财务费用　　　　　　　　　　　　6
　　　贷：应付利息　　　　　　　　　　　　6

(3) 2020年12月31日支付利息，会计处理如下。
　　借：应付利息　　　　　　　　　　　　6
　　　贷：银行存款　　　　　　　　　　　　6

(4) 2021年12月31日计提利息100×6%＝6(万元)，会计处理如下。
　　借：财务费用　　　　　　　　　　　　6
　　　贷：应付利息　　　　　　　　　　　　6

(5) 2021年12月31日支付利息，会计处理如下。
　　借：应付利息　　　　　　　　　　　　6
　　　贷：银行存款　　　　　　　　　　　　6

(6) 2022年12月31日计提利息100×6%＝6(万元)，会计处理如下。
　　借：财务费用　　　　　　　　　　　　6
　　　贷：应付利息　　　　　　　　　　　　6

(7) 2022年12月31日归还利息和本金，会计处理如下。
　　借：应付利息　　　　　　　　　　　　6
　　　　长期借款　　　　　　　　　　　100
　　　贷：银行存款　　　　　　　　　　　106

【例7-14】甲公司2020年1月1日从银行借入500万元的长期借款，期限为2年，年利率为8%，全部用于建造一栋房子，到期一次性还本付息(不计复利)，假设甲公司每年年底计提利息。甲公司的会计分录如下(单位：万元)。

(1) 2020年1月1日借入存款时，会计处理如下。
　　借：银行存款　　　　　　　　　　　500
　　　贷：长期借款——本金　　　　　　500

(2) 2020年12月31日计提利息500×8%＝40(万元)，会计处理如下。
　　借：在建工程　　　　　　　　　　　40
　　　贷：长期借款——应计利息　　　　40

(3) 2021年12月31日一次性归还利息及本金，会计处理如下。
　　借：在建工程　　　　　　　　　　　40
　　　　长期借款——本金　　　　　　　500
　　　　　　　——应计利息　　　　　　40
　　　贷：银行存款　　　　　　　　　　580

三、采购业务的核算

　　制造企业的采购业务是指企业为了满足产品生产，而通过市场购买必要的材料物资和机器设备、运输车辆等经济活动中发生的交易和事项。因此，制造企业的采购业务包括固定资产采购业务和材料采购业务。

(一) 固定资产采购业务的核算

1. 固定资产的概念和特征

按照《企业会计准则第4号——固定资产》的规定，固定资产是指同时具有以下特征的有形资产：①为生产商品、提供劳务、出租或经营管理而持有的；②使用寿命超过一个会计年度。固定资产应当按照成本进行初始计量。外购固定资产的成本，包括购买价款、相关税费、使固定资产达到预定可使用状态前发生的可归属于该项资产的运输费、装卸费、安装费和专业人员服务费等。

从这一定义可以看出，作为企业的固定资产应具备以下三个特征。

1) 为生产商品、提供劳务、出租或经营管理而持有

企业持有固定资产是为了生产商品、提供劳务、出租或经营管理，即企业持有的固定资产是企业的劳动工具或手段，而不是用于出售的产品。其中"出租"的固定资产，是指企业以经营租赁方式出租的机器设备类固定资产，不包括以经营租赁方式出租的建筑物，后者属于企业的投资性房地产，不属于固定资产。

2) 使用寿命超过一个会计年度

固定资产的使用寿命，是指企业使用固定资产的预计期间，或者该固定资产所能生产产品或提供劳务的数量。通常情况下，固定资产的使用寿命是指使用固定资产的预计期间，例如，自用房屋建筑物的使用寿命表现为企业对该建筑物的预计使用年限。对于某些机器设备或运输设备等固定资产，其使用寿命表现为以该固定资产所能生产产品或提供劳务的数量，如汽车或飞机等，按其预计行驶或飞行里程估计使用寿命。

3) 固定资产是有形资产

固定资产具有实物特征，这一特征将固定资产与无形资产区别开来。有些无形资产可能同时符合固定资产的其他特征，如无形资产为生产商品、提供劳务而持有，使用寿命超过一个会计年度，但是由于其没有实物形态，所以不属于固定资产。

2. 固定资产的确认条件

固定资产在符合定义的前提下，应当同时满足以下两个条件，才能加以确认。

1) 与该固定资产有关的经济利益很可能流入企业

资产最重要的特征是预期会给企业带来经济利益。企业在确认固定资产时，需要判断与该项固定资产有关的经济利益是否很可能流入企业。如果与该固定资产有关的经济利益很可能流入企业，并同时满足固定资产确认的其他条件，那么企业应将其确认为固定资产；否则不应将其确认为固定资产。

2) 该固定资产的成本能够被可靠地计量

成本能够可靠地计量是资产确认的一项基本条件。企业在确定固定资产成本时必须取得确凿证据，但是，有时需要根据所获得的最新资料，对固定资产的成本进行合理的估计。例如，企业对于已达到预定可使用状态但尚未办理竣工决算的固定资产，需要根据工程预算、工程造价或工程实际发生的成本等资料，按估计价值确定其成本，办理竣工决算后，再按照

实际成本调整原来的暂估价值。

3. 固定资产的分类

企业的固定资产种类繁多、规格不一，为加强管理，便于组织会计核算，有必要对其进行科学、合理的分类。根据不同的管理需要和核算要求及不同的分类标准，可对固定资产进行不同的分类，主要有以下几种分类方法。

1) 按经济用途分类

按固定资产的经济用途分类，可分为生产经营用固定资产和非生产经营用固定资产。生产经营用固定资产，是指直接服务于企业生产、经营过程的各种固定资产，如生产经营用的房屋、建筑物、机器、设备、器具、工具等。非生产经营用固定资产，是指不直接服务于生产、经营过程的各种固定资产，如职工宿舍等使用的房屋、设备和其他固定资产等。

按照固定资产的经济用途分类，可以归类反映和监督企业生产经营用固定资产和非生产经营用固定资产之间，以及生产经营用各类固定资产之间的组成和变化情况，借以考核和分析企业固定资产的利用情况，促使企业合理地配置固定资产，充分发挥其效用。

2) 综合分类

按固定资产的经济用途和使用情况等综合分类，可把企业的固定资产划分为以下七大类。

(1) 生产经营用固定资产。

(2) 非生产经营用固定资产。

(3) 租出固定资产(指企业在经营租赁方式下出租给外单位使用的固定资产)。

(4) 不需用固定资产。

(5) 未使用固定资产。

(6) 土地(指过去已经估价单独入账的土地。因征地而支付的补偿费，应计入与土地有关的房屋、建筑物的价值内，不单独作为土地价值入账。企业取得的土地使用权，应作为无形资产管理和核算，不作为固定资产管理和核算)。

(7) 融资租入固定资产(指企业以融资租赁方式租入的固定资产，在租赁期内，应视同自有固定资产进行管理)。由于企业的经营性质不同，经营规模各异，对固定资产的分类不可能完全一致。但实际工作中，企业大多采用综合分类的方法作为编制固定资产目录、进行固定资产核算的依据。

4. 固定资产的折旧

1) 固定资产折旧的概念

固定资产折旧指固定资产由于磨损和损耗而逐渐转移的价值，这部分转移的价值以折旧费的形式计入相关成本费用，并从企业的营业收入中得到补偿。因此，企业应当在固定资产的使用寿命内，按照确定的方法对应计折旧额进行系统分摊。其中，应计折旧额是指应当计提折旧的固定资产的原价扣除其预计净残值后的金额。已计提减值准备的固定资产，还应当扣除已计提的固定资产减值准备累计金额。

2) 影响固定资产折旧的因素

影响固定资产折旧的因素主要有以下几个方面。

(1) 固定资产原价,即固定资产的成本。

(2) 固定资产的预计净残值,是指假定固定资产预计使用寿命已满,企业目前从该项资产处置中获得的扣除预计处置费用以后的金额。企业应当根据固定资产的性质和使用情况,合理确定固定资产的预计净残值。预计净残值一经确定,不得随意变更。预计净残值率指固定资产预计净残值占其原价的比率。

(3) 固定资产减值准备,是指固定资产已计提的固定资产减值准备累计金额。

(4) 固定资产的使用寿命,是指企业使用固定资产的预计期间,或者该固定资产所能生产产品或提供劳务的数量。固定资产使用寿命的长短直接影响各期应计提的折旧额。

3) 固定资产的折旧范围

企业应当按月对所有的固定资产计提折旧,但是,已提足折旧仍继续使用的固定资产、单独计价入账的土地和持有待售的固定资产除外。当月增加的固定资产,当月不计提折旧,从下月起计提折旧;当月减少的固定资产,当月仍计提折旧,从下月起不计提折旧;提前报废的固定资产,不再补提折旧。

4) 固定资产的折旧方法

企业应当根据与固定资产有关的经济利益的预期实现方式合理选择固定资产折旧方法。折旧方法一经选定,不得随意变更。可选用的折旧方法包括年限平均法、工作量法、双倍余额递减法和年数总和法等。

(1) 年限平均法。年限平均法又称直线法,是将固定资产的应计折旧额均衡地分到固定资产预计使用寿命内的一种方法。使用这种方法计算的每期折旧额均相等。其计算公式为

$$月折旧额=(固定资产原价-预计净残值)\times 月折旧率$$

其中

$$月折旧率=年折旧率\div 12$$
$$年折旧率=1\div 预计使用寿命(年)\times 100\%$$

或

$$月折旧额=固定资产原值\times(1-预计净残值率)\div 预计使用寿命(月)$$

【例7-15】甲公司购入一台机器设备,入账成本为20万元,预计可使用5年,预计报废时的净残值率为2%。该厂房的月折旧额的计算如下。

$$月折旧额=固定资产原值\times(1-预计净残值率)\div 预计使用寿命(月)$$
$$=200\,000\times(1-2\%)\div(5\times 12)=3266.67(元)$$

(2) 工作量法。工作量法是根据实际工作量计提固定资产折旧额的一种方法。这种方法弥补了年限平均法只考虑使用时间不考虑使用强度的缺点。其基本计算公式为

$$单位工作量折旧额=固定资产原值\times(1-预计净残值率)\div 预计总工作量$$
$$固定资产每期折旧额=单位工作量折旧额\times 该固定资产该期实际工作量$$

【例7-16】甲企业的一辆运货卡车的原价为100 000元,预计总行驶里程为500 000千米,预计报废时的净残值率为0,本月行驶8000千米。

该汽车的本月折旧额计算如下。

$$单位里程折旧额 = 100\ 000 \div 500\ 000 = 0.2(元/千米)$$
$$本月折旧额 = 8000 \times 0.2 = 1600(元)$$

5. 固定资产采购业务核算应设置的账户

1)"固定资产"账户

"固定资产"账户是用来核算企业固定资产原始价值的增减变动和结存情况的账户。该账户属于资产类账户，其借方登记不需要经过建造、安装即可使用固定资产增加的原始价值；贷方登记减少固定资产的原始价值。期末余额在借方，反映企业期末固定资产的账面原价。该账户应按固定资产类别、使用部门和每项固定资产设置"固定资产登记簿或固定资产卡片"，进行明细分类核算。

2)"在建工程"账户

"在建工程"账户是用来核算企业进行基建工程、安装工程、技术改造工程、大修理工程等发生的实际支出，包括需要安装设备的价值的账户。该账户属于资产类账户，其借方登记建造和安装过程中所发生的全部支出；贷方登记结转完工工程实际成本；期末余额在借方，反映企业尚未完工的基建工程发生的各项实际支出。该账户应按建筑工程、安装工程、技术改造工程等设置明细账，进行明细分类核算。

3)"工程物资"账户

"工程物资"账户属于资产类账户，用以核算企业为在建工程准备的各种物资的成本，包括工程用材料、尚未安装的设备及为生产准备的工器具等。该账户可按"专用材料""专用设备""工器具"等进行明细核算。该账户借方登记企业购入工程物资的成本；贷方登记领用工程物资的成本；期末余额在借方，反映企业期末为在建工程准备的各种物资的成本。

4)"累计折旧"账户

"累计折旧"账户属于资产类备抵账户，用以核算企业固定资产计提的累计折旧。该账户可按固定资产的类别或项目进行明细核算。该账户贷方登记按月提取的折旧额，即累计折旧的增加额；借方登记因减少固定资产而转出的累计折旧；期末余额在贷方，反映期末固定资产的累计折旧额。

6. 固定资产采购业务核算的会计处理

企业外购的固定资产分为不需要安装的固定资产和需要安装的固定资产两大类。

1) 购入不需要安装的固定资产

企业购入的不需要安装的固定资产，是指企业购置的不需要安装直接达到预定可使用状态的固定资产。购入不需要安装的固定资产，应按购入时实际支付的全部价款，包括支付的买价、进口关税等相关税费，以及使固定资产达到预定可使用状态所发生的可直接归属于该资产的其他支出，作为固定资产的入账价值，借记"固定资产""应交税费——应交增值税(进项税额)"科目，贷记"银行存款"等科目。

【例 7-17】欧博企业购入不需要安装的机器设备一台，支付价款 50 000 元，另外支付相关的运费 3000 元,包装费 1000 元,全部款项已经用银行存款支付。

该固定资产入账价值为 50 000＋3000＋1000＝54 000(元)。

借:固定资产　　　　　　　　　　　　　54 000
　　贷:银行存款　　　　　　　　　　　　　　54 000

【例 7-18】甲企业 2020 年 5 月购入不需要安装的生产设备一台,共支付价款 11 300 元,取得增值税专用发票注明的不含税价款 10 000 元,增值税为 1300 元;同时,支付生产设备的运费共计 872 元,取得运输业增值税专用发票上注明运输费价款 800 元,增值税税额 72 元。款项以银行存款支付。

该固定资产的入账价值＝10 000＋800＝10 800(元)

该企业应编制会计分录如下。

借:固定资产　　　　　　　　　　　　　10 800
　　应交税费——应交增值税(进项税额)　　1372(1300＋72)
　　贷:银行存款　　　　　　　　　　　　　　12 172

2) 购入需要安装的固定资产

外购需要安装的固定资产,是指购入只有安装调试后达到设计要求或合同规定的标准才可发挥作用,才意味着达到预定可使用状态的固定资产,如生产流水线。由于从支付价款、固定资产运抵企业到正式投入使用,需要经过安装过程,并发生各种安装成本,如材料、人工费等。因此,购入需要安装的固定资产,应通过"在建工程"账户核算其安装工程成本,安装工程完工交付使用时,应按安装工程的全部支出(即实际成本),从"在建工程"账户的贷方转入"固定资产"账户的借方。

【例 7-19】斯巴克企业 2020 年 1 月 10 日购入需要安装的机器设备一台,买价 90 000 元,包装费和运杂费 4000 元,全部款项以银行存款支付(不考虑增值税)。1 月 15 日领用一批原材料 4000 元安装该项固定资产,同时发生安装人工费用 1000 元。1 月 20 日该项固定资产安装成功验收合格达到预定可使用状态。该项经济业务处理如下。

(1) 2020 年 1 月 10 日,会计处理如下。

借:在建工程　　　　　　　　　　　　　94 000
　　贷:银行存款　　　　　　　　　　　　　　94 000

(2) 2020 年 1 月 15 日,会计处理如下。

借:在建工程　　　　　　　　　　　　　5000
　　贷:原材料　　　　　　　　　　　　　　4000
　　　　应付职工薪酬　　　　　　　　　　1000

(3) 2020 年 1 月 20 日,会计处理如下。

借:固定资产　　　　　　　　　　　　　99 000
　　贷:在建工程　　　　　　　　　　　　　　99 000

(4) 固定资产的折旧。

固定资产应当按月计提折旧,并根据用途计入相关资产的成本或当期损益。企业计提固定资产折旧时,应借记"制造费用""管理费用""销售费用""在建工程""其他业务成本""研发支出"等科目,贷记"累计折旧"科目。

① 生产车间使用的固定资产,所计提的折旧应计入制造费用,并最终计入所生产的产品

成本。
② 管理部门使用的固定资产，所计提的折旧应计入管理费用。
③ 销售部门使用的固定资产，所计提的折旧应计入销售费用。
④ 企业自行建造固定资产过程中使用的固定资产，所计提的折旧应计入在建工程。
⑤ 企业研发无形资产时使用的固定资产，计提的折旧应计入研发支出。
⑥ 经营租出的固定资产，所计提的折旧应计入其他业务成本。
⑦ 未使用的固定资产，所计提的折旧应计入管理费用。

【例 7-20】八达企业采用年限平均法提取固定资产折旧。2020 年 4 月份"固定资产折旧计算表"中确定的应提折旧额为：生产车间 40 000 元，行政管理部门 5000 元，销售部门 4000 元。该企业应编制会计分录如下。

2020 年 4 月 30 日，会计处理如下。

借：制造费用　　　　　　　　　　　40 000
　　管理费用　　　　　　　　　　　5000
　　销售费用　　　　　　　　　　　4000
　　　贷：累计折旧　　　　　　　　　　　49 000

7. 固定资产处置的账务处理

企业在生产经营过程中，可能将不适用或不需用的固定资产对外出售转让，或者因磨损、技术进步等原因对固定资产进行报废，还可能由于遭受自然灾害等而对毁损的固定资产进行处理。企业出售、转让、报废固定资产或发生固定资产毁损，应当将处置收入扣除账面价值和相关税费后的金额计入当期损益。固定资产的账面价值是固定资产成本扣减累计折旧和累计减值准备后的金额。处置固定资产应通过"固定资产清理"科目核算，具体包括以下几个环节。

1) 固定资产转入清理

固定资产转入清理时，按固定资产账面价值，借记"固定资产清理"科目，按已计提的累计折旧，借记"累计折旧"科目，按已计提的减值准备，借记"固定资产减值准备"科目，按固定资产账面余额，贷记"固定资产"科目。

2) 发生的清理费用

固定资产清理过程中发生的有关费用及应支付的相关税费，借记"固定资产清理"科目，贷记"银行存款""应交税费"等科目。

3) 出售收入和残料等的处理

企业收回出售固定资产的价款、残料价值和变价收入等，应冲减清理支出。按实际收到的出售价款及残料变价收入等，借记"银行存款""原材料"等科目，贷记"固定资产清理""应交税费——应交增值税"等科目。

4) 保险赔偿的处理

企业计算或收到的应由保险公司或过失人赔偿的损失，应冲减清理支出，借记"其他应收款""银行存款"等科目，贷记"固定资产清理"科目。

5) 清理净损益的处理

固定资产清理完成后的净损失，属于正常出售、转让所产生的利得或损失，借记或贷记

"资产处置损益"科目,贷记或借记"固定资产清理"科目;属于已丧失使用功能正常报废所产生的利得或损失,借记或贷记"营业外支出——非流动资产报废"科目,贷记或借记"固定资产清理"科目;属于自然灾害等非正常原因造成的,借记或贷记"营业外支出——非常损失"科目,贷记或借记"固定资产清理"科目。

【例7-21】2019年12月5日,山灵企业购入不需要安装的机器设备一台,支付价款56 000元,另外支付相关的运费3000元,包装费1000元,全部款项已经用银行存款支付。净产值为0,预计使用年限为5年。该机器设备用于行政管理部门。2020年8月31日遇到泥石流全部损毁,以银行存款支付清理费用2000元,保险公司确定的赔偿金额为40 000元,保险赔款尚未收到。以上业务均不考虑增值税。

(1) 2019年12月5日该固定资产入账价值为56 000+3000+1000=60 000(元)。

借:固定资产　　　　　　　　　60 000
　　贷:银行存款　　　　　　　　　　60 000

(2) 2020年1月31日计提折旧60 000÷(5×12)=1000(元)。

借:管理费用　　　　　　　　　1000
　　贷:累计折旧　　　　　　　　　　1000

(3) 2020年1月至8月,与1月折旧会计分录相同,由于8月31日遇到泥石流损毁,已经累计计提了8个月的折旧,因此折旧金额为8×1000=8000(元)。

借:固定资产清理　　　　　　　52 000
　　累计折旧　　　　　　　　　8000
　　贷:固定资产　　　　　　　　　　60 000

(4) 支付清理费用,会计处理如下。

借:固定资产清理　　　　　　　2000
　　贷:银行存款　　　　　　　　　　2000

(5) 确认保险公司的赔款,会计处理如下。

借:其他应收款——保险公司　　40 000
　　贷:固定资产清理　　　　　　　　40 000

借方		固定资产清理	贷方
(3) 52 000	(5) 40 000		
(4) 2000			
本期发生额合计:	54 000	本期发生额合计:	40 000
期末余额	14 000		

(6) 结转固定资产清理科目,会计处理如下。

借:营业外支出——非常损失　　14 000
　　贷:固定资产清理　　　　　　　　14 000

做完该笔会计分录后固定资产清理科目余额为0,"T"形账户表示如下。

借方	固定资产清理		贷方
52 000	(5) 40 000		
2000	(6) 14 000		
本期发生额合计：	54 000	本期发生额合计：	54 000
期末余额	0		

8. 固定资产的清查

企业应当定期或至少于每年年末对固定资产进行清查盘点，以保证固定资产核算的真实性，充分挖掘企业现有固定资产的潜力。在固定资产清查过程中，如果发现盘盈、盘亏的固定资产，应当填制固定资产盘盈盘亏报告表。清查固定资产的损益，并及时查明原因，按照规定程序报批处理。

1) 固定资产盘盈的会计处理

企业在财产清查中对盘盈的固定资产，作为前期差错处理。企业在财产清查中盘盈的固定资产，在按管理权限报经批准处理前应先通过"以前年度损益调整"科目核算。盘盈的固定资产，应按重置成本确定其入账价值，借记"固定资产"科目，贷记"以前年度损益调整"科目。

2) 固定资产盘亏的会计处理

固定资产是一种价值较高、使用期限较长的有形资产，因此，对于管理规范的企业而言，盘盈、盘亏的固定资产较为少见。企业应当健全制度，加强管理，定期或至少每年年末对固定资产进行清查盘点，以保证固定资产核算的真实性和完整性。如果清查中发现固定资产损益的应及时查明原因，在期末结账前处理完毕。固定资产盘亏造成的损失，应计入当期损益。企业在财产清查中盘亏的固定资产，按盘亏固定资产的账面价值借记"待处理财产损溢——待处理固定资产损溢"科目，按已计提的累计折旧，借记"累计折旧"科目，按已计提的减值准备，借记"固定资产减值准备"科目，按固定资产原价，贷记"固定资产"科目。按管理权限报经批准后处理，按可收回的保险赔偿或过失人赔偿，借记"其他应收款"科目，按应计入营业外支出的金额，借记"营业外支出——盘亏损失"科目，贷记"待处理财产损溢"科目。

(二) 材料采购业务的核算

1. 材料采购业务的主要内容

制造企业要进行正常的生产经营活动，除购建固定资产外，还必须购买和储备一定品种和数量的材料。在企业购进材料的过程中，一方面从供应单位购进各种材料，另一方面要支付采购材料的货款和运输费、装卸费等各种采购费用，并与供应单位及其他有关单位办理款项的结算。材料运达企业后，应由仓库验收并保管，以备生产车间或管理部门领用。采购过程中支付给供应单位的材料货款和发生的各项采购费用，如包装费、运输费、装卸费、运输途中合理损耗、入库前的挑选整理费用等，构成材料的采购成本。

由于结算方式的制约，在与供应单位或其他单位办理款项结算时会出现以下三种情况。

1）购进材料时直接支付货款

企业采用支票等结算方式或直接支付现金时，可以在购进材料的同时支付货款和采购费用。

2）购进材料未付款

由于材料款尚未支付，因此形成企业的流动负债，这种情况一方面使得企业材料增加，另一方面负债必须在将来按规定的时间偿还。

3）预付购货款后取得材料

企业购进材料过程中有时需预付购货款。企业虽先付款，但没有取得材料，这时不能作为材料增加处理。它实际上相当于企业一笔款项的转移，这项业务并没有使企业的资产发生变化。当收到材料时，再作为材料增加处理，同时冲减预付款项。

综合以上，材料采购业务的核算主要包括核算材料的买价和采购费用，确定材料的采购成本，以及由采购业务引起的与供货单位及其他单位的货款结算。

2. 核算材料采购业务应设置的账户

为了核算材料采购业务，应设置"在途物资""原材料""材料采购""材料成本差异""应付账款""预付账款""应交税费"等账户。

1）"在途物资"账户

"在途物资"账户是用来核算企业采用实际成本进行材料日常结算、货款已付尚未验收入库的在途材料采购成本的账户。该账户属于资产类账户，其借方登记外购材料的实际采购成本，包括买价和采购费用；贷方登记已验收入库材料的实际成本；期末余额在借方，表示款已付、尚未运达企业或已运到企业但尚未验收入库的在途材料的实际采购成本。该账户可按材料的供应单位和购入材料的品种或类别设置明细账，进行明细分类核算。

2）"原材料"账户

"原材料"账户是用来核算企业各种库存材料增减变化和结存情况的账户。该账户属于资产类账户，其借方登记已验收入库材料的实际成本或计划成本，贷方登记领用材料的实际成本或计划成本，期末余额在借方，表示各种库存材料的实际成本或计划成本。为了具体反映和监督每种库存材料的增减变化和结存情况，应按材料的品种、类别、规格等设置明细分类账，进行明细分类核算。

3）"材料采购"账户

"材料采购"账户属于资产类账户，用以核算企业采用计划成本进行材料日常核算而购入材料的采购成本，可按供应单位和材料品种进行明细核算。

"材料采购"账户借方登记企业采用计划成本进行核算时，采购材料的实际成本及材料入库时结转的节约差异，贷方登记入库材料的计划成本及材料入库时结转的超支差异。借方大于贷方表示超支，从本科目贷方转入"材料成本差异"科目的借方；贷方大于借方表示节约，从本科目借方转入"材料成本差异"科目的贷方；期末一般为借方余额，反映企业在途材料的采购成本。

4）"材料成本差异"账户

"材料成本差异"账户属于资产类账户，用以核算企业采用计划成本进行日常核算的材料实际成本与计划成本的差额。该账户分别以"原材料""周转材料"等，按照类别或品种进行明细核算。该账户借方登记入库材料形成的超支差异及转出的发出材料应负担的节约差异，贷方登记入库材料形成的节约差异及转出的发出材料应负担的超支差异。期末余额在借方，反映企业库存材料等的实际成本大于计划成本的差异；期末余额在贷方，反映企业库存材料等的实际成本小于计划成本的差异。

5)"应付账款"账户

"应付账款"账户是用来核算企业因购买材料、商品和接受劳务供应等而应付给供应单位款项的账户。该账户属于负债类账户，其贷方登记因购买材料、商品或接受劳务供应等而发生的尚未支付的款项；借方登记偿还的账款；期末余额在贷方，表示尚未偿还的应付款项。为了具体反映企业与每一供应单位发生的货款结算关系，还应按照供应单位设置明细账，进行明细分类核算。

6)"预付账款"账户

"预付账款"账户是用来核算企业按照合同规定预付款项的账户。该账户属于资产类账户，其借方登记按照合同规定预付给供应单位的货款和补付的款项；贷方登记收到所购货物的货款和退回多付的款项。期末余额在借方，表示企业尚未结算的预付款项；期末余额在贷方，表示企业尚未补付的款项。该账户应按供应单位设置明细账，进行明细分类核算。预付款项不多的企业，也可以将预付的款项直接记入"应付账款"账户的借方，不设置该账户。

7)"应交税费"账户

"应交税费"账户属于负债类账户，用以核算企业按照我国税法等规定计算应交纳的各种税费，包括增值税、消费税、所得税、资源税、土地增值税、城市维护建设税、房产税、土地使用税、车船税、教育费附加、矿产资源补偿费、企业代扣代缴的个人所得税等。该账户总括反映各种税费的缴纳情况，并按应交的税费项目进行明细核算。

"应交税费"账户贷方登记各种应交未交税费的增加额，借方登记实际缴纳的各种税费。期末余额在贷方，反映企业尚未缴纳的税费；期末余额在借方，反映企业多交或尚未抵扣的税费。

一般纳税人为了核算企业应交增值税的发生、抵扣、交纳、退税及转出等情况，应在"应交税费"科目下设置"应交增值税"明细科目，并在"应交增值税"明细账内设置"进项税额""销项税额""进项税额转出"等专栏。

(1) 进项税额。进项税额是指当期购进货物或接受应税劳务缴纳的增值税税额。需要说明的是，对于购入的免税农产品等可以按买价和规定的扣除率计算进项税额，并准予从销项税额中抵扣。属于购进货物时即能认定进项税额不能抵扣的，直接将发票上注明的增值税额计入购入货物或接受劳务的成本。

(2) 销项税额。销项税额是指增值税纳税人销售货物或应税劳务，按照销售额和适用税率计算并向购买方收取的增值税税额。

(3) 进项税额转出。企业购进的货物、在产品或产成品等因管理不善而造成的霉烂、变质、丢失、被盗等，或者购进的货物在没有任何加工的情况下对其改变用途(如用于非应税项目、集体福利或个人消费等)，其抵扣的进项税额应通过"应交税费——应交增值税(进项税额转出)"科目转入有关科目，不予以抵扣。

小规模纳税人应当按照不含税销售额和规定的增值税征收率计算缴纳增值税，销售货物或提供应税劳务时一般只能开具普通发票，不能开具增值税专用发票。小规模纳税人不享有进项税额的抵扣权，其购进货物或接受应税劳务支付的增值税直接计入有关货物或劳务的成本。因此，小规模纳税人只需在"应交税费"账户下设置"应交增值税"明细账户，不应在"应交增值税"明细账户中再设置专栏。

3. 购买原材料的账务处理

1) 实际成本法

材料按实际成本法核算时，其收发结存无论是总分类核算还是明细分类核算，均按照实际成本计价。使用的会计科目有"原材料""在途物资"等，其中，"原材料"账户的借方、贷方及余额均以实际成本计价，不存在成本差异的计算与结转问题。企业核算时应根据支付方式、原材料入库与付款时间等情况，采用不同的会计处理方法。

按支付的实际金额，借记"在途物资""原材料""应交税费——应交增值税(进项税额)"等科目，贷记"银行存款""应付账款"等科目。

【例 7-22】 甲公司为一般纳税人，2020 年 3 月 1 日从乙公司购入 A 材料一批，增值税专用发票上注明的货款为 10 000 元，增值税为 1300 元，同时甲公司支付给丙运输公司运费 500 元，取得普通发票(没有取得增值税专用发票，不能抵扣进项税额)，全部货款及运费已用转账支票支付，材料尚在运输途中。该企业应编制会计分录如下。

(1) 2020 年 3 月 1 日原材料采购成本为 10 000＋500＝10 500(元)。

　　借：在途物资——A 材料　　　　　　　　　10 000
　　　　应交税费——应交增值税(进项税额)　　 1300
　　　　　贷：银行存款　　　　　　　　　　　　　　11 300
　　借：在途物资——A 材料　　　　　　　　　　500
　　　　　贷：银行存款　　　　　　　　　　　　　　　 500

(2) 2020 年 3 月 20 日该批原材料验收入库，会计分录如下。

　　借：原材料——A 材料　　　　　　　　　　10 500
　　　　　贷：在途物资——A 材料　　　　　　　　　 10 500

(3) 2020 年 3 月 23 日生产车间领用 A 原材料 8000 元，其中 6000 元用于生产电视机，2000 元用于生产手机。

　　借：生产成本——电视机　　　　　　　　　 6000
　　　　　　　　——手机　　　　　　　　　　 2000
　　　　　贷：原材料——A 材料　　　　　　　　　　 8000

【例 7-23】 甲公司为一般纳税人，2020 年 3 月 1 日从乙公司购入 A 材料一批，增值税专用发票上注明的货款为 10 000 元，增值税为 1300 元，同时甲公司支付给丙运输公司运费 500 元，取得普通发票(没有取得增值税专用发票，不能抵扣进项税额)，全部货款及运费均未支付，材料已经验收入库。该企业应编制会计分录如下。

　　借：原材料——A 材料　　　　　　　　　　10 500
　　　　应交税费——应交增值税(进项税额)　　 1300
　　　　　贷：应付账款——乙公司　　　　　　　　　 11 300
　　　　　　　　　　　　——丙公司　　　　　　　　　 500

【例7-24】甲公司为一般纳税人，2020年3月1日从乙公司购入A材料一批，增值税专用发票上注明的货款为10 000元，增值税为1300元，同时甲公司支付给丙运输公司运费500元，取得普通发票(没有取得增值税专用发票，不能抵扣进项税额)，全部货款及运费均未支付，开出银行承兑汇票，材料已经验收入库。该企业应编制会计分录如下。

借：原材料——A材料　　　　　　　　　　　　10 500
　　应交税费——应交增值税(进项税额)　　　　1300
　　贷：应付票据——乙公司　　　　　　　　　11 300
　　　　　　　　——丙公司　　　　　　　　　500

2) 计划成本法

采用计划成本法核算材料时，材料的实际采购成本的确定原则与实际成本法相同，但"原材料"科目核算入库、发出业务均按照计划成本计价。计划成本法下企业应设置的会计科目有"原材料""材料采购""材料成本差异"等。无论材料是否验收入库均应先通过"材料采购"科目核算。

企业发出材料按计划成本核算时，月末根据领料单等编制"发料凭证汇总表"结转发出材料的计划成本，根据所发出材料的用途，按计划成本分别借记相关科目，贷记"原材料"科目，并根据发出材料应负担的材料成本差异将发出材料的计划成本调整为实际成本，通过"材料成本差异"科目进行结转，按照所发出材料的用途，分别记入相关科目。公式为

材料成本差异率＝(期初结存材料的成本差异＋本期验收入库材料的成本差异)÷
　　　　　　　　(期初结存材料的计划成本＋本期验收入库材料的计划成本)×100%

发出材料应负担的成本差异＝发出材料的计划成本×材料成本差异率

【例7-25】甲公司为一般纳税人，2020年4月1日从乙公司购入A材料一批，增值税专用发票上注明的货款为10 000元，增值税为1300元，该批原材料计划成本为12 000元，全部货款已用转账支票支付，材料尚在运输途中。该企业应编制会计分录如下。

(1) 2020年4月1日，会计处理如下。

借：材料采购——A材料　　　　　　　　　　　10 000
　　应交税费——应交增值税(进项税额)　　　　1300
　　贷：银行存款　　　　　　　　　　　　　　11 300

(2) 2020年4月15日，该批原材料验收入库，会计分录如下。

借：原材料——A材料　　　　　　　　　　　　12 000
　　贷：材料采购——A材料　　　　　　　　　　10 000
　　　　材料成本差异　　　　　　　　　　　　2000

材料成本差异为节约2000元。

(3) 2020年4月25日，生产车间领用A原材料9000元用于生产电视机，相对应的材料成本差异也需要随之转出，会计分录如下。

借：生产成本——电视机　　　　　　　　　　　9000
　　贷：原材料——A材料　　　　　　　　　　　9000

由于领用9000元，占比为9000÷12 000×100%＝75%，因此相应的材料成本差异也需

要对应转出75%,即2000×75%=1500(元),会计分录如下。
  借:材料成本差异   1500
    贷:生产成本——电视机   1500
调整后电视机生产成本实际为9000-1500=7500(元)。

四、生产业务的核算

(一) 生产业务的主要内容

生产过程是制造企业经营活动的主要过程,是连接采购和销售的中心环节。在这一过程中,劳动者通过利用机器设备等劳动工具对各种材料进行加工,生产出符合社会需要的产品。这就要发生材料、人工和机器设备等固定资产的磨损耗费。产品完工后,随着产成品的验收入库,要正确计算完工产品成本。可以说,企业的生产过程一方面是产品制造的过程,另一方面也是各种耗费发生的过程。因此生产业务核算的主要内容就是归集和分配各项生产费用,确定产品的制造成本。

此外,在生产过程中还会发生为组织和管理生产活动而支付的各项费用,这些费用不构成产品的制造成本,形成期间费用的一部分,计入管理费用。

(二) 生产费用的构成

生产费用是指与企业日常生产经营活动有关的费用,按其经济用途可分为直接材料、直接人工和制造费用。

1. 直接材料

直接材料是指企业在生产产品和提供劳务过程中所消耗的直接用于产品生产并构成产品实体的原料、主要材料、外购半成品及有助于产品形成的辅助材料等。

2. 直接人工

直接人工是指企业在生产产品和提供劳务过程中,直接参加产品生产的工人工资及其他各种形式的职工薪酬。

3. 制造费用

制造费用是指企业为生产产品和提供劳务而发生的各项间接费用,包括生产车间管理人员的工资等职工薪酬、固定资产折旧费、办公费、水电费、机物料消耗、劳动保护费、季节性和修理期间的停工损失等。

(三) 生产业务核算应设置的账户

为了核算企业生产经营过程中所发生的各项生产费用,制造企业一般应设置"生产成本""制造费用""库存商品""应付职工薪酬""累计折旧""管理费用"等账户。

1. "生产成本"账户

"生产成本"账户是用来核算企业生产产品所发生的各项生产费用的账户。该账户属于成本类账户,其借方登记为制造产品所发生的各项成本费用,包括直接材料、直接人工和制造费用;贷方登记已完工并验收入库产成品的实际成本;期末余额在借方,表示尚未加工完成的各项在产品成本。本账户应按成本对象进行明细分类核算,必要时可以设置"基本生产成本"和"辅助生产成本"两个二级明细分类账户。

2. "制造费用"账户

"制造费用"账户是用来核算生产车间为管理和组织生产所发生的各项间接费用的账户。该账户属于成本类账户,其借方登记各项制造费用的发生额;贷方登记计入有关产品成本的各项制造费用的分配额;期末"制造费用"账户一般无余额。该账户应按生产车间或部门设置明细账,并按费用项目设置专栏,进行明细分类核算。

3. "库存商品"账户

"库存商品"账户是用来核算企业库存各种商品成本增减变动情况的账户。该账户属于资产类账户,其借方登记已经完工并验收入库产品的成本;贷方登记发出产品的成本;期末余额在借方,表示库存产品成本。该账户应按产品的种类、品种和规格设置明细账,进行明细分类核算。

4. "应付职工薪酬"账户

"应付职工薪酬"账户是用来核算企业根据有关规定应付给职工的各种薪酬,包括工资、职工福利、社会保险费、住房公积金、工会经费、职工教育经费、股份支付等。该账户属于负债类账户,借方登记实际支付的职工薪酬;贷方登记发生的各个职工的薪酬;期末余额在贷方,反映企业应付未付的职工薪酬。该账户按应付职工薪酬的项目设置明细账,进行明细核算。

5. "累计折旧"账户

"累计折旧"账户是用来核算固定资产累计损耗的价值的账户。它是固定资产的备抵账户,其贷方登记固定资产折旧的提取数和调入、盘盈固定资产的已提折旧额,即累计折旧的增加数;借方登记出售、报废毁损和盘亏固定资产的已提折旧额,即累计折旧的减少数;期末余额在贷方,表示固定资产累计折旧的实有数额。该账户可按固定资产的类别或项目进行明细核算。

6. "管理费用"账户

"管理费用"账户是用来核算企业行政管理部门为组织和管理生产经营活动而发生的各项费用的账户。该账户属于损益类账户,其借方登记企业发生的各项管理费用;贷方登记转入"本年利润"账户的管理费用;期末结转后该账户无余额。该账户应按照费用项目设置明细账进行明细分类核算。

(四) 生产业务核算的会计处理

1. 材料费用的核算

制造企业在生产经营过程中要发生大量的材料费用。通常，生产部门或其他部门在领用材料时必须填制领料单，仓储部门根据领料单发出材料后，领料单的一联交给会计部门用以记账。会计部门对领料单进行汇总计算，按各部门及不同用途领用材料的数额分别记入有关账户。在实际工作中，材料费用的分配是通过编制"材料费用分配表"进行的。

【例7-26】甲公司2020年5月领用一批B材料共计20 000元。其中，生产车间领用12 000元用于生产手机，1000元用于车间机物料消耗；管理部门领用3000元。销售部门领用4000元。按实际成本法核算，该业务的会计处理如下。

借：生产成本——手机　　　　12 000
　　制造费用　　　　　　　　1000
　　管理费用　　　　　　　　3000
　　销售费用　　　　　　　　4000
　　贷：原材料——B材料　　　　20 000

2. 人工费用的核算

人工费用是指企业在生产经营过程中为获得职工的服务而给予各种形式的报酬及其他相关支出，也称职工薪酬，包括工资、福利费、社会保险费、住房公积金、工会经费、职工教育经费等。为了正确计算产品成本，确定当期损益，企业必须组织人工费用的核算，正确地归集和分配人工费。在实际工作中，人工费的分配是通过编制"人工费用分配表"进行的。

【例7-27】甲公司2020年5月末共发生应付职工薪酬110万元。其中，为生产电视机发生的职工薪酬为40万元，生产手机的职工薪酬为20万元，车间管理人员工资为10万元，管理部门人员工资为20万元，销售人员工资为5万元，为在建固定资产发生的人员工资为15万元(单位：万元)。该业务的会计处理如下。

借：生产成本——电视机　　　　40
　　　　　　——手机　　　　　20
　　制造费用　　　　　　　　10
　　管理费用　　　　　　　　20
　　销售费用　　　　　　　　5
　　在建工程　　　　　　　　15
　　贷：应付职工薪酬——工资　　　110

3. 制造费用的归集与分配

在基本生产车间只生产一种产品的情况下，制造费用可以直接计入该种产品的成本。在生产多种产品的情况下，制造费用应采用适当的分配方法计入各种产品的成本。

企业应当根据制造费用的性质，合理选择制造费用分配方法。分配制造费用的方法有很多，通常采用的方法是生产工人工时比例法、生产工人工资比例法、机器工时比例法、耗用原材料的数量或成本比例法、产成品产量比例法和年度计划分配率法等。企业具体选用哪种方法，由企业自行决定。分配方法一经确定，不得随意变更，如需变更，应当在附注中予以说明。

(1) 生产工人工时比例法。该方法按照各种产品所用生产工人实际工时数的比例分配制造费用。计算公式如下。

制造费用分配率＝制造费用总额÷车间生产工人实际工时总数
某产品应负担的制造费用＝该产品的生产工人实际工时数×制造费用分配率

(2) 生产工人工资比例法。该方法按照计入各种产品成本的生产工人实际工资的比例分配制造费用。计算公式如下。

制造费用分配率＝制造费用总额÷车间生产工人实际工资总额
某产品应负担的制造费用＝该产品的生产工人实际工资数×制造费用分配率

(3) 机器工时比例法。该方法按照生产各种产品所用机器设备运转时间的比例分配制造费用。计算公式如下。

制造费用分配率＝制造费用总额÷机器运转总时数
某产品应负担的制造费用＝该产品的机器运转时数×制造费用分配率

【例 7-28】甲公司生产车间共生产 A 和 B 两种产品，2020 年 5 月末共发生生产车间管理人员工资 90 000 元，车间照明用电 50 000 元，生产 A 产品发生的生产工人工时为 1000 小时，生产 B 产品发生的生产工人工时为 600 小时。

(1) 5 月发生费用的会计分录如下。

借：制造费用　　　　　　　　　140 000
　　贷：应付职工薪酬——工资　　90 000
　　　　银行存款　　　　　　　　50 000

(2) 月末结转制造费用时，按照生产工人工时比例，则共发生 1000＋600＝1600 小时，其中 A 产品工时所占比率为 1000÷1600×100%＝62.5%，B 产品工时所占比率为 600÷1600×100%＝37.5%。则 A 产品制造费用分配的金额为 140 000×62.5%＝87 500 元，B 产品制造费用分配的金额为 140 000×37.5%＝52 500 元。

借：生产成本——A 产品　　　　87 500
　　　　　　——B 产品　　　　52 500
　　贷：制造费用　　　　　　　140 000

4. 完工产品生产成本的计算与结转

计算产品生产成本是指将企业生产过程中为制造产品所发生的各种费用按照成本计算对象进行归集和分配，以便计算各种产品的总成本和单位成本。有关产品成本的信息是进行库存商品计价和确定销售成本的依据。

企业应设置产品生产成本明细账，用来归集应计入各种产品的生产费用。通过对材料费用、职工薪酬和制造费用的归集和分配，企业将各月生产产品所发生的生产费用记入"生产成本"科目中。当产品生产完工并验收入库时,将产品成本转入"库存商品"科目。

如果月末某种产品全部完工,则该种产品生产成本明细账所归集的费用总额,就是该种完工产品的总成本,用完工产品总成本除以该种产品的完工总产量即可计算出该种产品的单位成本。如果月末某种产品全部未完工,则该种产品生产成本明细账所归集的费用总额就是该种产品在产品的总成本。

如果月末某种产品一部分完工,一部分未完工,这时归集在产品成本明细账中的费用总额还要采取适当的分配方法在完工产品和在产品之间进行分配,然后才能计算出完工产品的总成本和单位成本。

完工产品成本的基本计算公式如下。

完工产品生产成本=期初在产品成本+本期发生的生产费用期末在产品成本
单位产品成本=完工产品总成本÷产品产量

【例7-29】甲公司6月只生产一种A产品,A产品期初无余额。本月发生的费用如下:领用原材料发生的费用共计60 000元,其中,生产A产品50 000元,用于车间一般性物料消耗10 000元;生产A产品发生的生产工人工资为40 000元,则相关会计分录如下。

(1) 领用原材料时,会计处理如下。

借:生产成本——A产品　　　　　　　　　50 000
　　制造费用　　　　　　　　　　　　　　10 000
　　贷:原材料　　　　　　　　　　　　　　　60 000

(2) 6月底结转制造费用,由于只生产一种A产品,所以直接转入生产成本。

借:生产成本　　　　　　　　　　　　　　10 000
　　贷:制造费用　　　　　　　　　　　　　　10 000

(3) 计提工资时,会计处理如下。

借:生产成本——A产品　　　　　　　　　40 000
　　贷:应付职工薪酬——工资　　　　　　　　40 000

(4) 本月底A产品全部完工验收入库。

借:库存商品——A产品　　　　100 000(50 000+10 000+40 000)
　　贷:生产成本——A产品　　　　　　　　　100 000

五、销售业务的核算

(一) 销售收入的定义及分类

收入是指企业在日常活动中形成的、会导致所有者权益增加的、与所有者投入资本无关的经济利益的总流入。收入按企业从事日常活动的性质不同,分为销售商品收入提供劳务收入和让渡资产使用权收入。收入按企业经营业务的主次不同,分为主营业务收入和其他业务收入。主营业务收入是指企业为完成其经营目标所从事的经常性活动所实现的收入。其他业务收入是指企业为完成其经营目标所从事的与经常性活动相关的活动实现的收入。

(二) 商品销售收入的确认与计量

2017年7月，财政部修订发布了《企业会计准则第14号——收入》，并自2018年1月1日起，在境内外同时上市的企业及在境外上市并采用国际财务报告准则或企业会计准则编制财务报表的企业施行；自2020年1月1日起，在其他境内上市企业施行；自2021年1月1日起，在执行企业会计准则的非上市企业施行。由于2020年以后我国大多数企业执行新的收入准则，所以本章重点以财政部2006年发布的《企业会计准则第14号——收入》为基础介绍收入核算的有关内容。

在销售过程中，要根据企业会计准则的规定确认销售收入，企业销售商品收入的确认，必须同时符合以下条件。

(1) 企业已将商品所有权上的主要风险和报酬转移给购货方。

(2) 企业既没有保留通常与商品所有权相联系的继续管理权，也没有对已售出的商品实施控制。

(3) 收入的金额能够可靠地计量。

(4) 相关的经济利益很可能流入企业。

(5) 相关的已发生或将发生的成本能够被可靠地计量。

(三) 核算销售业务应设置的账户

为了正确反映企业销售产品实现的收入、发生的销售成本、销售税金、销售费用及往来结算情况，在会计核算中应设置"主营业务收入""主营业务成本""销售费用""税金及附加""应收账款""预收账款"等账户。

1. "主营业务收入"账户

"主营业务收入"账户是用来核算企业在销售商品、提供劳务及让渡资产使用权等日常活动中所产生的收入的账户。该账户属于损益类账户，其贷方登记企业销售商品(包括产成品、自制半成品等)或让渡资产使用权所实现的收入；借方登记发生的销售退回和期末转入"本年利润"账户的收入；期末将本账户的余额结转后，该账户应无余额。"主营业务收入"账户应按营业的种类设置明细账，进行明细分类核算。

2. "主营业务成本"账户

"主营业务成本"账户是用来核算企业因销售产成品、提供劳务或让渡资产使用权等日常活动而发生的实际成本的账户。该账户属于损益类账户，其借方登记结转已售商品、提供的各种劳务等的实际成本；贷方登记当月发生销售退回的商品成本(未直接从本月销售成本中扣减的销售退回的成本)和期末转入"本年利润"账户的当期销售产品成本；期末结转后，该账户应无余额。该账户应按照营业的种类设置明细账，进行明细分类核算。

3. "销售费用"账户

"销售费用"账户是用来核算企业在销售商品过程中发生的费用，包括运输费、装卸费、包装费、保险费、展览费和广告费，以及为销售本企业商品而专设的销售机构(含销售网点、售后服务网点等)的职工工资及福利费、类似工资性质的费用、业务费等经营费用的账户。该账户属于损益类账户，其借方登记发生的各种销售费用；贷方登记转入"本年利润"账户的销售费用；期末结转后，该账户无余额。该账户应按照费用项目设置明细账，进行明细分类核算。

4. "税金及附加"账户

"税金及附加"账户属于损益类账户，用以核算企业经营活动应负担的相关税费，包括消费税、城市维护建设税、教育费附加、资源税、房产税、城镇土地使用税、车船税、印花税等。该账户借方登记企业应按规定计算确定的与经营活动相关的税费；贷方登记期末转入"本年利润"账户的与经营活动相关的税费；期末结转后，该账户无余额。

5. "应收账款"账户

"应收账款"账户是用来核算企业因销售商品、产品、提供劳务等，应向购货单位或接受劳务单位收取的款项的账户。不单独设置"预收账款"账户的企业，预收的账款也在本账户核算。该账户属于资产类账户，其借方登记经营收入发生的应收款项；贷方登记实际收到的应收款项和转作坏账损失的应收账款。月末余额在借方，表示应收但尚未收回的款项；期末余额在贷方，则反映企业预收的账款。该账户应按照购货单位或接受劳务单位设置明细账，进行明细分类核算。

6. "预收账款"账户

"预收账款"账户是用来核算企业按照合同规定向购货单位预收的款项的账户。该账户属于负债类账户，其贷方登记预收购货单位的款项和购货单位补付的款项；借方登记向购货单位发出商品销售实现的货款和退回多付的款项；该账户期末余额一般在贷方，表示预收购货单位的款项。本账户应按照购货单位设置明细账，进行明细分类核算。预收账款不多的企业，也可以将预收的款项直接记入"应收账款"账户的贷方，不设本账户。

(四) 账务处理

1. 主营业务收入的账务处理

企业销售商品或提供劳务实现的收入，应按实际收到、应收或预收的金额，借记"银行存款""应收账款""应收票据""预收账款"等科目；按确认的营业收入，贷记"主营业务收入"科目。对于增值税，一般纳税人应贷记"应交税费——应交增值税(销项税额)"科目；小规模纳税人应贷记"应交税费——应交增值税"科目。如果企业销售货物或提供劳务采用销售额和销项税额合并定价方法，则按公式"销售额＝含税销售额÷(1＋税率征收率)"还原为不含税销售额，并按不含税销售额计算销项税额。

2. 主营业务成本的账务处理

期(月)末，企业应根据本期(月)销售各种商品、提供各种劳务等实际成本，计算应结转的主营业务成本，借记"主营业务成本"科目，贷记"库存商品""劳务成本"等科目。采用计划成本或售价核算库存商品的，平时的营业成本按计划成本或售价结转，月末还应结转本月销售商品应分摊的产品成本差异或商品进销差价。企业在进行主营业务成本核算时，按照《企业会计准则》规定的收入确认的条件，在确认主营业务收入的同时，按照与主营业务收入相匹配的原则结转主营业务成本。

【例 7-30】甲公司 2020 年 6 月 5 日销售 A 产品给丁公司，开出普通发票注明的价税合计金额为 22 600 元，增值税税率为 13%，货款未收到。货物已经发出。

(1) 2020 年 6 月 5 日会计分录处理如下。

  借：应收账款——丁公司   22 600
    贷：主营业务收入   20 000
      应交税费——应交增值税(销项税额) 2600

(2) 2020 年 6 月 30 日结转该批产品成本 16 000 元。

  借：主营业务成本   16 000
    贷：库存商品——A 产品   16 000

(3) 2020 年 7 月 10 日收到丁公司支付的 2 个月到期的商业承兑汇票，面值为 22 600 元，抵付产品货款。甲公司的会计分录如下。

  借：应收票据   22 600
    贷：应收账款   22 600

(4) 2020 年 9 月 10 日，甲公司上述票据到期收回票面金额 22 600 元，存入银行。

  借：银行存款   22 600
    贷：应收票据   22 600

(5) 如果甲公司在 7 月 20 日用该票据购买原材料，取得的增值税专用发票注明的金额为 20 000 元，增值税为 2600 元，增值税税率为 13%，则会计分录如下。

  借：原材料   20 000
    应交税费——应交增值税(进项税额) 2600
    贷：应收票据   22 600

【例 7-31】甲公司 2020 年 7 月 2 日与丙公司订立购货 B 产品购销合同，合同约定总价款为 100 000 元(不含税)，增值税为 13 000 元。2020 年 7 月 5 日丙公司支付预付款 60 000 元，甲公司于 2020 年 8 月 1 日发货，并开出增值税专用发票。2020 年 8 月 10 日丙公司支付剩余货款 53 000 元。

甲公司 2020 年 7 月 2 日与丙公司订立购货 B 产品购销合同，不做账务处理。

(1) 2020 年 7 月 5 日丙公司支付预付款给甲公司，甲公司的会计处理如下。

  借：银行存款   60 000
    贷：预收账款——丙公司   60 000

(2) 甲公司于 2020 年 8 月 1 日发货时，会计处理如下。

  借：预收账款   113 000
    贷：主营业务收入   100 000
      应交税费——应交增值税(销项税额) 13 000

(3) 2020 年 8 月 10 日丙公司支付剩余货款，甲公司存入银行。

  借：银行存款   53 000

贷：预收账款　　　　　　　　　　　　　　　　　　　　53 000

　　企业如将自产产品对外捐赠，会计上不做销售处理，不确认收入的实现，但是税法上视同销售。

【例 7-32】 甲公司将自产的一批电视机对外捐赠，同类产品市场不含税价格为 90 000 元，增值税税率为 13%，成本为 60 000 元。

　　借：营业外支出　　　　　　　　　　　　　　　　　　71 700
　　　贷：库存商品　　　　　　　　　　　　　　　　　　60 000
　　　　　应交税费——应交增值税(销项税额)(90 000×13%)　11 700

3. 其他业务收入与成本的账务处理

　　当企业发生其他业务收入时，借记"银行存款""其他应收款""应收账款""应收票据"等科目，按确定的收入金额，贷记"其他业务收入"科目，同时确认有关税金；在结转其他业务收入的同会计期间，企业应根据本期应结转的其他业务成本金额，借记"其他业务成本"科目，贷记"原材料""累计折旧""应付职工薪酬"等科目。

【例 7-33】 甲公司 2020 年 7 月 3 日将一批原材料直接对外出售，取得不含税价款 8000 元，增值税 1040 元，货款尚未收到，甲公司同时开出增值税专用发票。该批原材料成本为 6000 元。

　　相关会计业务处理如下。

　　借：应收账款　　　　　　　　　　　　　　　　　　　9040
　　　贷：其他业务收入　　　　　　　　　　　　　　　　8000
　　　　　应交税费——应交增值税(销项税额)　　　　　　1040

　　同时结转相关成本，会计处理如下。

　　借：其他业务成本　　　　　　　　　　　　　　　　　6000
　　　贷：原材料　　　　　　　　　　　　　　　　　　　6000

4. 税金及附加的账务处理

　　企业按规定计算确定的消费税、城市维护建设税、资源税和教育费附加等税费，应借记"税金及附加"科目，贷记"应交税费"科目。期末，应将"税金及附加"科目余额结转入"本年利润"科目，借记"本年利润"科目，贷记"税金及附加"科目。

【例 7-34】 乙公司 2020 年 7 月 15 日对外销售一批高档化妆品，不含税售价 60 000 元，增值税 7800 元，消费税 9000 元，货款已经收到并存入银行。该批化妆品成本为 40 000 元。

　　(1) 2020 年 7 月 15 日，会计业务处理如下。

　　借：银行存款　　　　　　　　　　　　　　　　　　　75 600
　　　贷：主营业务收入　　　　　　　　　　　　　　　　67 800
　　　　　应交税费——应交增值税(销项税额)　　　　　　7800
　　借：税金及附加　　　　　　　　　　　　　　　　　　9000
　　　贷：应交税费——应交消费税　　　　　　　　　　　9000

　　(2) 同时结转成本，会计业务处理如下。

　　借：主营业务成本　　　　　　　　　　　　　　　　　40 000

　　　　贷：库存商品　　　　　　　　　　　　　　　　　40 000
　　(3) 7月末乙公司根据实际缴纳的增值税和消费税，计算出还应缴纳城市维护建设税980元和教育附加费420元。
　　　借：税金及附加　　　　　　　　　　　　　　　　1400
　　　　贷：应交税费——应交城市维护建设税　　　　　　 980
　　　　　　　　　　——应交教育附加费　　　　　　　　 420
　　(4) 8月实际缴纳城市维护建设税和教育附加费时的会计分录如下。
　　　借：应交税费——应交城市维护建设税　　　　　　　 980
　　　　　　　　　——应交教育附加费　　　　　　　　　 420
　　　　贷：银行存款　　　　　　　　　　　　　　　　1400

六、期间费用的账务处理

(一) 期间费用的定义及构成

　　费用是指企业在日常活动中发生的、会导致所有者权益减少的、与向所有者分配利润无关的经济利益的总流出。

　　费用包括企业日常活动所产生的经济利益的总流出，主要指企业为取得营业收入进行产品销售等营业活动所发生的企业货币资金的流出，具体包括营业成本、税金及附加和期间费用。企业为生产产品、提供劳务等发生的可归属于产品成本、劳务成本等的费用，应当在确认销售商品收入、提供劳务收入等时，将已销售商品、已提供劳务的成本等计入当期损益。营业成本包括主营业务成本、其他业务成本。期间费用指企业日常活动发生的不能计入特定核算对象的成本，而应计入发生当期损益的费用。期间费用发生时直接计入当期损益，包括销售费用、管理费用和财务费用。

(二) 账户设置

　　企业通常设置以下账户对期间费用业务进行会计核算。

　　1. "管理费用"账户

　　"管理费用"账户属于损益类账户，用以核算企业为组织和管理企业生产经营活动所发生的各种费用。该账户可按费用项目设置明细账户，进行明细分类核算。该账户借方登记发生的各项管理费用，贷方登记期末转入"本年利润"账户的管理费用。期末结转后，该账户无余额。

　　2. "销售费用"账户

　　"销售费用"账户属于损益类账户，用以核算企业发生的各项销售费用。该账户可按费用项目设置明细账户，进行明细分类核算。该账户借方登记发生的各项销售费用，贷方登记期末转入"本年利润"账户的销售费用。期末结转后，该账户无余额。

3. "财务费用"账户

"财务费用"账户属于损益类账户,用以核算企业为筹集生产经营所需资金等而发生的筹资费用,包括利息支出(减利息收入)、汇兑损益,以及相关的手续费、企业发生的现金折扣或收到的现金折扣等。为购建或生产满足资本化条件的资产发生的应予以资本化的借款费用,通过"在建工程""制造费用"等账户核算。该账户可按费用项目进行明细核算,其借方登记手续费、利息费用等的增加额;贷方登记应冲减财务费用的利息收入及期末转入"本年利润"账户的财务费用等;期末结转后,该账户无余额。

(三) 账务处理

1. 管理费用的账务处理

管理费用是指企业为组织和管理生产经营活动而发生的各种费用,包括企业在筹建期间发生的开办费、董事会和行政管理部门在企业的经营管理中发生的或应由企业统一负担的公司经费(包括行政管理部门职工薪酬、物料消耗、低值易耗品摊销、办公费和差旅费等)、工会经费、董事会费(包括董事会成员津贴、会议费和差旅费等)、聘请中介机构费、咨询费(含顾问费)、诉讼费、业务招待费、技术转让费、研究费用、排污费等。企业发生的管理费用,在"管理费用"科目核算,并在"管理费用"科目中按费用项目设置明细账,进行明细核算。期末,"管理费用"科目的余额结转"本年利润"科目后无余额。

具体核算如下。

(1) 企业在筹建期间内发生的开办费,包括人员工资、办公费、培训费、差旅费、印刷费、注册登记费,以及不计入固定资产成本的借款费用等在实际发生时,借记"管理费用"科目,贷记"应付利息""银行存款"等科目。

(2) 确认行政管理部门人员的职工薪酬,借记"管理费用"科目,贷记"应付职工薪酬"科目。

(3) 计提行政管理部门的固定资产折旧,借记"管理费用"科目,贷记"累计折旧"科目;企业生产车间(部门)和行政管理部门等发生的固定资产修理费用等后续支出,应在发生时计入管理费用。

(4) 企业行政管理部门发生的办公费、水电费、差旅费等,以及企业发生的业务招待费、聘请中介机构费、咨询费、诉讼费、技术转让费、企业研究费用等其他费用,借记"管理费用"科目,贷记"银行存款"等科目。

【例7-35】甲公司2020年8月5日招待客户发生费用5000元,已经用银行存款支付。8月31日预提行政管理部部门人员工资70 000元,属于行政管理部门使用的固定资产累计折旧金额为30 000元。

(1) 2020年8月5日,会计业务处理如下。

  借:管理费用   5000
    贷:银行存款   5000

(2) 2020年8月31日,会计业务处理如下。

  借:管理费用   70 000
    贷:应付职工薪酬   70 000

借：管理费用　　　　　　　　　　30 000
　　贷：累计折旧　　　　　　　　　　　30 000

2. 销售费用的账务处理

销售费用是指企业在销售商品和材料、提供劳务过程中发生的各项费用，包括保险费、包装费、展览费、广告费、商品维修费、预计产品质量保证损失、运输费、装卸费等，以及为销售本企业商品而专设的销售机构(含销售网点、售后服务网点等)的职工薪酬、业务费、折旧费等经营费用。企业发生的与专设销售机构相关的固定资产修理费用等后续支出，也计入销售费用。企业发生的销售费用，在"销售费用"科目核算，并在"销售费用"科目中按费用项目设置明细账，进行明细核算。期末，"销售费用"科目的余额结转"本年利润"科目后无余额。

具体核算如下。

(1) 企业在销售商品过程中发生的包装费、保险费、展览费和广告费、运输费、装卸费等费用，借记"销售费用"科目，贷记"库存现金""银行存款"等科目。

(2) 企业发生的为销售本企业商品而专设的销售机构的职工薪酬、业务费、折旧费、修理费等经营费用，借记"销售费用"科目，贷记"应付职工薪酬""银行存款""累计折旧"等科目。

【例7-36】甲公司2020年8月16日为销售产品支付广告费用30 000元，已经用银行存款支付，8月底计提销售部门使用的车辆发生的折旧金额2000元。

(1) 支付广告费时，会计业务处理如下。
借：销售费用　　　　　　　　　　30 000
　　贷：银行存款　　　　　　　　　　　30 000

(2) 计提销售部门使用的车辆发生的折旧金额，会计业务处理如下。
借：销售费用　　　　　　　　　　2000
　　贷：累计折旧　　　　　　　　　　　2000

3. 财务费用的账务处理

财务费用是指企业为筹集生产经营所需资金等而发生的筹资费用，包括利息支出(减利息收入)、汇兑损益及相关的手续费、企业发生或收到的现金折扣等。企业发生的财务费用，在"财务费用"科目核算，并在"财务费用"科目中按费用项目设置明细账，进行明细核算。期末，"财务费用"科目的余额结转"本年利润"科目后无余额。

具体核算如下。

(1) 企业发生的各项财务费用，借记"财务费用"科目，贷记"银行存款""应付利息"等科目。

(2) 企业发生的应冲减财务费用的利息收入、汇兑损益、现金折扣，借记"银行存款""应付账款"等科目，贷记"财务费用"科目。

【例7-37】甲公司2020年8月3日支付银行手续费200元，8月31日存入银行取得的利息收入为700元。

(1) 2020年8月3日支付银行手续费200元，会计业务处理如下。

借：财务费用　　　　　　　　　　　200
　　贷：银行存款　　　　　　　　　　200
(2) 8月31日存入银行取得的利息收入为700元，会计业务处理如下。
借：银行存款　　　　　　　　　　　700
　　贷：财务费用　　　　　　　　　　700

七、利润形成与分配业务的账务处理

(一) 利润形成的账务处理

1. 利润的形成

利润是指企业在一定会计期间的经营成果，包括收入减去费用后的净额、直接计入当期损益的利得和损失等。利得是指由企业非日常活动所形成的、会导致所有者权益增加的、与所有者投入资本无关的经济利益的流入。损失是指由企业非日常活动所发生的、会导致所有者权益减少的、与向所有者分配利润无关的经济利益的流出。利润由营业利润、利润总额和净利润三个层次构成。

1) 营业利润

营业利润是反映企业管理者经营业绩的指标，其计算公式如下。

营业利润＝营业收入－营业成本－税金及附加－销售费用－管理费用－研发费用－财务费用－信用减值损失－资产减值损失＋公允价值变动收益(－公允价值变动损失)＋投资收益(－投资损失)＋其他收益＋资产处置收益(－资产处置损失)

其中

营业收入＝主营业务收入＋其他业务收入
营业成本＝主营业务成本＋其他业务成本

信用减值损失是指企业计提的各项金融工具减值准备所形成的预期信用损失。资产减值损失是指企业计提各项资产减值准备所形成的损失。公允价值变动收益(或损失)是指企业交易性金融资产等公允价值变动形成的应计入当期损益的收益(或损失)。投资收益(或损失)是指企业对外投资的收益(或损失)。其他收益主要是指与企业日常活动相关，除冲减相关成本费用以外的政府补助。资产处置收益(或损失)反映企业出售划分为持有待售的非流动资产(金融工具、长期股权投资和投资性房地产除外)或处置(子公司和业务除外)时确认的处置利得或损失，以及处置未划分为持有待售的固定资产、在建工程、生产性生物资产及无形资产而产生的处置利得或损失，还包括债务重组中因处置非流动资产产生的利得或损失和非货币性资产交换中换出非流动资产产生的利得或损失。

2) 利润总额

利润总额，又称税前利润，是营业利润加上营业外收入减去营业外支出后的金额，其计算公式如下。

利润总额＝营业利润＋营业外收入－营业外支出

其中，营业外收入是指企业发生的与日常活动无直接关系的各项利得，包括非流动资产毁损报废收益、非货币性资产交换利得、债务重组利得、盘盈利得、捐赠利得等。营业外支出是指企业发生的与日常活动无直接关系的各项损失，包括非流动资产毁损报废损失、非货币性资产交换损失、债务重组损失、非常损失、公益性捐赠支出、盘亏损失等。

3) 净利润

净利润，又称税后利润，是利润总额扣除所得税费用后的净额，其计算公式如下。

净利润＝利润总额－所得税费用

2. 账户设置

企业通常设置以下账户对利润形成业务进行会计核算。

1)"本年利润"账户

"本年利润"账户是用来核算和监督企业实现的净利润(或发生的净亏损)情况的账户。该账户属于所有者权益类账户，其贷方登记期末从"主营业务收入""其他业务收入"等账户的转入数；借方登记期末从"主营业务成本""营业税金及附加""销售费用""管理费用""财务费用""所得税费用"等账户的转入数。将本期转入的收入和费用账户的发生额进行对比，若为贷方余额，则表示实现的净利润；若为借方余额，则表示发生的亏损。在年度中间，该账户的余额保留在本账户，不予结转，表示截至本期本年累计实现的净利润(或亏损)。年度终了，应将"本年利润"账户的余额转入"利润分配"账户，结转后该账户应无余额。

企业为了核算一定期间的财务成果，会计期末应进行本期损益的结转。企业结转本期损益，应于期末将各项收入、费用计入当期利润的利得和损失等账户，并结转到"本年利润"账户，其中将收入和利得类账户的余额转入"本年利润"账户的贷方，将费用和损失类账户的余额转入"本年利润"账户的借方。

2)"投资收益"账户

"投资收益"账户属于损益类账户，用以核算企业确认的投资收益或投资损失。该账户可按投资项目设置明细账户，进行明细分类核算。

该账户贷方登记实现的投资收益和期末转入"本年利润"账户的投资净损失；借方登记发生的投资损失和期末转入"本年利润"账户的投资净收益；期末结转后，该账户无余额。

3)"营业外收入"账户

"营业外收入"账户属于损益类账户，用以核算企业发生的各项营业外收入，该账户可按营业外收入项目设置明细账户，进行明细分类核算。

该账户贷方登记营业外收入的实现,即营业外收入的增加额；借方登记会计期末转入"本年利润"账户的营业外收入额；期末结转后，该账户无余额。

4)"营业外支出"账户

"营业外支出"账户属于损益类账户，用以核算企业发生的各项营业外支出，该账户可按支出项目设置明细账户，进行明细分类核算。

该账户借方登记营业外支出的发生，即营业外支出的增加额；贷方登记期末转入"本年利润"账户的营业外支出额；期末结转后，该账户无余额。

5) "所得税费用"账户

"所得税费用"账户属于损益类账户,用以核算企业确认的应从当期利润总额中扣除的所得税费用。

该账户借方登记企业应计入当期损益的所得税;贷方登记企业期末转入"本年利润"账户的所得税;期末结转后,该账户无余额。

3. 账务处理

1) 利润形成的账务处理业务

利润形成的账务处理主要涉及的是期末结转业务。期末,将损益类账户的贷方(或借方)余额转入"本年利润"账户的借方或贷方。结转后,损益类账户的余额为零。

【例7-38】甲公司2020年12月31日损益类账户的年末余额如下。

主营业务收入贷方余额100 000元,其他业务收入贷方余额40 000元,投资收益贷方余额5000元,营业外收入贷方余额4000元;主营业务成本借方余额80 000元,其他业务成本借方余额30 000元,税金及附加借方余额2000元,管理费用借方余额2500元,销售费用余额4000元,财务费用借方余额1500元,资产减值损失借方余额1200元,营业外支出借方余额800元。

```
借:主营业务收入           100 000
   其他业务收入            40 000
   投资收益                5000
   营业外收入              4000
   贷:本年利润             149 000
借:本年利润               122 000
   贷:主营业务成本          80 000
      其他业务成本          30 000
      税金及附加            2000
      管理费用              2500
      销售费用              4000
      财务费用              1500
      资产减值损失          1200
      营业外支出            800
```

借方	本年利润	贷方
122 000	149 000	
期末余额:	27 000	

结转后,本年利润余额27 000元(149 000-122 000)在贷方,表明税前利润为27 000元。

2) 所得税费用的账务处理业务

根据我国《企业会计准则》的规定,所得税费用是指应交所得税和递延所得税之和。即

所得税费用＝应交所得税＋递延所得税

企业应通过"所得税费用"科目，核算企业所得税费用的确认及其结转情况，期末，应将"所得税费用"账户的余额转入"本年利润"账户，借记"本年利润"科目，贷记"所得税费用"科目，结转后本账户应无余额。

应交所得税是指企业按照《中华人民共和国税法》(以下简称《税法》)规定计算确定的针对当期发生的交易和事项应交纳给税务部门的所得税金额。应纳税所得额是在企业税前会计利润(即利润总额)的基础上调整确定的，其计算公式如下。

$$应纳税所得额＝税前会计利润＋纳税调整增加额－纳税调整减少额$$
$$应交所得税额＝应纳税所得额\times 所得税税率$$

纳税调整增加额主要包括我国《税法》规定允许扣除项目中，企业已计入当期费用但超过《税法》规定扣除标准的金额(如超过《税法》规定标准的业务招待费、公益性捐赠支出、广告费和业务宣传费等)，以及企业已计入当期损失但《税法》规定不允许扣除项目的金额(如税收滞纳金、行政性罚款等)。

纳税调整减少额主要包括按《税法》规定允许弥补的亏损和准予免税的项目，如前五年内的未弥补亏损和国债利息收入等。

【例 7-39】承【例 7-37】甲公司 2020 年年末税前利润为 27 000 元，假设没有所得税纳税调整事项，所得税税率为 25%。

(1) 确认所得税费用为 27 000×25%＝6750(元)，会计业务处理如下。
  借：所得税费用   6750
    贷：应交税费——应交所得税 6750

(2) 如果企业 2021 年 5 月缴纳该笔所得税，则会计业务处理如下。
  借：应交税费——应交所得税 6750
    贷：银行存款   6750

(3) 年末，将"所得税费用"转入"本年利润"科目，会计业务处理如下。
  借：本年利润   6750
    贷：所得税费用   6750

结转后，本年利润余额在贷方，金额为 27 000－6750＝20 250 元，表明缴纳完所得税后利润为 20 250 元。

(二) 利润分配的账务处理

利润分配是指企业根据国家有关规定和企业章程、投资者协议等，对企业当年可供分配利润指定其特定用途和分配给投资者的行为。利润分配的过程和结果不仅关系每个股东的合法权益是否得到保障，而且还关系企业的未来发展。

1. 利润分配的顺序

按照我国有关规定，利润分配应按下列顺序进行。
1) 计算可供分配的利润

企业在分配利润前，应根据本年净利润(或亏损)、年初未分配利润(或亏损)及其他转入的金额(如盈余公积弥补的亏损)等项目，计算可供分配的利润。即

可供分配的利润＝净利润(或亏损)＋年初未分配利润－弥补以前年度的亏损＋
　　　　　　　其他转入的金额

如果可供分配的利润为负数(即累计亏损)，则不能进行后续分配；如果可供分配利润为正数(即累计盈利)，则可进行后续分配。

2) 提取法定盈余公积

按照《中华人民共和国公司法》(以下简称《公司法》)的有关规定，公司应当按照当年净利润(抵减年初累计亏损后)的10%提取法定盈余公积，提取的法定盈余公积累计额超过注册资本50%以上的，可以不再提取。

3) 提取任意盈余公积

公司提取法定盈余公积后，经股东会或股东大会决议，还可以从净利润中提取任意盈余公积。

4) 向投资者分配利润(或股利)

企业可供分配的利润扣除提取的盈余公积后，形成可供投资者分配的利润。即

可供投资者分配的利润＝可供分配的利润－提取的盈余公积

企业可采用现金股利、股票股利和财产股利等形式向投资者分配利润(或股利)。

2. 账户设置

企业通常设置以下账户对利润分配业务进行会计核算。

1) "利润分配"账户

"利润分配"账户属于所有者权益类账户，用以核算企业利润的分配(或亏损的弥补)和历年分配(或弥补)后的余额。该账户应分别按"提取法定盈余公积""提取任意盈余公积""应付现金股利或利润""转作股本的股利""盈余公积补亏"和"未分配利润"等进行明细核算。

该账户借方登记实际分配的利润额，包括提取的盈余公积和分配给投资者的利润，以及年末从"本年利润"账户转入的全年发生的净亏损；贷方登记用盈余公积弥补的亏损额等其他转入数及年末从"本年利润"账户转入的全年实现的净利润。年末，应将"利润分配"账户下的其他明细账户的余额转入"未分配利润"明细账户，结转后，除"未分配利润"明细账户可能有余额外，其他各个明细账户均无余额。"未分配利润"明细账户的贷方余额为历年累积的未分配利润(即可供以后年度分配的利润)，借方余额为历年累积的未弥补亏损(即留待以后年度弥补的亏损)。

2) "盈余公积"账户

"盈余公积"账户是用来核算企业从净利润中提取的盈余公积的账户。该账户属于所有者权益类账户，其贷方登记企业从利润中提取的盈余公积，包括提取的公益金；借方登记以盈余公积转增资本、弥补亏损的数额；期末余额在贷方，表示企业提取的盈余公积实际结存数额。企业应按盈余公积的种类设置明细账，进行明细分类核算。

3) "应付股利"账户

"应付股利"账户属于负债类账户，是用来核算企业经董事会或股东大会或类似机构决议确

定分配的现金股利或利润。该账户贷方登记根据通过的股利或利润分配方案，应支付的现金股利或利润；借方登记实际支付数；期末余额在贷方，表示企业尚未支付的现金股利或利润。

3. 账务处理

1) 净利润转入利润分配

会计期末，企业应将当年实现的净利润转入"利润分配——未分配利润"科目，即借记"本年利润"科目，贷记"利润分配——未分配利润"科目；若为净亏损，则做相反的分录。

结转前，如果"利润分配——未分配利润"明细账户的余额在借方，则上述结转当年所实现净利润的分录同时反映了当年实现的净利润自动弥补以前年度亏损的情况。因此，在用当年实现的净利润弥补以前年度亏损时，不需另行编制会计分录。

【例 7-40】承【例 7-39】，甲公司将 2020 年年末实现的净利润转入"利润分配——未分配利润账户"。

借：本年利润　　　　　　　　　　　　　　20 250
　　贷：利润分配——未分配利润　　　　　　　　20 250

2) 提取盈余公积

【例 7-41】承【例 7-39】甲公司按照税后利润的 10%提取法定盈余公积，按照 5%提取任意盈余公积。

法定盈余公积为 20 250×10%＝2025(元)；任意盈余公积为 20 250×5%＝1012.5(元)。

借：利润分配——提取法定盈余公积　　　　2025
　　　　　　——提取任意盈余公积　　　　1012.5
　　贷：盈余公积——法定盈余公积　　　　　　2025
　　　　　　　　——任意盈余公积　　　　　　1012.5

3) 向投资者分配利润或股利

企业根据股东大会或类似机构审议批准的利润分配方案，按应支付的现金股利或利润，借记"利润分配——应付现金股利"科目，贷记"应付股利"等科目；对于股票股利应在办妥增资手续后，对转作股本的金额，借记"利润分配——转作股本股利"科目，贷记"股本"科目。

董事会或类似机构通过的利润分配方案中拟分配的现金股利或利润，不做账务处理，但应在附注中披露。

【例 7-42】承【例 7-40】甲公司根据股东会审议批准的利润分配方案，决定分配现金利润 10 000 元。

在股东会批准后，以后实际支付现金股利时，会计业务处理如下。

借：应付股利　　　　　　　　　　　　　　10 000
　　贷：银行存款　　　　　　　　　　　　　　10 000

4) 盈余公积补亏

企业发生的亏损，除用当年实现的净利润弥补外，还可使用累积的盈余公积弥补。以盈余公积弥补亏损时，借记"盈余公积"科目，贷记"利润分配——盈余公积补亏"科目。

【例 7-43】乐圣公司 2014 年年末发生亏损 100 万元，2015 年税前利润为 80 万元，此后 2016—2019 年税前利润均为 0。2020 年盈利 300 万元，盈余公积贷方余额为 60 万元。

根据《税法》规定，2014 年发生的亏损可以用以后 5 年税前利润弥补，因此 2014 年亏损 100 万元，可以用 2015 年税前利润 80 万元弥补亏损，此时不需要另行做账务处理，还剩余 20 万元未弥补亏损。此后 2016—2019 年税前利润均为 0，无法用税前利润弥补亏损，如果盈余公积账户有余额，虽然可以用来弥补亏损，但是从税收策划的角度出发，不应用盈余公积弥补亏损。2020 年税前盈利 300 万元，已经超过 5 年，不能用税前利润弥补亏损，但是可以用盈余公积补亏。

2021 年用盈余公积弥补亏损，会计业务处理如下(单位：万元)。

借：盈余公积　　　　　　　　　　　　　20
　　贷：利润分配——盈余公积补亏　　　　20

5) 企业未分配利润的形成

年度终了，企业应将"利润分配"科目所属其他明细科目的余额转入该科目"未分配利润"明细科目。结转盈余公积补亏，借记"利润分配——盈余公积补亏"科目，贷记"利润分配——未分配利润"科目；结转计提的盈余公积和已分配的利润，借记"利润分配——未分配利润"科目，贷记"利润分配——提取法定盈余公积""利润分配——提取任意盈余公积""利润分配——应付现金股利""利润分配——转作股本股利"等科目。

结转后，"利润分配"科目中除"未分配利润"明细科目外，所属其他明细科目无余额。"未分配利润"明细账户的贷方余额表示累积未分配的利润，该账户如果出现借方余额，则表示累积未弥补的亏损。

【例 7-44】承【例 7-40】和【例 7-41】，甲公司年末应将"利润分配"科目所属其他明细科目的余额转入该科目"未分配利润"明细科目。

借：利润分配——未分配利润　　　　　　13 037.5
　　贷：利润分配——提取法定盈余公积　　2025
　　　　　　　　——提取任意盈余公积　　1012.5
　　　　　　　　——应付现金股利　　　　10 000

【例 7-45】欧博公司当年实现税后净利润 300 万元，提取法定盈余公积 30 万元，提取任意盈余公积 15 万元，宣告发放现金股利 100 万元，假定不考虑其他因素，(注：以下单位均为万元)。

(1) 提取法定盈余公积和任意盈余公积，会计业务处理如下。

借：利润分配——提取法定盈余公积　　　30
　　　　　　——提取任意盈余公积　　　15
　　贷：盈余公积——法定盈余公积　　　　30
　　　　　　　　——任意盈余公积　　　　15

(2) 宣告发放股利时，会计业务处理如下。

借：利润分配——应付现金股利　　　　　100
　　贷：应付股利　　　　　　　　　　　100

(3) 同时，结转利润分配的明细账户，会计业务处理如下。

借：利润分配——未分配利润　　　　　　145
　　贷：利润分配——提取法定盈余公积　　30
　　　　　　　　——提取任意盈余公积　　15
　　　　　　　　——应付现金股利　　　　100

项目练习

一、单项选择题

1. 企业收到投资人投入的资本时，应贷记(　　)账户。
   A. "银行存款"　　　　　　　　B. "实收资本"
   C. "固定资产"　　　　　　　　D. "原材料"
2. 企业外购材料的运杂费应计入(　　)。
   A. 管理费用　　　　　　　　　B. 制造费用
   C. 材料采购成本　　　　　　　D. 生产成本
3. 在权责发生制下，企业预收的货款应作为(　　)处理。
   A. 本期营业收入　　　　　　　B. 预收账款
   C. 本期资产　　　　　　　　　D. 下期营业收入
4. 管理费用账户期末应(　　)。
   A. 有贷方余额　　　　　　　　B. 有借方余额
   C. 有借方余额或贷方余额　　　D. 无余额
5. 企业获取的捐赠利得应计入(　　)。
   A. 其他业务收入　　　　　　　B. 主营业务收入
   C. 营业外收入　　　　　　　　D. 投资收益
6. 企业购入不需要安装的设备一台，所支付的买价为 29 250 元，另支付运杂费 500 元，包装费 100 元，该设备取得的实际成本为(　　)元。
   A. 29 750　　　B. 29 350　　　C. 29 250　　　D. 29 850
7. 期末计提固定资产折旧时，应贷记(　　)账户。
   A. "销售费用"　　　　　　　　B. "制造费用"
   C. "管理费用"　　　　　　　　D. "累计折旧"
8. 期末按规定税率计算本期应交税费时，应借记(　　)账户。
   A. "其他业务成本"　　　　　　B. "税金及附加"
   C. "所得税费用"　　　　　　　D. "应交税费"
9. 年终结转后，"利润分配"账户的贷方余额表示(　　)。
   A. 实现的利润　　　　　　　　B. 发生的亏损
   C. 未分配利润　　　　　　　　D. 未弥补亏损
10. 期末，企业结转已售产品销售成本时，应借记(　　)账户。
    A. "原材料"　　　　　　　　　B. "生产成本"
    C. "主营业务成本"　　　　　　D. "库存商品"
11. 下列各项中，不应作为本企业库存商品的是(　　)。
    A. 库存产成品　　　　　　　　B. 发出展览的商品
    C. 已实现销售的发出商品　　　D. 存放在门市部准备出售的商品

12. 甲公司为增值税一般纳税人，购入一台不需要安装即可投入使用的生产设备，取得的增值税专用发票上注明的价款为 200 000 元，增值税税额为 26 000 元，发生保险费 5000 元。假定不考虑其他相关税费，该设备的取得成本为(   )元。
    A. 200 000   B. 205 000   C. 226 000   D. 231 000

13. 下列会计科目中，企业在计提固定资产折旧时不可能涉及的是(   )。
    A. 固定资产   B. 累计折旧
    C. 制造费用   D. 管理费用

14. 某企业出售闲置的设备，账面原价 21 000 元，已使用两年，已提折旧 2100 元，出售时发生清理费用 400 元，出售价格 18 000 元。假定不考虑其他相关税费，该企业出售设备发生(   )。
    A. 净损失 500 元   B. 净损失 1300 元
    C. 净损失 900 元   D. 净收益 500 元

15. 下列不能作为生产费用核算的是(   )。
    A. 已销产品的成本
    B. 直接从事产品生产的工人的职工薪酬
    C. 构成产品实体的原材料及有助于产品形成的主要材料和辅助材料
    D. 企业为生产产品和提供劳务而发生的各项间接费用

二、多项选择题

1. 制造企业的主要经济业务包括(   )业务。
    A. 资金筹集   B. 购进原材料
    C. 生产和销售   D. 利润形成及分配

2. 材料采购业务核算应设置的账户一般有(   )。
    A. "银行存款"   B. "预收账款"
    C. "应付账款"   D. "原材料"

3. "生产成本"账户的借方登记(   )。
    A. 直接材料   B. 直接工资
    C. 折旧费用   D. 分配计入的制造费用

4. 下列应计入产品成本的有(   )。
    A. 生产车间固定资产修理费   B. 车间管理人员工资
    C. 生产用设备折旧费   D. 公司办公费

5. 与"主营业务收入"账户贷方发生对应关系的账户一般有(   )。
    A. "银行存款"   B. "应付账款"
    C. "应收账款"   D. "预收账款"

6. 期末转入"本年利润"账户借方的发生额有(   )账户。
    A. "营业外收入"   B. "主营业务成本"
    C. "所得税费用"   D. "制造费用"

7. 下列项目中，属于制造企业其他业务收入的是(   )。
    A. 出租设备收入   B. 销售材料收入

C. 销售产品收入　　　　　　　　D. 罚款收入
8. 制造企业应计入产品成本的项目有(　　)。
　　A. 直接材料费　　　　　　　　　B. 直接人工费
　　C. 制造费用　　　　　　　　　　D. 管理费用
9. 下列各项中，可通过"财务费用"账户核算的有(　　)。
　　A. 借款利息支出　　　　　　　　B. 存款利息收入
　　C. 银行手续费　　　　　　　　　D. 国债利息收入
10. 制造企业利润分配的主要内容包括(　　)。
　　A. 提取职工福利费　　　　　　　B. 提取盈余公积
　　C. 向投资者分配现金股利或利润　D. 上缴所得税
11. 下列关于"库存商品"账户的表述中，正确的有(　　)。
　　A. 借方登记验收入库的库存商品成本
　　B. 贷方登记发出的库存商品成本
　　C. 期末借方余额反映库存商品的实际成本或计划成本
　　D. 期末借方余额反映已销售商品的成本
12. 下列费用应计入材料采购成本的有(　　)。
　　A. 装卸费　　　　　　　　　　　B. 保险费
　　C. 价款　　　　　　　　　　　　D. 采购机构的经费
13. 下列各项中，影响固定资产折旧的因素有(　　)。
　　A. 预计净残值　　　　　　　　　B. 固定资产原价
　　C. 预计使用年限　　　　　　　　D. 固定资产减值准备
14. 下列关于"固定资产清理"账户的表述中，正确的有(　　)。
　　A. 贷方登记清理收入
　　B. 借方登记清理费用、固定资产转入清理净值等
　　C. 贷方登记结转的清理净收益
　　D. 借方登记结转的清理净损失
15. 下列关于"应收账款"账户的表述中，正确的有(　　)。
　　A. 借方登记因赊销商品等应收账款的增加
　　B. 贷方登记应收账款的收回及确认的坏账损失
　　C. 借方余额反映企业尚未收回的应收账款
　　D. 贷方余额反映企业预收的款项

三、判断题

1. 外购材料的成本就是由材料的买价构成。　　　　　　　　　　　　　　　(　　)
2. "在途物资"账户如有借方余额，表示款已付、尚未运达企业或运达企业但尚未验收入库的在途材料的实际采购成本。　　　　　　　　　　　　　　　　　　(　　)
3. "生产成本"账户的借方余额，表示期末结存产成品的数额。　　　　　　　(　　)
4. "短期借款"账户既核算借款的本金又核算尚未归还的利息债务。　　　　　(　　)
5. "主营业务收入"账户期末一般无余额。　　　　　　　　　　　　　　　　(　　)

6. "制造费用"账户的借方发生额应于期末转入"本年利润"账户，结转后该账户无余额。（　）

7. 利润总额是营业利润减去期间费用加上营业外收入后确定的。（　）

8. "应付职工薪酬"账户期末贷方余额，表示本月应付职工薪酬大于实际支付的职工薪酬数，即应付未付的职工薪酬。（　）

9. "所得税费用"账户属于负债类账户。（　）

10. 5月31日，"本年利润"账户有贷方余额250 000元，表示5月份实现的净利润。（　）

11. "在途物资"账户属于资产类账户，用于核算企业采用计划成本进行材料、商品等物资的日常核算时货款已付尚未验收入库的在途物资的采购成本。（　）

12. 企业持有固定资产是为了生产商品、提供劳务、出租或经营管理和直接用于出售。（　）

13. 为购建固定资产而借入的长期借款的利息应全部计入固定资产的成本。（　）

14. 当企业按规定计算确定应交的车船税、房产税和印花税等支出时，应借记"销售费用"科目。（　）

15. 生产过程的生产成本由直接材料、直接人工、制造费用和期间费用等构成。（　）

16. 职工薪酬是指企业为获得职工提供的服务而给予各种形式的报酬及其他相关支出，包括提供给职工的全部货币性薪酬和非货币性福利。（　）

17. "应付账款"账户，贷方登记企业购买材料、商品和接受劳务等而发生的应付账款，借方登记偿还的应付账款或已冲销的无法支付的应付账款。（　）

18. 对于企业收到的投资方投入的实物资产，如果确认的资产价值超过其在注册资本中所占的份额，则差额应作为资本溢价，计入盈余公积。（　）

19. "生产成本"账户，借方登记本期应计入产品成本的各项费用，贷方登记完工入库产品的生产成本，期末如有余额在借方，则表示尚未完工产品的成本。（　）

20. 管理费用的发生额会直接影响当期产品成本和当期利润总额。（　）

四、业务处理题

假定甲公司为新成立的公司，除下列业务外，未发生别的经济业务。

1. 2020年11月甲有限责任公司收到A公司和B公司投资，其中A公司投资100 000元银行存款，款项已经存入银行，B公司投资全新的固定资产，公允价值为40 000元(不含增值税)，增值税税率为13%，增值税为5200元，甲公司收到B公司开出的该项固定资产增值税专用发票，该项固定资产用于行政办公，使用寿命为3年。

2. 2020年11月甲公司以银行存款购买机器设备用于产品生产，取得增值税专用发票注明的价款为60 000元(不含增值税)，增值税税率为13%，增值税额为7800元，使用寿命为7年。款已经支付。

3. 2020年11月甲公司从乙公司购买原材料，取得乙公司开具的增值税专用发票注明的价款9000元，增值税税率为13%。尚未入库，货款未付，甲公司对原材料采用按实际成本法计算；甲公司以转账支票支付给运输公司运费800元(不含税)，增值税税率为9%，取得运输公司开具的增值税专用发票，运费已经支付。

4. 2020 年 11 月原材料已经入库，欠乙公司的货款已付。

5. 2020 年 11 月车间领用原材料 6000 元，其中用于生产 A 产品 4000 元，B 产品 2000 元。

6. 2020 年 12 月甲公司两台固定资产本月计提折旧，采用平均年限法。

7. 2020 年 12 月共发生应付职工薪酬 17 000 元，为生产产品发生生产工人工资 10 000 元，其中，生产 A 产品工人工资 8000 元，生产 B 产品工人工资 2000 元；车间管理人员工资 3000 元；行政管理人员工资 4000 元。生产 A 产品工时 80 小时，生产 B 商品工时 20 小时。

8. 结转 2020 年 12 月制造费用，按照 A、B 产品生产工人工时比例分配。

9. 假定 2020 年 12 月 A 产品和 B 产品全部完工入库，月末没有在产品，结转生产成本。

10. 2020 年 12 月销售 A 产品，取得不含税销售收入 40 000 元，增值税税率为 13%，成本为 10 000 元，销售 B 产品取得不含税销售收入 15 000 元，增值税税率为 13%，成本为 4000 元。货物已经发出，款项已经收到并存入银行，以银行存款支付广告费 4000 元。

11. 结转本年利润。

12. 假设没有纳税调整事项，计算本年所得税(所得税税率为 25%)。

13. 将本年利润结转到"利润分配——未分配利润"科目。

14. 计提法定盈余公积 10%，计提任意盈余公积 5%，计提对股东分配现金利润 10 000 元。最后结转利润分配科目。

要求：编制上述经济业务的会计分录。

项目八

认识财产清查

> **学习要求**
> 1. 理解财产清查的必要性;
> 2. 了解财产清查的种类;
> 3. 掌握各项财产物资的清查方法;
> 4. 掌握财产清查结果的账务处理。

任务一　财产清查概述

一、财产清查的意义

财产清查是通过对企业的货币资金、实物资产和债权债务等的盘点和核对,确定其实存数,并查明各项财产的实存数与账存数是否相符的一种专门方法。

会计账簿用来反映会计主体各项经济业务发生引起的财产增减变动及其结果。从理论上讲,账簿上所记录财产增减变动的结果应该与各项财产的实有数量相一致。但在实际工作中,由于账簿记录与实物收发、往来结算等多种原因,可能会使各项财产的账面数与结存数发生差异,造成账实不符,具体表现在:①在账簿记录中发生的重记、漏记和错记;②财产物资在收发过程中由于计量或检验不准,而发生品种或数量与原始记录不一致;③财产物资在保管过程中发生的自然损耗;④由于结算中未达账项和拒付等原因,造成结算双方账实不符;⑤由于管理不善、制度不严而造成财产损坏、丢失、贪污和盗窃;⑥因意外灾害造成的损失等。

因此,为了保证会计账簿记录的真实性和准确性,提高会计信息质量,必须采用行之有效的财产清查方法,对财产进行定期或不定期的清查,以便查明造成差异的原因和分清责任,以做到账实相符。通过财产清查工作，对于加强企业管理，充分发挥会计的监督职能具有重要的意义。

1. 保证会计核算资料真实可靠

通过财产清查，可以确定各项财产物资的实存数，并与其账存数进行核对，查明原因，根据不同情况及时调整账簿记录，做到账实相符，以保证账簿记录的真实、正确，为编制财务报表和进行管理提供可靠的信息。

2. 健全物资管理制度，保护财产安全完整

通过财产清查，可以查明账实是否相符，财产物资有无短缺毁损，发现问题及时采取相应措施，堵塞漏洞，建立健全财产物资保管的经济责任制等各项规章制度，以保护各项财产物资的安全完整。

3. 挖掘财产物资潜力，加速资金周转

通过财产清查，不仅要对财产物资进行账实核对，而且还要查明各项财产物资的储存和使用情况，根据实际情况，建立合理的储备定额制度，对于超储积压、闲置不用或不合理应用的财产物资应及时处理，从而促进财产物资的有效使用，充分发挥财产物资的潜力，加速资金周转。

二、财产清查的分类

(一) 按财产清查的范围分类

按范围分类，可将财产清查分为全面清查和局部清查。

1. 全面清查

全面清查是指对所有的财产物资、货币资金和各种债权债务进行全面盘点和核对。全面清查的范围大、内容多、时间长、参与人员广。

全面清查适用的情形包括以下几种。
(1) 年终决算之前。
(2) 单位撤销、合并或改变隶属关系前。
(3) 开展全面的资产评估清产核资前。
(4) 中外合资、国内合资及股份制改制前。
(5) 单位主要领导调离工作前。

2. 局部清查

局部清查是指根据需要，对部分财产物资、货币资金和债权债务进行盘点和核对。
局部清查的范围小、内容少、时间短，参与人员少，但专业性强。
局部清查时应注意以下几项的清查。

(1) 库存现金。应由出纳员在每日业务终了时清点，做到日清月结。

(2) 银行存款。应由出纳员每月至少同银行核对一次。

(3) 原材料、在产品和库存商品。除年度清查外，每月应有计划地重点抽查，对于贵重的财产物资，应每月清查盘点一次。

(4) 债权、债务。应在年度内至少同对方核对一至两次。

（二）按财产清查的时间分类

按照财产清查的时间不同，可将财产清查分为定期清查和不定期清查。

1. 定期清查

定期清查就是根据计划安排的时间对财产物资、债权债务进行的清查。其一般是在年末、季末、月末结账时进行。定期清查可以是局部清查，也可以是全面清查。

2. 不定期清查

不定期清查是指事先并不规定清查时间，而根据实际需要对财产物资进行的临时性清查。不定期清查可以是全面清查，也可以是局部清查。

不定期清查的适用情形如下。

(1) 更换财产物资和现金保管员出纳员时，对有关保管人员所保管的财产物资和现金进行清查。

(2) 发生自然灾害和意外损失时，对受损的有关财产物资进行清查。

(3) 企业撤销、合并或改变隶属关系等需要进行清查。

(4) 有关部门进行临时性检查时，需要进行财产清查。

（三）按财产清查的执行系统分类

按照产清查的系统不同，可将财产清查分为内部清查和外部清查。

1. 内部清查

内部清查是指由本单位内部自行组织清查工作小组进行的财产清查工作。大多数财产清查都是内部清查。

2. 外部清查

外部清查是指由上级主管部门、审计机关、司法部门、注册会计师根据国家有关规定或情况的需要对本单位所进行的财产清查。一般来讲，进行外部清查时应有本单位相关人员参加。

三、财产清查的一般程序

财产清查既是会计核算的一种专门方法，又是财产物资管理的一项重要制度。企业必须有计划、有组织地进行财产清查。财产清查一般包括以下程序。

(1) 建立财产清查组织。
(2) 组织清查人员学习有关政策规定，掌握有关法律、法规和相关业务知识，以提高财产清查工作的质量。
(3) 确定清查对象、范围，明确清查任务。
(4) 制定清查方案，具体安排清查内容、时间、步骤、方法，以及做好必要的清查前准备工作。
(5) 清查时本着先清查数量、核对有关账簿记录等，后认定质量的原则进行。
(6) 填制盘存清单。
(7) 根据盘存清单，填制实物、往来账项清查结果报告表。

四、财产物资的盘存制度

财产物资的盘存制度有永续盘存制和实地盘存制两种。

（一）永续盘存制

1. 概念

永续盘存制也称账面盘存制，指平时对各项财产物资的增加数和减少数都要根据会计凭证连续记入有关账簿，并随时结出账面结存数额。

2. 计算公式

$$账面期末余额＝账面期初余额＋本期增加额－本期减少额$$

3. 注意事项

采用永续盘存制时，财产物资明细账按品种规格设置，在明细账中，除平时登记收入、发出、结存数外，通常还要登记金额。

4. 优点

永续盘存制核算手续严密，可以随时通过账面反映和掌握各项财产物资的收入、发出和结存情况，为加强财产物资的计划管理和控制提供及时准确的信息，保证财产物资的安全与完整。

5. 缺点

财产物资的明细分类核算工作量大，特别是对财产物资品种复杂、繁多的企业需要投入大量的人力、物力。

综上，与实地盘存制相比，永续盘存制在控制和保护财产物资安全、完整方面具有明显的优越性，因此，在实际工作中为多数企业采用。

(二)实地盘存制

1. 概念

实地盘存制也称定期盘存制,指平时只根据会计凭证在账簿中登记财产物资的增加数,不登记减少数,到会计期末通过对全部财产物资进行实地盘点,以确定期末财产物资的实存数,来倒推出本月减少数,再据以登记有关账簿。

2. 计算公式

$$本期减少额=账面期初结存额+本期增加额-期末实际结存额$$

3. 优点

实地盘存制简化了日常核算工作,工作量小。

4. 缺点

实地盘存制执行时手续不严密,不能及时反映和监督各项财产物资的收入、发出和结存情况;加大了期末的工作量;容易掩盖物资管理中的自然和人为损失,不利于对财产的管理。实地盘存制是一种不完善的物资管理办法,适用于自然损耗大、数量不稳定的鲜活商品。

任务二 财产清查的内容和方法

财产清查涉及面广、业务量大,为提高清查效率,保证清查工作质量,必须有针对性地采取科学、合理的方法进行财产清查。依据货币资金、实物资产、结算往来款项等清查对象的不同,财产清查会采用不同的方法。

一、货币资金的清查

货币资金的清查包括对库存现金的清查、对银行存款的清查和对其他货币资金的清查。

(一)库存现金的清查

库存现金的清查采取实地盘点法,是通过盘点库存现金的实存数,并与现金日记账的账面余额相核对,以查明账实是否相符及盈亏情况。

库存现金清查既包括出纳人员每日清点核对,也包括清查小组进行定期、不定期的盘点和核对。在专门的清查人员盘点现金时,出纳员必须在场。清查人员要认真审核收付凭证和账簿记录,检查经济业务的合理性和合法性。特别要注意检查有无挪用现金,是否以借条、收据抵充现金的情况。

对于现金的盘点结果,要填制"库存现金盘点报告表",由盘点人和出纳员共同签字盖章方能生效。"库存现金盘点报告表"是反映现金实有数的原始凭证,是查找原因和据以调整账簿记录的重要依据。"库存现金盘点报告表"的格式如表8-1所示。

表8-1 库存现金盘点报告表

库存现金盘点报告表					
单位名称：		年 月 日			单位：元
实存金额		账存金额	对比结果		备注
			盘盈	盘亏	
盘点人签章：				出纳员签章：	

（二）银行存款的清查

银行存款的清查采用的是银行存款日记账(账存)与开户银行(实存)核对账目的方法。银行存款是企业存放在银行的款项，由银行负责保管。企业在银行的存款实有数是通过银行对账单反映的。通过本单位的银行存款日记账与开户银行转来的对账单进行逐笔的核对，如果两者金额相符，则说明无错误；若两者金额不相符，则原因主要有两种，一种是双方或一方记账错误，对于这种情况应及时查明原因，及时予以更正，另一种是存在未达账项。

未达账项是指企业与银行之间，由于凭证传递上的时间不同而发生的一方已登记入账而另一方尚未入账的款项。未达账项具体可分为以下四种情况。

(1) 企业已收，银行未收。例如，企业收到外单位的转账支票，送存银行，对账前银行尚未入账的款项。

(2) 企业已付，银行未付。例如，企业开出转账支票后企业记银行存款减少，而持票人尚未到银行办理转账手续，银行尚未记减少。

(3) 银行已收，企业未收。例如，企业委托银行收到的货款，银行已登记入账，企业尚未收到银行通知，而未入账的款项。

(4) 银行已付，企业未付。例如，银行代企业支付的电话费，银行已登记入账，企业尚未收到凭证而尚未记账的款项。

上述任何一种未达账项的发生，都会造成企业银行存款账面余额与银行转来的对账单余额不一致。在核对双方账目时，对于双方账目上都有的记录，应做好标记，核对后存在的未达账项通过编制"银行存款余额调节表"调整双方余额。"银行存款余额调节表"格式如表8-2所示。

表8-2 银行存款余额调节表

银行存款余额调节表			
年 月 日	单位：元		
项目	金额	项目	金额
企业银行存款日记账余额		银行对账单余额	
加：银行已收，企业未收		加：企业已收，银行未收	
减：银行已付，企业未付		减：企业已付，银行未付	
调节后的存款余额		调节后的存款余额	

银行存款清查的步骤如下。

(1) 将本单位银行存款日记账与银行对账单,以结算凭证的种类、号码和金额为依据,逐日逐笔核对。凡双方都有记录的,用铅笔在金额旁打上记号"√"。

(2) 找出未达账项(即银行存款日记账和银行对账单中没有打"√"的款项)。

(3) 将日记账和对账单的月末余额及找出的未达账项填入"银行存款余额调节表",并计算出调整后的余额。

(4) 将调整平衡的"银行存款余额调节表",经主管会计签章后,呈报开户银行。其调节公式如下。

企业银行存款日记账余额+银行已收企业未收-银行已付企业未付
=银行对账单余额+企业已收银行未收-企业已付银行未付

调节后,如果双方余额相等,则说明没有记账错误,该余额就是企业银行存款的实有数。如果不相等,则表明记账有差错,应立即查明原因予以更正。

未达账项不是错账、漏账,编制银行存款余额调节表只是为了检查账簿记录的正确性。企业在调节表上调整的未达账项不是记账,更不能作为调整银行存款账面余额的原始凭证,待以后收到有关原始凭证后,再做账务处理。但对长期悬置的未达账项,应查明原因,及时处理。

【例 8-1】A 公司 2017 年 1 月 31 日的银行存款日记账的账面余额为 168 700 元,收到银行转来的对账单的余额为 194 100 元,经逐笔核对,发现以下未达账项。

(1) 银行代企业支付的电费 1400 元,银行已记账,企业尚未收到银行的付款通知,所以尚未记账。

(2) 企业将收到销售货款的转账支票 5600 元送存银行,企业已记银行存款增加,但银行尚未记账。

(3) 企业已开出转账支票 2400 元。企业已记银行存款减少,但持票人尚未到银行办理转账,银行尚未入账。

(4) 银行代企业收到购货款 30 000 元,银行已收妥入账,企业尚未收到收款通知,所以尚未记账。

根据上述资料,编制银行存款余额调节表如表 8-3 所示。

表8-3 银行存款余额调节表

银行存款余额调节表			
2017 年 1 月 31 日			单位:元
项目	金额	项目	金额
企业银行存款日记账余额	168 700	银行对账单余额	194 100
加:银行已收,企业未收	30 000	加:企业已收,银行未收	5600
减:银行已付,企业未付	1400	减:企业已付,银行未付	2400
调节后的存款余额	197 300	调节后的存款余额	197 300

二、实物资产的清查

实物资产是指具有实物形态的各种资产,包括原材料、半成品、在产品、产成品、固定资产等。实物资产的清查就是通过确定其实存数(包括实存的数量和金额)与账存数(包括数量和金额)进行核对,据以查明实存数与其账存数是否相符的一种专门方法。

(一) 实物资产的清查方法

1. 实地盘点法

(1) 含义:指在财产物资的存放现场逐一清点或用计量器具确定其实存数的方法。
(2) 适用范围:机器设备、原材料、产成品和库存商品等的清查。
(3) 特点:数字准确可靠,但工作量大。

2. 技术推算法

(1) 含义:指利用技术方法推算财产物资实存数量的方法。
(2) 适用范围:化肥、水泥、砂石等数量大、价值低廉的大宗物资的清查。
(3) 特点:盘点数字不够准确,但工作量小。

3. 抽样盘点法

(1) 含义:指对价值小、数量多、重量均匀的财产物资,采用从中抽取少量样品以确定其数量的方法。
(2) 分类:随机抽样、机械抽样和分层抽样等。

4. 查询核实法

(1) 含义:指通过向对方单位发函调查等查询方式,并与本单位的账存数相校对的方法。
(2) 适用范围:委托加工、保管和出租、出借的物资清查。

(二) 清查结果的记录

为了明确经济责任,盘点时,实物保管人员必须在场并参加盘点工作,对各项实物资产盘点的结果,应逐一如实准确地编制"盘存单",并由盘点人员、财产物资的保管人员及有关责任人签字盖章。"盘存单"是记录实物盘点结果的书面证明,也是反映实物财产实有数的原始凭证。"盘存单"的一般格式如表8-4所示。

表8-4 盘存单

盘存单								
单位名称:			盘点时间:			编号:		
财产类别:			存放地点:			金额单位:		
序号	名称	规格	计量单位	盘点数量	单价	金额	备注
盘点人签章:				保管人签章:			

盘点完毕，发现某些实物资产账实不符时，应根据有关账簿记录资料和盘存单填制"实存账存报告表"(也称盘盈盘亏报告表)，以确定实物资产盘盈或盘亏的数额，作为调整账面记录的原始凭证，它也是分析盈亏原因、明确经济责任的重要依据。"实存账存报告表"的一般格式如表8-5所示。

表8-5 实存账存报告表

实存账存报告表											
单位名称：				年 月 日					编号：		
金额单位：元											
序号	名称	规格型号	计量单位	单价	实存		账存		盘盈		盘亏		备注
					数量	金额	数量	金额	数量	金额	数量	金额	
单位负责人签章：						填表人签章：					

三、结算往来款项的清查

对于各种往来款项(包括应收款、应付款、预收款、预付款、暂收暂付款等)的清查，应采用"查询核实法"，即同对方核对账目的方法。在保证本单位应收应付款项账目正确完整的基础上，编制"往来结算款项函证单"，分送各有关经济往来单位进行核对。函证单一式两联，其中一联作为回单。对方单位对函证单如实核对，如果核对相符，则应在回单上盖章后退回；如果核对不相符，则应在函证单回单上注明，或者另抄对账单退回本单位，作为进一步核对的根据。"往来结算款项函证单"的一般格式如表8-6所示。

表8-6 往来结算款项函证单

××单位：
本公司与贵单位的业务往来款项有下列项目，为了清对账目，特函请查证，是否相同，请在回单联中注明后盖章寄回。

单位：		地址：		编号：
账户	截止日期	经济事项概要	账面余额	备注

收到对方寄回的回单后，清查人员应根据清查中发现的问题和情况，及时编制"往来结算款项清查结果报告表"。对于本单位同对方单位或个人有争议的款项、收回希望较小和无法支付的款项，应在报告中尽可能详细地说明，以便有关部门及时采取措施，减少不必要的损失。"往来结算款项清查结果报告表"的一般格式如表8-7所示。

表8-7 往来结算款项清查结果报告表

往来结算款项清查结果报告表									
单位名称：					年　　月　　日				
总分类账户		明细账户		发生日期	对方结存额	对比结果及差异额	核对不符原因分析		备注
名称	金额	名称	金额				未达账项	争议账项	其他
清查人员：									

任务三　财产清查结果的处理

一、财产清查结果的处理程序

财产清查的过程，就是账存数与实存数相互核对的过程。财产清查的结果一般会出现下列几种情形。

(1) 账存数与实存数一致。表明账实相符，不必进行账务处理。

(2) 账存数和实存数不一致。当实存数大于账存数时，即为盘盈；当实存数小于账存数时，即为盘亏。

(3) 实存数虽与账存数一致，但实存的财产不能按正常的财产物资使用，即毁损。

不论是盘盈还是盘亏、毁损，都要进行相应的账务处理。对财产清查的结果，应当按照国家的有关财务制度的规定处理，具体如下。

(一) 核准数字、查明原因和性质、提出处理意见

对财产清查所确定的差异，要认真查明其性质和发生的原因，明确经济责任，据实提出相应的处理意见，按规定程序呈报有关部门批准。

(二) 调整账簿，做到账实相符

1. 报请批准前的账务处理

财产清查中发现的盘盈、盘亏和毁损，在报请有关上级审批前，根据已查明属实的财产盘盈、盘亏和毁损的数字编制记账凭证，据以登记有关账簿，调整账簿记录，使各项财产的账存数和实存数一致。

2. 报请批准后的账务处理

经批准后，应根据差异发生的原因和审批后的处理意见，将处理结果编制记账凭证，分

别登记入账，予以核销。

二、财产清查结果的账务处理

对于财产清查中发现的问题，应核实情况，调查分析产生的原因，根据"清查结果报告表""盘点报告表"等已经查实的数据资料，填制记账凭证，记入有关账簿，使账簿记录与实际盘存数相符，同时根据管理权限，将处理建议报股东大会或董事会或经理（厂长）会议或类似机构批准。财产清查结果处理的具体要求如下。

(1) 分析产生差异的原因和性质，提出处理建议。
(2) 积极处理多余的积压财产，清理往来款项。
(3) 总结经验教训，建立和健全各项管理制度。

为了反映和监督财产清查过程中已查明的各种财产盘盈、盘亏和毁损及其报请批准后的转销数额，需设置"待处理财产损溢"账户。该账户借方登记各项财产的盘亏或毁损金额和各项财产盘盈报经批准后的转销数；贷方登记各项财产的盘盈金额和各项财产盘亏或毁损报经批准后的转销数；处理前的借方余额，反映企业尚未处理的各种财产的净损失；处理前的贷方余额，反映企业尚未处理的各种财产的净溢余；期末处理后，本账户应无余额。该账户可按盘盈、盘亏的资产种类和项目进行明细核算。

"待处理财产损溢"账户的结构如图 8-1 所示。

借方	待处理财产损溢	贷方
各项财产物资的盘亏或毁损金额		各项财产物资的盘盈金额
盘盈报经批准后的转销数		盘亏或毁损报经批准后的转销数
企业尚未处理的各种财产的净损失		企业尚未处理的各种财产的净溢余

图8-1 "待处理财产损溢"账户的结构

(一) 库存现金清查结果的账务处理

在清查中，如发现库存现金账款不符，对有待查明原因的现金短缺或溢余，应通过"待处理财产损溢"账户核算，待查明原因后，再根据不同的情况进行不同的账务处理。

1. 现金短缺

(1) 查明原因前，其会计分录如下。
借：待处理财产损溢
　　贷：库存现金
(2) 查明原因后，其会计分录如下。
借：其他应收款——××个人/单位(责任人赔偿的部分)
　　管理费用(无法查明原因)
　　贷：待处理财产损溢

2. 现金溢余

(1) 查明原因前，其会计分录如下。

借：库存现金
　　贷：待处理财产损溢

(2) 查明原因后，其会计分录如下。

借：待处理财产损溢
　　贷：其他应付款——个人/单位(应支付给有关人员或单位)
　　　　营业外收入(无法查明原因)

【例 8-2】A 公司在 2017 年 11 月的现金清查中，发现库存现金短缺 600 元。

其会计分录如下。

借：待处理财产损溢　　　　　　600
　　贷：库存现金　　　　　　　　　　600

【例 8-3】经查，上述现金短缺，其中 320 元是属于出纳员李明的责任，应由其负责赔偿，另外 280 元无法查明原因，经批准后转作为管理费用处理。

其会计分录如下。

借：其他应收款——李明　　　　320
　　管理费用　　　　　　　　　280
　　贷：待处理财产损溢　　　　　　　600

【例 8-4】A 公司在 2017 年 12 月的现金清查中，发现库存现金较账面余额溢余 160 元。

其会计分录如下。

借：库存现金　　　　　　　　　160
　　贷：待处理财产损溢　　　　　　　160

【例 8-5】经反复核查，上述现金溢余原因不明，经批准转作营业外收入处理。

其会计分录如下。

借：待处理财产损溢　　　　　　160
　　贷：营业外收入——现金溢余　　　160

(二) 存货清查结果的账务处理

造成存货账实不符的原因很多，应根据"实存账存报告表"的记录和实际情况分别进行不同的账务处理。

1. 存货盘盈

(1) 报经批准前，其会计分录如下。

借：原材料
　　生产成本
　　库存商品等
　　贷：待处理财产损溢

(2) 报经批准后，其会计分录如下。
借：待处理财产损溢
　　贷：管理费用

【例 8-6】A 公司在 2017 年 11 月的财产清查中盘盈甲材料一批，价值 6000 元，经查明是由于收发计量错误所致。

批准处理前，会计分录如下。
借：原材料——甲材料　　　　6000
　　贷：待处理财产损溢　　　　　　6000

批准处理后，会计分录如下。
借：待处理财产损溢　　　　　6000
　　贷：管理费用　　　　　　　　　6000

2. 存货盘亏及毁损

(1) 报经批准前，会计分录如下。
借：待处理财产损溢
　　贷：原材料
　　　　生产成本
　　　　库存商品等

(2) 报经批准后，会计分录如下。
借：其他应收款(由保险公司和责任人赔偿)
　　管理费用(定额损耗、计量收发错误和管理不善)
　　营业外支出(自然灾害或意外事故造成，扣除责任人赔偿的部分)
　　贷：待处理财产损溢

【例 8-7】A 公司在 2017 年 12 月的财产清查中，盘亏乙材料 1500 元，经查明是属于定额内损耗。

批准处理前，会计分录如下。
借：待处理财产损溢　　　　　1500
　　贷：原材料——乙材料　　　　1500

批准处理后，会计分录如下。
借：管理费用　　　　　　　　1500
　　贷：待处理财产损溢　　　　　　1500

【例 8-8】A 公司在 2017 年 12 月因自然灾害等损失造成库存商品毁损，价值 6000 元，保险公司同意赔偿 4800 元，残料已办理入库手续，价值 400 元。

批准处理前，会计业务处理如下。
借：待处理财产损溢　　　　　6000
　　贷：库存商品　　　　　　　　6000

批准处理后，会计业务处理如下。
借：其他应收款——保险公司　　4800
　　原材料　　　　　　　　　　400

营业外支出　　　　　　　　　800
　贷：待处理财产损溢　　　　　　6000

(三) 固定资产清查结果的账务处理

企业应定期对固定资产进行盘点清查。在固定资产清查中，如果发现盘盈、盘亏的固定资产，应填制固定资产盘盈、盘亏报告表，查明原因，并写出书面报告。根据企业的管理权限，报经企业上级或董事会等类似机构批准后，在期末结账前处理完毕。

1. 固定资产盘盈

我国《企业会计准则》规定，企业如有盘盈固定资产的，应作为前期差错，记入"以前年度损益调整"账户。

2. 固定资产盘亏

(1) 批准处理前，其会计分录如下。
借：待处理财产损溢(账面价值)
　　累计折旧
　　固定资产减值准备
　贷：固定资产(账面原价)
(2) 批准处理后，其会计分录如下。
借：其他应收款(责任人赔偿部分)
　　营业外支出(盘亏净值)
　贷：待处理财产损溢

【例8-9】A公司在进行财产清查时，发现盘亏设备一台，其账面原价为80 000元，累计折旧为12 000元，已提减值准备5000元。上述盘亏的设备应由保险公司赔偿10 000元。

盘亏固定资产时，其会计分录如下。
借：待处理财产损溢　　　　　63 000
　　累计折旧　　　　　　　　12 000
　　固定资产减值准备　　　　　5000
　贷：固定资产　　　　　　　　　80 000
批准转销时，其会计分录如下。
借：其他应收款——保险公司　10 000
　　营业外支出　　　　　　　53 000
　贷：待处理财产损溢　　　　　　63 000

(四) 往来结算款项清查结果的账务处理

企业应当定期或至少于每年年度终了，对应收应付款项进行全面检查，对于长期无法收回和长期无法支付的款项要及时进行处理。在财产清查中查明确实无法收回的应收款项和无法支付的应付款项，不通过"待处理财产损溢"账户核算，而是在原来账面记录的基础上，按规定程序报经批准后，直接转账冲销。对于无法支付的应付账款，应根据《企业会计准则》

的规定，记入"营业外收入"账户；对于可能收不回来的应收账款应提取坏账准备；对于确实收不回来的应收账款应冲销"坏账准备"账户。

【例8-10】A 公司在 2017 年 12 月的财产清查中发现一笔长期无法支付的应付货款 9000 元，企业报经批准后，予以转销。

其会计业务处理如下。

借：应付账款　　　　　　　9000
　　贷：营业外收入　　　　　　　9000

【例8-11】A 公司采用备抵法核销坏账。在财产清查中，确认有 5200 元的应收账款确实无法收回，经批准确认为坏账。

其会计业务处理如下。

借：坏账准备　　　　　　　5200
　　贷：应收账款　　　　　　　5200

项目练习

一、单项选择题

1. 企业在编制年度财务会计报告进行的财产清查，一般应进行(　　)。
   A. 重点清查　　　　　　　　B. 全面清查
   C. 局部清查　　　　　　　　D. 抽样调查
2. 出纳人员发生变动时，应对其保管的库存现金进行清查，这种财产清查属于(　　)。
   A. 全面清查和定期清查　　　B. 局部清查和不定期清查
   C. 全面清查和不定期清查　　D. 局部清查和定期清查
3. 对露天堆放的煤进行盘点所采用的清查方法一般是(　　)。
   A. 逐一盘点法　　　　　　　B. 技术推算法
   C. 抽样盘点法　　　　　　　D. 查询核对法
4. 对往来款项进行清查，应该采用(　　)。
   A. 技术推算法　　　　　　　B. 与银行核对账目法
   C. 实地盘存法　　　　　　　D. 发函询证法
5. 企业因自然灾害所造成的生产用材料毁损，报经批准后，将扣除保险公司等单位的赔款和残料价值后的净损失记入(　　)账户。
   A. "管理费用"　　　　　　　B. "其他业务成本"
   C. "营业外支出"　　　　　　D. "制造费用"
6. 对应收账款进行清查应采用的方法是(　　)。
   A. 实地盘点法　　　　　　　B. 技术推算法
   C. 抽样盘点法　　　　　　　D. 查询核实法
7. 某企业 2009 年 12 月 31 日银行存款日记账账面余额为 217 300 元，开户行送来的对账单所列本企业存款余额为 254 690 元，经核对，发现未达账项如下：银行已收，企业未收款 42 100 元；银行已付，企业未付款 5000 元；企业已收，银行未收款 21 600 元；企业已付，银行未付款 21 890 元,则该企业可动用的银行存款实有数是( )元。

  A. 217 300 B. 254 690 C. 254 400 D. 276 290

 8. 下列各种情况中,需要进行局部清查的有( )。

  A. 公司总经理调离工作时 B. 更换仓库保管人员时

  C. 年终决算时 D. 企业改变隶属关系时

 9. 对确实无法支付的应付款项,在报经批准后将其转为( )处理。

  A. 营业外收入 B. 营业外支出

  C. 盈余公积 D. 资本公积

 10. 在记账无误时,银行对账单与银行存款日记账账面余额不一致的原因是( )。

  A. 应付账款 B. 应收账款

  C. 外埠存款 D. 未达账项

 11. "账存实存报告表"是调整账面记录的( )。

  A. 累计凭证 B. 汇总凭证

  C. 记账凭证 D. 原始凭证

 12. 银行存款的清查,就是对( )进行核对。

  A. 银行存款日记账和银行存款总分类账

  B. 银行存款日记账和银行存款收、付款凭证

  C. 银行存款日记账和开户银行对账单

  D. 银行存款总分类账与银行存款收、付款凭证

二、多项选择题

 1. 以下关于定期清查和不定期清查,表述正确的是( )。

  A. 定期清查的对象不定,可以是全面清查也可以是局部清查

  B. 不定期清查对象可以是全面清查也可以是局部清查

  C. 定期清查的目的在于查明情况,分清责任

  D. 不定期清查的目的在于保证会计核算资料的真实、正确

 2. 财产清查的种类划分标准有( )。

  A. 按照清查范围分类

  B. 按照清查的程序分类

  C. 按照清查的执行系统分类

  D. 按照清查的时间分类

 3. 对财产清查中发生的盘盈、盘亏和毁损等问题,其处理的步骤包括( )。

  A. 核准数字,查明原因

  B. 调整账簿,做到账实相符

  C. 调整凭证,更正错账

  D. 报经批准,进行相应的转账处理

 4. 企业进行全面清查的情况一般是在( )时。

  A. 年终决算 B. 开展清产核资

  C. 月末 D. 单位撤销、改变隶属关系

5. 下列项目中，属于不定期全面清查的情况有( )。
   A. 年终决算前进行的清查
   B. 每日对库存现金的盘点
   C. 单位撤销、合并或改变隶属关系进行的清查
   D. 单位主要领导调离工作前进行的清查

6. 下列未达账项中，会使本企业银行存款日记账账面余额大于银行对账单的有( )。
   A. 企业已收、银行未收款
   B. 银行已收、企业未收款
   C. 银行已付、企业未付款
   D. 企业已付、银行未付款

7. 下列说法中不正确的有( )。
   A. 银行存款应采用发函询证法进行核对
   B. 往来款项的清查一般用发函询证的方法进行核对
   C. 库存现金清查时，出纳人员必须在场，库存现金由出纳人员经手盘点，清查人员从旁监督
   D. "现金盘点报告表"不能作为原始凭证调整账簿记录

8. 财产清查，按清查的时间可分为( )。
   A. 全面清查   B. 局部清查
   C. 定期清查   D. 不定期清查

9. 不定期清查适用于( )。
   A. 更换现金保管员   B. 季末结账
   C. 发生自然灾害损失   D. 单位撤销、合并

10. 以下关于清查方法的表述正确的是( )。
    A. 对库存现金的清查，采用实地盘点法
    B. 对银行存款的清查，采用实地盘点法
    C. 对往来款项的清查，采用发函询证法
    D. 对银行存款的清查，采用对账单法

11. 导致企业银行存款日记账账面余额小于银行对账单余额的未达账项是( )。
    A. 企业已收款入账，银行尚未收款入账
    B. 企业已付款入账，银行尚未付款入账
    C. 银行已收款入账，企业尚未收款入账
    D. 银行已付款入账，企业尚未付款入账

三、判断题

1. 库存现金的清查是通过实地盘点法进行的。   (   )
2. 每日终了，银行存款日记账必须结出余额，并与银行对账单核对相符。   (   )
3. "实存账存对比表"和"往来款项清查结果报告表"都是财产清查的重要报表，是调整账簿记录的原始凭证。   (   )
4. 企业银行存款日记账在与银行对账时首先应查明是否存在未达账项，如果存在未达账

项,则应该编制"银行存款调节表"。   (   )

5. 企业已付款入账、银行尚未付款入账的未达账项会造成企业银行存款日记账余额高于银行对账单余额。   (   )

6. 未达账项是指银行已入账,企业未入账的款项。   (   )

7. 进行财产清查时,如发现账存数小于实存数,即为盘亏。   (   )

8. 对流动性较大的材料等,除全面清查外,一般在年中还要进行轮流盘点或重点清查。
                                                          (   )

9. 由过失人或保险公司赔偿的财产损失,报经批准后由"待处理财产损溢"账户转入"其他应收款"账户。   (   )

10. 固定资产的盘盈,应通过"待处理财产损溢"科目核算。   (   )

四、业务处理题

习题一

2019 年 6 月 30 日,某企业银行存款日记账的余额为 100 000 元,银行对账单余额为 105 000 元,经逐笔核对,发现有下列未达账项。

(1) 29 日,企业销售产品收到转账支票一张,计 3000 元,将支票存入银行,银行尚未办理入账手续。

(2) 29 日,企业采购材料开出转账支票一张,计 1000 元,企业已作银行存款付出处理,银行尚未收到支票而未入账。

(3) 30 日,企业开出现金支票一张,计 1000 元,银行尚未入账。

(4) 30 日,银行代企业收回货款 9000 元,收款通知尚未到达企业,企业尚未入账。

(5) 30 日,银行代企业支付电费 2000 元,付款通知尚未到达企业,企业尚未入账。

(6) 30 日,银行代企业支付水费 1000 元,付款通知尚未到达企业,企业尚未入账。

要求:根据以上资料,编制银行存款余额调节表,如表 8-8 所示。

表8-8 银行存款余额调节表

年   月   日

项目	金额	项目	金额
银行存款日记账余额		银行对账单余额	
加:银行已收,企业未收		加:企业已收,银行未收	
减:银行已付,企业未付		减:企业已付,银行未付	
调节后余额		调节后余额	

习题二

A 公司 2018 年 12 月清查往来账项时,发现以下业务长期挂在账上。

(1) 应付甲公司的购货款 6780 元,由于对方单位撤销无法支付,经批准转作营业外收入处理。

(2) 应收丙公司的销货款 12 000 元,由于丙公司破产无法收回,经批准作为坏账处理。

(A 公司采用备抵法核算坏账)

习题三

A 公司 2019 年 12 月月底对其财产进行全面清查，结果如下。

(1) 甲公司财产清查中盘盈库存现金 20 000 元，其中 12 000 元属于应支付给其他公司的违约金，剩余盘盈金额无法查明原因。

(2) 在财产清查中，盘亏设备一台，原价为 80 000 元，已计提折旧 5000 元，经查明，过失人赔偿 5000 元，已批准进行处理。

(3) 现金清产短款 52 元，属于出纳人责任，尚未收到赔款。

(4) 发现，某产品盘盈 200 千克，单位成本为 10 元，共计 2000 元。经调查该盘盈产品系计量误差造成。

(5) 盘亏材料 10 000 元，可以收回的保险的赔偿和过失人赔款合计 2000 元，剩余的净损失中有 3000 元属于自然损失，2000 元属于自然损耗。

根据上列资料，进行报批前和报批后的会计处理。

项目九

认识财务会计报告

> **学习要求**
>
> 1. 明确编制财务会计报告的作用及编制要求；
> 2. 掌握资产负债表、利润表和现金流量表的结构及基本内容；
> 3. 了解资产负债表、利润表的基本编制方法，初步认识会计报表的分析方法；
> 4. 熟悉财务会计报告的有关基础知识。

任务一 财务会计报告概述

一、编制财务会计报告的目的

会计的日常工作包括设置会计账户、运用复式记账方法、填制和审核会计凭证、登记会计账簿等，虽然已将企业的经济活动及由这些经济活动所引起的财务状况变动情况、费用、成本的发生情况，收入、成果的计算和分配情况等进行了连续、完整和分类别地反映，但是这些会计数据和资料不能将分散的会计信息集中而有机地联系起来，不能总括地提供各会计主体的会计数据和资料。因此，为了满足会计信息使用者的要求，需要在日常会计核算的基础上，定期对日常会计核算资料进行归集、加工、整理，编制成财务会计报告，将企业的财务状况和经营成果概括而全面地反映出来，以便及时、准确、清晰地为会计信息使用者提供能使他们做出合理投资、贷款、经营管理及其他经营决策的有用会计信息资料。编制财务会计报告是会计核算工作的重要内容，是实现会计目标的最终载体。

综上所述，编制财务会计报告的目的是向财务会计报告使用者提供与企业财务状况、经营成果和现金流量等有关的会计信息，反映企业管理层受托责任履行情况，有助于财务会计报告使用者做出经济决策。财务报告使用者通常包括投资者、债权人、政府及其有关部门、社会公众等。

二、财务会计报告的组成

财务会计报告是指企业对外提供的反映企业某一特定日期财务状况和某一会计期间经营成果、现金流量等的会计信息文件。

财务会计报告包括会计报表、会计报表附注和其他应当在财务会计报告中披露的相关信息和资料。其中，会计报表是财务会计报告的主体和核心。

(一) 会计报表

1. 会计报表的构成体系

会计报表是以日常会计核算资料为主要依据，按照一定的格式加以汇总、整理，用来总括地反映企业财务状况、经营成果和现金流量等的会计信息文件，其是对企业财务状况、经营成果和现金流量的结构性表述。一套完整的会计报表至少应包括资产负债表、利润表、现金流量表、所有者权益(或股东权益)变动表。

2. 会计报表的一般结构

不同的会计报表所反映的内容不同，但其基本要素应包括以下部分。

(1) 表首。表首在报表的上端，包括报表的名称、编制单位、编制报表的时间、计量单位、报表的编号等。

(2) 正表。正表是会计报表的主体，应将某一特定报表所反映的基本内容归纳到适当的类目中，通过一定的结构格式排列反映出来，从中可以分析其所需要的信息参数，满足使用者的要求。

(3) 补充资料。补充资料是对表内某些项目内容的详细补充或说明，一般列在正表的下端，便于报表的使用者更好地阅读及理解报表项目，分析企业的财务状况。

3. 会计报表的分类

会计报表可以根据需要，按照不同的标准进行分类。

1) 按会计报表所反映的内容分类

按会计报表反映的内容分类，可以分为静态会计报表和动态会计报表。

(1) 静态会计报表。静态会计报表指综合反映企业在某一特定时点资产、负债和所有者权益的会计报表，如资产负债表。

(2) 动态会计报表。动态会计报表指综合反映企业一定时期内经营成果或现金流量的报表，如利润表、现金流量表、所有者权益变动表。

2) 按会计报表的编报时间分类

按会计报表编报时间分类，可以分为中期报表和年度报表。

(1) 中期报表。中期报表指以中期为基础编制的会计报表。中期是指短于一个完整的会计年度的报告期间，包括月份(包括资产负债表和利润表)、季度(包括资产负债表和利润表)和半年度(至少包括资产负债表、利润表、现金流量表和附注)。

(2) 年度报表。年度报表又称年终决算报表，在年末编制，它包括规定对外报送的全部会计报表、会计报表附注，用以全面反映企业的财务状况、经营成果和现金流量等的情况。

3) 按会计报表的编制单位分类

按会计报表的编制单位分类，可以分为单位会计报表、汇总会计报表。

(1) 单位会计报表。单位会计报表指由企业在自身会计核算基础上，对账簿记录进行加工后而编制的会计报表，主要用以反映企业自身的财务状况经营成果及现金流量的情况。

(2) 汇总会计报表。汇总会计报表指由企业主管部门或上级机关，根据所属单位报送的会计报表，连同本单位的会计报表简单汇总编制的综合性会计报表。

(二) 会计报表附注

会计报表附注是对会计报表中列示项目的文字描述或明细资料，以及对未能在这些报表中列示项目的说明等。会计报表附注应披露以下内容。

(1) 财务报表的编制基础。

(2) 遵循企业会计准则的声明。

(3) 重要会计政策的说明，包括财务报表项目的计量基础和会计政策的确定依据等。

(4) 重要会计估计的说明，包括下一会计期间内很可能导致资产和负债账面价值重大调整的会计估计的确定依据等。

(5) 会计政策和会计估计变更及差错更正的说明。

(6) 对已在资产负债表、利润表、现金流量表和所有者权益变动表中列示的重要项目的进一步说明，包括终止经营税后利润的金额及其构成情况等。

(7) 与承诺事项、资产负债表日后非调整事项、关联方关系及其交易等需要说明的事项。

三、编制财务会计报告的基本要求

为了保证会计报表的质量，充分发挥会计报表的作用，在编制会计报表时，应做到以下几点。

(一) 内容完整

企业在编制会计报表时，必须按照会计制度统一规定的报表种类、格式和内容来填写。凡属会计报表上规定应填列的指标，应当填列齐全，不得漏编、漏报或任意取舍。如果有的项目无数字填列，应在金额栏内用一横线划去，表示此项目无数字填报。对报表中某些需要说明的项目，可以在相关项目后用括号注明，或者利用附注及其他形式加以说明，以便报表使用者理解和利用。

(二) 数字真实

企业会计报表所列的数字必须真实客观，如实反映企业经济活动，因此在编制会计报表时应当依据调整、核实无误的账簿记录，不允许使用估计或推算数字代替实际数字，更不允许以各种方式弄虚作假，隐瞒谎报、篡改数字，并按照以下要求严格执行。

(1) 核对各会计账簿记录与会计凭证的内容、金额等是否一致，记账方向是否相符。

(2) 按照规定的结账日结出有关账簿的余额和发生额，并认真核对。

(3) 检查相关的会计核算是否按照国家统一会计制度的规定进行。

(4) 对于特殊的交易、事项,若没有规定统一核算方法,检查其是否按照会计核算的一般原则进行确认计量及相关账务处理是否合理。

(5) 检查是否存在因会计差错、会计政策变更等原因需要调整前期或本期相关项目。

(6) 会计报表编好后,认真核对账表数字是否一致,不同报表中同一指标的数字是否一致等,做到账表相符,以确保会计报表数字的真实可靠。

(三) 计算准确

会计报表各项目的金额数字主要来自日常的账簿记录。有些项目的金额需要将有关账户的期末余额进行分析、计算后才能填列,而且报表项目之间也存在着一定的数量钩稽关系。因此,编制会计报表时,对有关项目的金额,必须采用正确的计算方法加以确定,保证会计报表数字的准确性。

(四) 指标可比

会计报表提供的信息必须满足企业内部和外部不同使用者的相关需要,为使用者提供有用的信息资料,并且便于报表使用者在不同企业之间进行比较。这些信息资料可以帮助使用者评价企业的过去,判断企业的现在,预测企业的未来,有助于使用者进行经济决策。因此,编制会计报表时,企业在不同时期的指标和同类型企业之间的报表指标在计算和填列方法上,应尽可能口径一致,不得随意变更。

(五) 编报及时

会计报表提供的资料,具有很强的时效性。只有及时编制和报送会计报表,才能为使用者提供决策所需的信息资料,以便报表使用者及时了解编报单位的财务状况和经营成果,便于有关部门和地方财政部门及时进行汇总。要保证会计报表编报及时,必须加强日常的核算工作,认真做好记账、算账、对账和财产清查,调整账面工作;同时加强会计人员的配合协作,使会计报表编报及时。

任务二 资产负债表

一、资产负债表的作用

资产负债表又称为财务状况表,也称为静态财务报表,是反映企业在某一特定日期财务状况的会计报表。资产负债表的编制基础是"资产=负债+所有者权益"这一会计恒等式。资产负债表所提供的资料,对企业管理者的经营决策和与企业有关的其他利益集团的经济决策具有重要意义。其重要性在于它表明了企业在资产、负债、所有者权益三方的实力状况,反映了企业经营活动的规模及发展潜力。

通过资产项目,了解企业某一日期所拥有或控制的各种资源的构成及分布,分析资源的配置是否节约、合理。通过负债项目,了解企业某一日期的负债总额及结构,查明企业负担的债务数额及偿还时间,分析企业的偿债能力和支付能力。通过所有者权益项目,了解投资者在资产中所占份额,了解所有者权益的构成情况,与负债进行对比,可以分析财务结构的优劣和负债经营的合理程度,分析企业面临的风险。通过不同时期的资产负债表对比分析,可以了解企业资金结构的变化情况,预测未来的财务发展趋势。

二、资产负债表的内容及格式

(一) 资产负债表的内容

1. 资产类项目

一般按资产的流动性大小或变现能力的强弱,分成流动资产和非流动资产两大类。

流动资产项目包括货币资金、交易性金融资产、应收票据、应收账款、其他应收款、存货、一年内到期的非流动资产等;非流动资产项目包括长期股权投资、固定资产、无形资产和其他非流动资产等。按照《企业会计准则》的规定,还应单独列示投资性房地产、生产性生物资产等项目。

2. 负债类项目

一般按承担经济义务期限的长短,分为流动负债和非流动负债两大类。

流动负债项目包括短期借款、应付票据、应付账款、预收账款、其他应付款、应付职工薪酬、应交税费、应付股利、一年内到期的非流动负债等;非流动负债项目包括长期借款、应付债券、长期应付款和其他非流动负债等。

3. 所有者权益类项目

一般按持久性的不同,可将所有者权益类项目分为实收资本(或股本)、资本公积、盈余公积、未分配利润等。

(二) 资产负债表格式

资产负债表的格式是指资产、负债、所有者权益的分类和排列形式。目前国际通用的有账户式和报告式两种,根据我国会计准则的规定,资产负债表按账户式来反映。资产负债表的格式如表9-1所示。

表9-1 资产负债表

编制单位: 年 月 日 单位:元

资产	期末余额	年初余额	负债和所有者权益(或股东权益)	期末余额	年初余额
流动资产:			流动负债:		
货币资金			短期借款		
交易性金融资产			交易性金融负债		
应收票据及应收账款			应付票据及应付账款		

(续表)

资产	期末余额	年初余额	负债和所有者权益(或股东权益)	期末余额	年初余额
预付款项			预收款项		
其他应收款			合同负债		
存货			应付职工薪酬		
合同资产			应交税费		
持有待售资产			其他应付款		
一年内到期的非流动资产			持有待售负债		
其他流动资产			一年内到期的非流动负债		
流动资产合计			其他流动负债		
非流动资产:			流动负债合计		
债权投资			非流动负债:		
其他债权投资			长期借款		
长期应收款			应付债券		
长期股权投资			长期应付款		
其他权益工具投资			预计负债		
其他非流动金融资产			递延收益		
投资性房地产			递延所得税负债		
固定资产			其他非流动负债		
在建工程			非流动负债合计		
生产性生物资产			负债合计		
油气资产			所有者权益(或股东权益):		
无形资产			实收资本(或股本)		
开发支出			其他权益工具		
商誉			其中：优先股		
长期待摊费用			永续股		
递延所得税资产			资本公积		
其他非流动资产			减：库存股		
非流动资产合计			其他综合收益		
			盈余公积		
			未分配利润		
			所有者权益(或股东权益)合计		
资产总计			负债和所有者权益(或股东权益)总计		

三、资产负债表的编制方法

根据我国会计准则的要求,企业的资产负债表需要提供不同时点资产负债表的数据,以便使用者掌握企业财务状况的变动情况及发展趋势。因此,资产负债表的各个项目需要列示"年初余额"和"期末余额"栏分别填列。

(一)年初余额的填列方法

资产负债表年初余额项目的各项数字,应根据上年末资产负债表"期末余额"栏填列。如果本年度资产负债表的项目名称和内容与上年度不一致,则应将上年末的项目名称和数字按本年度的规定调整,然后填列。

(二)期末余额的填列方法

1. 根据总账科目的余额填列

根据总账科目的余额直接填列交易性金融资产、短期借款、资本公积等大多数项目。
根据几个总账科目的余额计算填列货币资金等项目。
其中

$$货币资金＝库存现金＋银行存款＋其他货币资金$$

2. 根据有关明细科目的余额计算填列

应收票据及应收账款＝应收票据科目期末余额＋应收账款明细科目借方余额＋
　　　　　　　　　预收账款明细科目借方余额(若无坏账准备)

预付款项＝预付账款明细科目借方余额＋应付账款明细科目借方余额(若无坏账准备)

应付票据及应付账款＝应付票据科目的期末余额＋应付账款明细科目贷方余额＋
　　　　　　　　　预付账款明细科目贷方余额

预收款项＝预收账款明细科目贷方余额＋应收账款明细科目贷方余额

开发支出项目,需要根据研发支出科目中所属的"资本化支出"明细科目期末余额计算填列。

未分配利润项目,需要根据利润分配科目中所属的"未分配利润"明细科目期末余额填列。

3. 根据总账科目和明细账科目的余额分析计算填列

"长期借款"项目,应根据"长期借款"总账科目余额扣除"长期借款"科目所属的明细科目中将在资产负债表日起一年内到期且企业不能自主地将清偿义务展期的长期借款后的金额计算填列。特殊的,一年内即将到期的非流动负债列示于流动负债中"一年内到期的非流动负债"项目。

长期待摊费用项目,应根据"长期待摊费用"总账科目余额扣除"长期待摊费用"科目所属的明细科目中将在资产负债表日起一年内摊销的长期待摊费用后的金额填列。特殊的,一年内即将摊销的长期待摊费用列示于流动资产中"一年内到期的非流动资产"项目。

4. 根据有关科目余额减去其备抵科目余额后的净额填列

(1) 应收票据及应收账款：扣除有关的坏账准备。

(2) 长期股权投资：扣除长期股权投资减值准备。

(3) 固定资产：扣除累计折旧、固定资产减值准备＋(－)固定资产清理。

(4) 无形资产：扣除累计摊销、无形资产减值准备。

5. 综合运用上述填列方法分析填列

通常，有些项目，如"存货"项目，需根据材料采购、原材料、低值易耗品、自制半成品、库存商品、包装物、生产成本、委托加工物资、委托代销商品、材料成本差异等科目的期末余额汇总数，减去"存货跌价准备"备抵科目余额后的金额填列。

【注意】

(1) 材料成本差异如为借方余额则"加"，如为贷方余额则"减"。

(2) "工程物资"不属于存货。

【例9-1】2019年12月1日，A公司"库存现金"科目余额为1万元，"银行存款"科目余额为200万元，"其他货币资金"科目余额为100万元，12月10日提取现金5万元，赊销商品113万元，收到银行承兑汇票50万元，则2019年12月31日，A公司资产负债表中"货币资金"项目"期末余额"的列报金额＝1＋200＋100＝301(万元)。(注：提取现金、赊销商品、取得银行承兑汇票等，不引起货币资金的增减变动)

【例9-2】2019年12月31日，A公司"短期借款"科目的余额如下：银行质押借款40万元，信用借款35万元，则2019年12月31日，A公司资产负债表中"短期借款"项目"期末余额"的列报金额＝40＋35＝75(万元)。

【例9-3】2019年12月31日，A公司"应收票据"科目的余额为150万元，对应的已计提的坏账准备为20万元，应付票据的账面余额为30万元，其他应收款的账面余额为15万元，则2019年12月31日，A公司资产负债表中"应收票据"项目"期末余额"的列报金额＝150－20＝130(万元)。

【例9-4】2019年12月31日，A公司"应付票据"和"应付账款"科目的余额如下：应付账款5万元，银行承兑汇票25万元，商业承兑汇票5万元，则2019年12月31日，A公司资产负债表中"应付票据及应付账款"项目"期末余额"的列报金额＝5＋25＋5＝35(万元)。

【例9-5】2019年12月31日，A公司"长期借款"科目余额为155万元，其中自乙银行借入的5万元借款将于一年内到期，A公司不具有自主展期清偿的权利，则2019年12月31日，A公司资产负债表中"长期借款"项目"期末余额"的列报金额＝155－5＝150(万元)，"一年内到期的非流动负债"项目"期末余额"的列报金额为5万元。

【例9-6】2019年12月31日，A公司生产成本借方余额为250万元，原材料借方余额为150万元，材料成本差异贷方余额为10万元，委托加工物资借方余额为50万元，工程物资借方余额为100万元，则2019年12月31日，A公司资产负债表中"存货"项目"期末余额"

的列报金额＝250＋150＋50－10＝440(万元)。(注：工程物资列示在在建工程项目中，不在存货中核算)

【例 9-7】 2019 年 12 月 31 日，A 公司"固定资产"科目借方余额为 5000 万元，"累计折旧"科目贷方余额为 2000 万元，"固定资产减值准备"科目贷方余额为 500 万元，"固定资产清理"科目借方余额为 500 万元，则 2019 年 12 月 31 日，A 公司资产负债表中"固定资产"项目"期末余额"的列报金额＝5000－2000－500－500＝2000(万元)。

【例 9-8】 2019 年 12 月 31 日，A 公司"无形资产"科目借方余额为 800 万元，"累计摊销"科目贷方余额为 200 万元，"无形资产减值准备"科目贷方余额为 100 万元，则 2019 年 12 月 31 日，A 公司资产负债表中"无形资产"项目"期末余额"的列报金额＝800－200－100＝500(万元)。

【例 9-9】 2019 年 12 月 31 日，A 公司有关科目余额如下："发出商品"科目借方余额为 800 万元，"生产成本"科目借方余额为 300 万元，"原材料"科目借方余额为 100 万元，"委托加工物资"科目借方余额为 200 万元，"材料成本差异"科目的贷方余额为 25 万元，"存货跌价准备"科目贷方余额为 100 万元，"受托代销商品"科目借方余额为 400 万元，"受托代销商品款"科目贷方余额为 400 万元，则 2019 年 12 月 31 日，A 公司资产负债表中"存货"项目"期末余额"的列报金额＝800＋300＋100＋200－25－100＋400－400＝1275(万元)。

【例 9-10】 2019 年 12 月 31 日，A 公司"应付职工薪酬"科目显示，所欠的薪酬项目包括：工资、奖金、津贴和补贴 90 万元，社会保险费 10 万元，设定提存计划(含基本养老保险费)2.5 万元，住房公积金 2 万元，工会经费和职工教育经费 0.5 万元，则 2019 年 12 月 31 日，A 公司资产负债表中"应付职工薪酬"项目"期末余额"的列报金额＝90＋10＋2.5＋2＋0.5＝105(万元)。

任务三　利润表

一、利润表的作用

利润表，也称为动态会计报表，指反映企业在一定会计期间的经营成果的报表。它不仅反映了企业经济活动的结果，而且在一定程度上可以反映企业的经营管理水平。利润的多少及发展趋势，是企业生存和发展的关键，也是投资者和债权人关注的焦点。

(1) 通过利润表可以了解企业的收入、费用及净利润(亏损)的实现及构成情况，据以分析企业的盈利能力和亏损原因。

(2) 通过同一企业不同时期的利润表，可以分析企业的获利能力及利润的未来发展趋势，了解投资者投入资本的保值增值情况，为投资决策提供依据。

(3) 通过同一企业不同时期的利润表，找出影响利润增减变动的原因，据以评价企业管理者的工作业绩。

二、利润表的结构

利润表通过一定的表格反映企业的经营成果。目前普遍的利润表结构有单步式利润表和多步式利润表。

(一) 单步式利润表

1. 编制程序

(1) 列示当期所有的收入项目。
(2) 列示当前所有的费用项目。
(3) 两者相减,得出净利润。

2. 优点

单步式利润表直观简单,易于编制。

3. 缺点

单步式利润表不能反映出各类收入和费用之间的配比关系,无法揭示各构成要素之间的内在联系,不便于会计报表使用者进行分析,也不利于同行业之间的报表比较。

(二) 多步式利润表

1. 编制程序

(1) 计算营业利润。公式为

营业利润＝营业收入－营业成本－税金及附加－销售费用－管理费用－研发费用－财务费用－资产减值损失－信用减值损失＋公允价值变动收益(－公允价值变动损失)＋资产处置收益(－资产处置损失)＋投资收益(－投资损失)＋其他收益

(2) 计算利润总额。公式为

$$利润总额＝营业利润＋营业外收入－营业外支出$$

(3) 计算净利润。公式为

$$净利润＝利润总额－所得税费用$$

2. 优点

多步式利润表通过分步骤计算净利润,准确揭示了净利润各构成要素之间的内在联系,提供了比单步式更为丰富的信息,便于报表使用者进行盈利分析。

我国企业利润表采用多步式格式。多步式利润表格式如表 9-2 所示。

表9-2 利润表

编制单位：　　　　　　　　　　　　　年　月　　　　　　　　　　　　　　　　单位：元

项目	本期金额	上期金额
一、营业收入		
减：营业成本		
税金及附加		
销售费用		
管理费用		
研发费用		
财务费用		
其中：利息费用		
利息收入		
资产减值损失		
信用减值损失		
加：其他收益		
投资收益(损失以"－"号填列)		
其中：对联营企业和合营企业的投资收益		
公允价值变动收益(损失以"－"号填列)		
资产处置收益(损失以"－"号填列)		
二、营业利润(亏损以"－"号填列)		
加：营业外收入		
减：营业外支出		
三、利润总额(亏损总额以"－"号填列)		
减：所得税费用		
四、净利润(净亏损以"－"号填列)		
五、每股收益		
(一) 基本每股收益		
(二) 稀释每股收益		

三、利润表的编制

利润表是一张动态的会计报表，主要反映企业在某一会计期间(年度、半年度、季度和月)内的盈利或亏损情况，因而各项目的数据主要来源于各损益类账户的本期发生额。一般而言，各收入类项目应根据相应的收入类账户的本期贷方发生额填列，各费用类项目则应根据相应的费用类账户的借方发生额填列。

企业需要提供比较利润表，因此，利润表就各项目再分为"本期金额"和"上期金额"两栏分别填列。

(一)"本期金额"栏的编制方法

利润表中"本期金额"栏反映的是各项目本期实际发生数,其数据来源主要有以下几个。

1. 根据有关账户的本期发生额直接填列

该填列主要项目有营业税金及附加、销售费用、管理费用、财务费用、资产减值损失、公允价值变动收益(若为净损失,应当以"－"号填列)、投资收益、营业外收入、营业外支出、所得税费用等。

2. 根据有关账户的本期发生额在表外计算后填列

该填列主要项目有营业收入、营业成本等。

(1) 营业收入项目。应根据"主营业务收入""其他业务收入"账户发生额计算填列。

(2) 营业成本项目。应根据"主营业务成本""其他业务成本"账户发生额计算填列。

3. 根据利润表中的资料计算后填列

该填列主要项目有营业利润、利润总额和净利润。

(1) 营业利润项目。根据营业收入减去营业成本、营业税金及附加、销售费用、管理费用、财务费用、资产减值损失,加上公允价值变动损益(减去公允价值变动损失)、投资收益(减去投资损失)进行计算填列,若为亏损,则应以"－"号填列。

(2) 利润总额项目。根据营业利润加上营业外收入减去营业外支出进行计算后填列。若为亏损,则应以"－"号填列。

(3) 净利润项目。根据利润总额减去所得税费用进行计算后填列。若为亏损,则应以"－"号填列。

【例 9-11】乙公司为热电企业,其经营范围包括:电、热的生产和销售;发电、输变电工程的技术咨询;电力设备及相关产品的采购、开发、生产和销售;等等。乙公司 2019 年度"主营业务收入"科目发生额明细如下:电力销售收入合计 8000 万元,热力销售收入合计 1400 万元,"其他业务收入"科目发生额合计 600 万元,则乙公司 2019 年度利润表中"营业收入"项目"本期金额"的列报金额＝8000＋1400＋600＝10 000(万元)。

【例 9-12】乙公司 2019 年度"应交税费——应交增值税"明细科目的发生额如下:增值税销项税额合计 1700 万元,进项税额合计 700 万元;"税金及附加"科目的发生额如下:城市维护建设税合计 50 万元,教育费附加合计 30 万元,房产税合计 400 万元,城镇土地使用税合计 20 万元,则乙公司 2019 年度利润表中"税金及附加"项目"本期金额"的列报金额＝50＋30＋400＋20＝500(万元)。

【例 9-13】乙公司 2019 年度"财务费用"科目的发生额如下:银行长期借款利息支出合计 1000 万元,银行短期借款利息支出 90 万元,银行存款利息收入合计 8 万元,银行手续费支出合计 18 万元,则乙公司 2018 年度利润表中"财务费用"项目"本期金额"的列报金额＝1000＋90－8＋18＝1100(万元)。

【例 9-14】乙公司 2019 年度"资产减值损失"科目的发生额如下:存货减值损失合计 85 万元,坏账损失合计 15 万元,固定资产减值损失合计 174 万元,无形资产减值损失合计

26 万元,则乙公司 2019 年度利润表中"资产减值损失"项目"本期金额"的列报金额＝85＋174＋26＝285(万元)。

【例 9-15】乙公司 2019 年度"投资收益"科目的发生额如下:按权益法核算的长期股权投资收益合计 290 万元,按成本法核算的长期股权投资收益合计 200 万元,处置长期股权投资取得的投资损失合计 500 万元,则乙公司 2019 年度利润表中"投资收益"项目"本期金额"的列报金额＝290＋200－500＝－10(万元)。

【例 9-16】乙公司 2019 年度"营业外收入"科目的发生额如下:债务重组利得 50 万元,固定资产盘盈利得合计 20 万元,则乙公司 2019 年度利润表中"营业外收入"项目"本期金额"的列报金额＝50(万元)。

【例 9-17】乙公司 2019 年度"营业外支出"科目的发生额如下:固定资产盘亏损失 14 万元,罚没支出合计 10 万元,捐赠支出合计 4 万元,其他营业外支出 2 万元,则乙公司 2019 年度利润表中"营业外支出"项目"本期金额"的列报金额＝14＋10＋4＋2＝30(万元)。

(二)"上期金额"栏的编制方法

利润表中"上期金额"栏中的各项数字应根据上年该期利润表该项目的"本期金额"栏内所列数字填列。如果上年该期利润表规定的各个项目的名称和内容与本期不一致,则应对上年该期利润表各项目的名称和数字按本期的规定进行调整,填入利润表"上期金额"栏内。

任务四　现金流量表

一、现金流量表的作用

现金流量表是反映企业一定会计期间(通常为 1 年)内现金和现金等价物(以下简称现金)的流入和流出的报表。现金流量表从现金流入和流出两方面反映企业在一定期间内的经营活动、投资活动和筹资活动的动态情况,反映企业一定期间内现金流入和流出的原因,有利于准确预测企业未来的偿债能力和支付投资利润的能力,分析企业未来获取现金的能力,同时分析企业投资和理财活动对经营成果和财务状况的影响。

二、现金流量表的内容和结构

现金流量表是以现金和现金等价物为基础编制的财务状况变动表。这里的"现金"是广义的现金,包括库存现金及可以随时用于支付的银行存款和其他货币资金;"现金等价物"是指企业持有的期限短、流动性强、易于转换为已知金额的现金、价值变动风险很小的投资。其中,期限短一般是指从购买日起 3 个月内到期,提前通知银行或其他金融机构便可支取的定期存款属于现金,但不能随时支取的定期存款和长期性投资则不能作为现金。

我国会计准则规定，现金流量表的结构包括基本报表和附注两部分。其中，基本报表的内容按照企业经营业务的性质将一定时期内产生的现金流量归为以下三个方面。

(一) 经营活动产生的现金流量

经营活动是指企业投资活动和筹资活动以外的所有交易或事项，主要包括销售商品或提供劳务、经营性租赁、购买货物、接受劳务、支付工资、广告宣传、推销产品、缴纳税款等。

(二) 投资活动产生的现金流量

投资活动是指企业长期资产的购建和不包括在现金等价物范围内的投资及其处置活动，主要包括取得和收回投资、购建和处置固定资产、无形资产和其他长期资产等。

(三) 筹资活动产生的现金流量

筹资活动是指导致企业资本及债务规模和构成发生变化的活动，主要包括吸收投资、发行股票、分配利润和借入款项等。

现金流量表的格式如表9-3所示。

表9-3　现金流量表

编制单位：　　　　　　　　　　　年　月　　　　　　　　　　　单位：元

项目	本期金额	上期金额
一、经营活动产生的现金流量		
销售商品、提供劳务收到的现金		
收到的税费返还		
收到其他与经营活动有关的现金		
经营活动现金流入小计		
购买商品、接受劳务支付的现金		
支付给职工及为职工支付的现金		
支付的各项税费		
支付其他与经营活动有关的现金		
经营活动现金流出小计		
经营活动产生的现金流量净额		
二、投资活动产生的现金流量		
收回投资收到的现金		
取得投资收益收到的现金		
处置固定资产、无形资产和其他长期资产收回的现金净额		
处置子公司及其他营业单位收到的现金净额		

(续表)

项目	本期金额	上期金额
收到其他与投资活动有关的现金		
投资活动现金流入小计		
购建固定资产、无形资产和其他长期资产支付的现金		
投资支付的现金		
取得子公司及其他营业单位支付的现金净额		
支付其他与投资活动有关的现金		
投资活动现金流出小计		
投资活动产生的现金流量净额		
三、筹资活动产生的现金流量		
吸收投资收到的现金		
取得借款收到的现金		
收到其他与筹资活动有关的现金		
筹资活动现金流入小计		
偿还债务支付的现金		
分配股利、利润或偿付利息支付的现金		
支付其他与筹资活动有关的现金		
筹资活动现金流出小计		
筹资活动产生的现金流量净额		
四、汇率变动对现金及现金等价物的影响		
五、现金及现金等价物净增加额		
加：期初现金及现金等价物余额		
六、期末现金及现金等价物余额		

三、现金流量表的编制

现金流量表的编制方法有直接法和间接法两种。直接法是通过现金流入、流出的主要类别，反映来自企业经营活动的现金流量；间接法是根据利润表中的净利润，调整为现金流量，即从净利润中加上未支付现金的支出，如折旧、摊销等，再减去未收到现金的销货应收款等项求出实际的现金流量。

企业采用直接法列示经营活动产生的现金流量，同时采用间接法在现金流量表附注中披露将净利润调节为经营活动现金流量的信息。

任务五　财务会计报告的对外提供

一、报送内容

企业对外提供的年度财务会计报告包括基本会计报表、附表、会计报表附注和财务情况说明书等；季度、月度中期财务会计报告通常仅指会计报表，国家统一的会计制度另有规定的除外。企业对外提供的财务会计报告应当依次编定页数，加具封面，装订成册，加盖公章。封面上应注明企业名称、企业统一代码、组织形式、地址、报表所属年度或月份、报出日期等，并由企业负责人和主管会计工作的负责人、会计机构负责人(会计主管人员)签名并盖章；设置总会计师的单位，还需由总会计师签名并盖章。有关法律、行政法规规定会计报表、会计报表附注和财务情况说明书应当由注册会计师审计的企业，该企业在提供财务会计报告时，应将注册会计师及其所在的会计师事务所出具的审计报告，随同财务会计报告一并对外提供。

二、报送对象

财务会计报告的报送对象需要考虑其隶属关系、经济管理和经济监督等方面。一般来说，国有企业要向上级主管部门、开户银行、财政、税收和审计机关报送财务会计报告；同时，还应向投资者、债权人及其他与企业有关的报告使用者提供。若是公开发行股票的股份有限公司还应向证券交易机构和证监会等提供。《企业财务会计报告条例》规定，企业应依据章程的规定，向投资者提供财务会计报告。国务院派出监事会的国有重点大型企业、国有重点金融机构和省、自治区、直辖市人民政府派出监事会的国有企业，应依法定期向监事会提供财务会计报告。国有企业、国有控股或占主导地位的企业，应至少每年一次向本企业的职工代表大会公布财务会计报告。有关部门或机构依照法律、行政法规或国务院规定，要求企业提供部分或全部财务会计报告及其有关数据的，应向企业出示依据，并不得要求企业改变财务会计报告有关数据的会计口径。非依照法律、行政法规或国务院规定，任何组织或个人不得要求企业提供部分或全部财务会计报告及其有关数据。接受企业财务会计报告的组织或个人，在企业财务会计报告未正式对外披露前，应对其内容保密。企业依照规定向有关各方提供的财务会计报告的编制基础、编制依据、编制原则和方法应当一致，否则不得提供。

三、报送时限

财务会计报告报送的期限除了考虑财务会计报告有关使用者对报告的需要程度外，还要考虑编报单位的机构、组织形式、编报单位所在地的交通条件等因素，正确规定财务会计报告的报送期限。根据《企业会计制度》的规定，月度中期财务会计报告应当于月度终了后 6 天内对外提供，季度中期财务会计报告应于季度终了后 15 天内对外提供，半年度中期财务会计报告应于年度中期结束后 60 天内(相当于两个连续的月份)对外提供，年度财务会计报告应于年度终了后 4 个月内对外提供。

任务六 财务会计报告分析

一、财务会计报告分析的目的

财务会计报告分析,是指运用一定的技术分析方法,对财务会计报告提供的资料进行计算分析和评价。财务会计报告只能概括地反映一个企业过去的财务状况、经营成果及现金流量,要想预测企业财务状况的变动趋势,就必须进行有效的分析。

财务会计报告分析的目的在于通过揭示会计报告数字与数字之间的关系,并指出它们的变动趋势与金额,从而提高会计报告信息的决策相关性。

二、财务会计报告分析常用的方法

为了达到财务会计报告分析的目标,体现数据的可比性和相关性,会计报表分析产生了一系列的方法。

(一) 比较分析法

比较分析法是指将企业某一时期的财务指标与一个基准数相比较,计算出财务指标数量差异,从而找出企业财务状况、经营成果中的差异与问题。根据比较对象的不同,分为趋势分析法(比较对象为本企业的历史)、横向比较法(比较对象为同类企业)、预算差异分析法(比较对象为预算数据)。

1. 报表分析常用的比较形式

1) 本期报表实际数与预计数进行比较

这种比较的目的在于揭示报表有关项目的实际数与预计数的差异,给进一步分析指明方向。

2) 本期报表实际数与上期报表实际数进行比较

这种比较可以观察企业财务状况的变化趋势,了解企业经营管理工作的改善情况。

3) 本企业报表实际数与同行业同类企业报表数据实际数进行比较

这种比较可以了解本企业与先进水平的差距,推动本企业改善经营管理。

2. 报表分析指标的计算

会计报表指标的比较可以是绝对数,也可以是相对数。

1) 绝对数的比较

$$差异额 = 实际数 - 基准数$$

其中,基准数指的是选定作为衡量效益基准水平的数据,如计划数、前期数、同类企业实际数等。

2) 相对数的比较

$$实际数为基准数的百分比 = \frac{实际数}{基准数} \times 100\%$$

$$差异率 = \frac{实际数 - 基准数}{基准数} \times 100\%$$

(二) 比率分析法

比率分析法是指在同一报表的不同项目之间，或者在不同报表的有关项目之间进行对比，通过计算各种比率指标来确定财务活动变动程度的方法。比率指标类型主要有相关比率、构成比率和趋势比率。

1. 相关比率

相关比率是将两个经济性质不同但又相关的指标做对比，计算出另一经济含义的指标，以反映有关经济活动的相互关系。利用相关比率指标，可以考察企业相互关联的业务安排是否合理。

2. 构成比率

构成比率是指通过个体指标与总体指标的对比，计算出个体指标占总体指标的比重，分析部分与总体的相互关系。利用构成比率，可以考察总体中某个部分的形成和安排是否合理，以便协调各项财务活动。

3. 趋势比率

趋势比率是将连续几期会计报表上的同一项目加以对比，计算出比率，然后进行各种形式的比较，以便考察该财务指标的发展变化趋势和增减速度，从中发现企业在经营方面所取得的成绩或存在的不足。

运用比率分析法时，要关注对比项目的相关性、对比口径的一致性、衡量标准的科学性。

三、常用比率指标的运用

财务会计报告中包括大量的数据，对这些数据进行加工形成相关的比率，能够体现企业经营管理的实际状况。不同的信息使用者在进行财务分析时，会应用不同的比率。根据比率的性质和其在会计报表分析与评价中的作用，一般将常用的财务比率指标分为偿债能力比率、营运能力比率和盈利能力比率。

(一) 偿债能力比率

偿债能力是指企业偿还到期债务的能力，主要用于评价企业偿还到期债务能力的强弱，包括流动比率和速动比率。

1. 流动比率

流动比率指企业流动资产与流动负债的比率，它是衡量企业用现有的流动资产去偿还到期流动负债的能力。

其计算公式为

$$流动比率 = \frac{流动资产}{流动负债}$$

流动比率衡量企业资金流动性的大小，充分考虑流动资产规模与流动负债规模之间的关系，判断企业短期债务到期前，可以转化为现金用于偿还流动负债的能力。

从债权人角度来看，流动比率指标越高，表明企业资产流动性越大，短期偿债能力越强，债权就越有保障。但从企业经营者来看，流动比率并不是越高越好。流动性越高的资产，其盈利能力也就较低，过高的流动比率意味着企业资金过多地滞留在持有的流动资产上，从而影响这部分占用资金的利用效率，丧失良好的获利机会。因此，该指标应控制在一个合理的范围内，既要保证偿债能力，同时又有资产的获利能力。一般认为，流动比率保持在 2∶1 较为合适。

在实际运用中，评价流动比率时，还应结合同行业的平均或先进水平、历史资料和行业特点、企业本身的经营策略等情况进行分析判断。

2. 速动比率

速动比率是指企业速动资产与流动负债的比率，它是衡量企业运用随时可变现的流动资产来偿付到期流动负债的能力。

其计算公式为

$$速动比率 = \frac{速动资产}{流动负债} = \frac{流动资产 - 存货}{流动负债}$$

由于存货是流动资产中变现速度最慢的资产，而且存货在销售时受到市场价格的影响，所以使其变现价值带有很大的不确定性。当企业流动比率较高时，如果流动资产中存货占较大比重，则其可立即用来支付债务的资产较少，其偿债能力较差；反之，即使流动比率较低，但流动资产中的大部分都可以在较短的时间内转化为现金，其偿债能力也很强。因此，以速动资产来评价企业的短期偿债能力，消除了变现能力最差的存货的影响，评价的短期偿债能力更准确。

从债权人角度来看，速动比率越高，表明企业偿还流动负债的能力越强。从企业经营者角度来看，由于既要考虑速动资产的偿债能力，又要考虑速动资产的获利能力，因此他们并不愿意维持一个过高的速动比率。一般认为，速动比率保持在 1∶1 较好，这表明企业既有良好的偿债能力，又有合理的流动资产结构。

在实际运用中，评价速动比率时，还应结合同行业的平均或先进水平、历史资料和经营策略等情况进行分析判断。

(二) 营运能力比率

营运能力比率主要是用于评价企业资产管理效率，主要包括应收账款周转率和存货周转率。

1. 应收账款周转率

应收账款周转率指的是销售净额与应收账款平均余额的比率，它表明年内应收账款转为现金的平均速度，用以反映企业应收账款收回的速度和管理效率。

其计算公式为

$$应收账款周转率 = \frac{赊销净额}{平均应收账款余额}$$

$$平均应收账款余额 = \frac{应收账款 \times (期初余额 + 期末余额)}{2}$$

$$赊销净额 = 销售收入 - 现销收入 - 销售折扣与折让$$

应收账款的周转速度可以用周转一次的天数代替每年周转次数，表示企业从取得应收账款的权利到收回款项、转换为现金所需要的时间。

$$应收账款周转天数 = \frac{365}{应收账款周转率}$$

一般情况下，应收账款周转率越高，表明平均收款期越短，应收账款的管理效率越高，短期偿债能力越强。但是，如果应收账款周转率过高，可能说明企业在赊销政策方面存在问题，或者为及早收回款项而给予顾客过高的现金折扣，从而降低企业的盈利水平；也可能由于企业奉行严格的信用政策，付款条件过于苛刻，从而虽然降低了应收账款数额，但同时也会限制了企业销售量的扩大，最终影响企业的盈利水平。

在某些特殊情况下会影响该指标计算的正确性，如企业生产经营的季节性、企业年末大量销售或年末销售大幅度下降等都会对该指标计算的结果产生较大的影响。因此，在分析运用时，可以将计算出的指标与该企业前期指标、与行业平均水平或其他类似企业的指标相比较，判断该指标的高低。

2. 存货周转率

存货周转率指的是企业在某一期间的销货成本同存货平均余额的比率，它反映企业在特定期间存货的周转速度，用以衡量企业销售商品的能力、经营绩效和偿债能力。

其计算公式为

$$存货周转率 = \frac{销货成本}{平均存货余额}$$

$$平均存货余额 = \frac{存货 \times (期初余额 + 期末余额)}{2}$$

$$存货周转天数 = \frac{365}{存货周转率}$$

一般情况下，存货周转率越高越好。该比率越高，表明存货周转速度越快，存货的占用水平越低，存货变现能力越强，存货积压的风险相对降低，资产使用效率越高。但存货周转率过高，也可能说明企业在存货管理方面存在其他一些问题，如存货水平太低，甚至经常缺货,或者采购次数过于频繁,批量太小等。因此,合理的存货周转率视产业特征、市场行情及企业自身特点而定。

由于对发出存货的计价处理存在不同的会计处理方法,如先进先出法、个别计价法、加权平均法等,因此与其他企业进行比较时,应考虑会计处理方法不同而产生的影响。

(三) 盈利能力比率

盈利能力又称获利能力,是指企业赚取利润的能力,主要用于评价企业获利能力的大小,主要包括销售净利率、净资产报酬率和总资产报酬率。

1. 销售净利率

销售净利率指净利润与销售收入额的比率。

其计算公式为

$$销售净利率 = \frac{净利率}{销售收入额}$$

销售净利率反映每 1 元销售收入带来的净利润的多少,表示销售收入的收益水平。

从销售净利率的指标关系来看,净利润与销售净利率成正比关系,而销售收入额与销售净利率成反比关系。企业在增加销售收入额的同时,必须相应地获得更多的利润,才能使销售净利率保持不变或有所提高。通过分析销售净利率的升降变动,可以促使企业在扩大销售的同时,注意改进经营管理,提高盈利水平。

处于不同行业的企业,由于经营特点、资产结构的差异,其销售净利率的水平也不同。因此,在计算和分析企业的销售净利率时,应结合企业的特点,依据以前年度的指标及行业平均水平进行分析,才能对企业的生产经营效益做出客观公正的评价。

2. 净资产报酬率

净资产报酬率指净利润与净资产的比率,它是反映企业获利能力的一个重要指标。

其计算公式为

$$净资产报酬率 = \frac{净利润}{净资产平均余额}$$

$$净资产平均余额 = \frac{期初净资产余额 + 期末净资产余额}{2}$$

净资产报酬率指标充分体现了投资者投入企业的自有资本获取净收益的能力,突出反映了股东投资与报酬的关系。一般认为,该比率越高,表明企业所有者所享有的净利润越多,投资盈利水平越高,企业获利能力相应也越强,对企业投资人的保障程度越高;反之则相反。

对该指标的高低进行评价时,一般要通过与同行业其他企业的水平进行比较,同时考虑企业的战略选择,这样评价才具有实际意义。

3. 总资产报酬率

总资产报酬率指净利润与平均资产总额的比率，用以反映企业运用全部资产的获利能力。其计算公式为

$$总资产报酬率 = \frac{净利润}{平均资产总额}$$

$$平均资产总额 = \frac{期初资产总额 + 期末资产总额}{2}$$

总资产报酬率表示企业全部资产获取收益的水平，全面反映了企业的获利能力和投入产出状况。该比率越高，表明企业投入产出的水平越好，企业的资产运营效果越有效。

一般，企业可据此比率与市场利率进行比较，如果该比率大于市场利率，则表明企业具有有效的财务杠杆效应，可进行适度的负债经营，以获取债务避税和股东收益的增加。

评价总资产报酬率时，仅用一期的比率是不够的，需要与前期的比率及与同行业其他企业这一比率进行比较，方能得出合理的评价。

项目练习

一、单项选择题

1. 下列关于财务报表的说法中，不恰当的是(　　)。
    A. 一套完整的财务报表至少应包括资产负债表、利润表、现金流量表和所有者权益(或股东权益)变动表
    B. 资产负债表反映企业在某一特定日期的财务状况
    C. 利润表反映企业在一定会计期间的经营成果
    D. 所有者权益变动表反映构成所有者权益各组成部分当期增减变动情况
2. 在填列资产负债表时，根据几个总账科目余额计算填列的是(　　)。
    A. 应收账款　　B. 货币资金　　C. 预付款项　　D. 固定资产
3. 下列各项中，应根据有关科目余额减去其备抵科目余额后的净额填列的是(　　)。
    A. 短期借款　　B. 货币资金　　C. 长期借款　　D. 在建工程
4. 下列关于企业的固定资产在资产负债表中填列的方法的表述中正确的是(　　)。
    A. 固定资产期末余额－累计折旧期末余额－固定资产减值准备期末余额＋固定资产清理期末余额
    B. 固定资产期末余额＋固定资产清理期末余额
    C. 固定资产期末余额＋在建工程期末余额
    D. 固定资产期末余额＋工程物资期末余额
5. 资产负债表中的"期末余额"栏大多数项目填列的依据是(　　)。
    A. 有关总账账户期末余额　　　　B. 有关总账账户本期发生额
    C. 有关明细账期末余额　　　　　D. 有关明细账本期发生额

6. "预付账款"科目明细账中若有贷方余额,则应将其记入资产负债表中的( )项目。
   A. "预付账款"　　　　　　　　　　B. "应付账款"
   C. "应收账款"　　　　　　　　　　D. "预收账款"

7. 2019年12月31日,A公司"应付账款"科目贷方余额为300万元,其中明细账借方余额100万元,贷方余额400万元,"坏账准备"科目中与应收账款有关的金额为30万元,与预付账款有关的金额为10万元。假定不考虑其他因素,2019年12月31日,A公司资产负债表中"预付款项"项目的列示金额为( )万元。
   A. 70　　　　B. 90　　　　C. 290　　　　D. 270

8. 2019年12月31日,甲公司"应付账款"科目贷方余额为300万元,其中明细账借方余额100万元,贷方余额400万元,"坏账准备"科目中与应收账款有关的金额为30万元,与预付账款有关的金额为10万元。假定不考虑其他因素,2019年12月31日,甲公司资产负债表中"预付款项"项目的列示金额为( )万元。
   A. 70　　　　B. 90　　　　C. 290　　　　D. 270

9. A公司2019年年末有关明细科目余额如下:"应收账款——甲"科目借方余额80万元,"预收账款——丙"科目借方余额20万元,"预收账款——丁"科目贷方余额35万元,与"应收账款"科目有关的"坏账准备"科目贷方余额为3万元。假定不考虑其他因素,2019年12月31日,A公司资产负债表中"预收款项"项目的期末余额是( )万元。
   A. 115　　　　B. 112　　　　C. 35　　　　D. 55

10. 我国企业的资产负债表、利润表分别采用( )结构。
    A. 单步式、多步式　　　　　　　　B. 单步式、报告式
    C. 账户式、多步式　　　　　　　　D. 账户式、单步式

11. 资产负债表的下列项目中,需要根据几个总账账户的期末余额计算填列的是( )。
    A. 短期借款　　B. 累计折旧　　C. 货币资金　　D. 资本公积

12. 下列资产负债表项目中,应根据相应总账账户期末余额直接填列的是( )。
    A. 应收账款　　B. 长期股权投资　　C. 长期借款　　D. 实收资本

13. 下列各项中,不应列入利润表"营业成本"项目的是( )。
    A. 随同商品出售单独计价的包装物成本
    B. 销售材料的成本
    C. 商品流通企业销售外购商品的成本
    D. 随同商品出售不单独计价的包装物成本

14. 下列各项中,不属于所有者权益变动表中至少应当单独列示的项目是( )。
    A. 所有者投入资本　　　　　　　　B. 综合收益总额
    C. 会计估计变更　　　　　　　　　D. 会计政策变更

15. 下列各项中,关于财务报表附注的表述不正确的是( )。
    A. 附注中包括财务报表重要项目的说明
    B. 对未能在财务报表中列示的项目在附注中说明
    C. 如果没有需要披露的重大事项,企业不必编制附注
    D. 附注中包括会计政策和会计估计变更及差错更正的说明

二、多项选择题

1. 会计报表一般由( )组成。
   A. 表首　　　　　B. 正表　　　　　C. 补充资料　　　　　D. 财务情况说明书
2. 企业应编制和对外报送的基本会计报表包括( )。
   A. 资产负债表　　　　　　　　　　B. 利润表
   C. 现金流量表　　　　　　　　　　D. 所有者权益变动表
3. 下列各项中，属于财务会计报告编制基本要求的有( )。
   A. 内容完整　　　B. 数字真实　　　C. 编报及时　　　D. 指标可比
4. 下列指标中，用以考察企业偿债能力的有( )。
   A. 流动比率　　　B. 速动比率　　　C. 资产报酬率　　　D. 销售净利率
5. 通过资产负债表可以了解的信息有( )。
   A. 企业某一日期所拥有或控制的各种资源的构成及其分布情况
   B. 企业负担的长期债务和短期债务数额
   C. 所有者权益的构成情况
   D. 企业所面临的财务风险
6. 资产负债表的"期末余额"栏项目数据可根据( )填列。
   A. 账户的期末余额直接
   B. 总账账户期末余额计算
   C. 若干明细账余额计算
   D. 账户余额减去其备抵项目后的净额
7. 会计报表附注应当披露的内容有( )。
   A. 财务报表的编制基础　　　　　　B. 遵循企业会计准则的声明
   C. 重要会计政策的说明　　　　　　D. 重要会计估计的说明
8. 现金等价物应具备的特点有( )。
   A. 期限短　　　　　　　　　　　　B. 流动性强
   C. 价值变动风险小　　　　　　　　D. 易于转换为已知金额
9. 在编制利润表时，需要计算填列的项目有( )。
   A. 营业收入　　　B. 利润总额　　　C. 营业利润　　　D. 净利润
10. 企业的利润表采用多步式结构反映，在计算营业利润步骤时应考虑的项目有( )。
    A. 营业收入　　　B. 管理费用　　　C. 财务费用　　　D. 投资收益

三、判断题

1. 资产负债表是反映企业在一定时期内财务状况的报表。　　　　　　　　　　( )
2. 资产负债表结构设计的理论依据是"资产＝负债＋所有者权益"会计等式。( )
3. 利润表是反映企业某一时点经营成果的报表。　　　　　　　　　　　　　　( )
4. 利润表结构设计的理论基础是"收入－费用＝利润"会计等式。　　　　　　( )
5. 资产负债表的"期末余额"栏各项目主要是根据有关总账的本期发生额填列的。( )
6. 资产负债表是根据"资产＝负债＋所有者权益"这一平衡公式，按照一定的分类标准

和一定的次序，将某一特定日期的资产、负债、所有者权益的具体项目予以适当的排列编制而成。（   ）

7. 如果企业研发的无形资产在资产负债表日尚未达到预定用途，则其中符合资本化条件支出的部分，记入资产负债表"开发支出"项目下。（   ）

8. 企业期末各项原材料、包装物、在途物资、周转材料、工程物资都需要记入"存货"项目。（   ）

9. 企业的所有者权益变动表上应单独列示会计政策变更和差错更正的累积影响金额。（   ）

10. 附注是财务报表不可或缺的组成部分，是对在资产负债表、利润表、现金流量表和所有者权益变动表等报表中列示项目的文字描述或明细资料，以及对未能在这些报表中列示项目的说明等。（   ）

四、业务处理题

习题一

【资料】2019 年 9 月 30 日，A 公司有关账户的期末余额如表 9-4 所示。

表9-4　A公司有关账户的期末余额

2019 年 9 月 30 日　　　　　　　　　　　　　　　　　　　单位：元

总账账户	明细账户	借方余额	贷方余额	总账账户	明细账户	借方余额	贷方余额
应收账款		7200		短期借款			38 000
	甲工厂	5000		应付账款			7250
	乙工厂	4000			A 公司		4200
	丙工厂		1800		B 公司		5300
预付账款		3500			C 公司	2900	
	丁工厂	5200			D 公司		650
	戊工厂		1700	预收账款			7000
原材料		22 000			E 公司		6000
库存商品		19 000			F 公司		3000
固定资产		198 000			G 公司	2000	
累计折旧			26 000	本年利润			48 000
坏账准备			800	利润分配	未分配利润		21 000

【要求】根据上述资料，填列资产负债表中以下项目的金额。

(1) 应收账款＝

(2) 应付账款＝

(3) 预收账款＝

(4) 预付账款＝

(5) 存货＝

(6) 固定资产＝

(7) 短期借款＝

(8) 未分配利润＝

习题二

【资料】A公司属于工业企业，为增值税一般纳税人，适用13%的增值税税率，售价中均不包含增值税，商品销售时，同时结转成本，本年利润采用表结法结转，2018年年末未分配利润贷方余额为150万元，适用的所得税税率是25%。2019年12月31日损益类有关科目累计发生额如表9-5所示。

表9-5 A公司结账前的有关账户资料

2019年12月31日　　　　　　　　　　　　　　　　单位：元

科目名称	借方发生额	贷方发生额
主营业务收入		1650
主营业务成本	1320	
其他业务收入		160
其他业务成本	85	
税金及附加	26	
销售费用	42	
管理费用	38	
财务费用	19	
营业外收入		90
营业外支出	78	

2019年11月份A公司发生如下交易或事项。

(1) 11月5日，向甲公司销售商品一批，开出的增值税专用发票上注明的价款为60万元，增值税税额为7.8万元，销售商品实际成本为45万元。款项尚未收到。

(2) 11月7日，向乙公司销售材料一批，开出的增值税专用发票上注明的价款为20万元，增值税税额为2.6万元，销售材料实际成本为18万元。收到货款存入银行。

(3) 11月20日，以自产的产品作为福利发放给职工，该批产品市场售价5万元(不含增值税)，成本3万元。

(4) 11月21日，确认本月应交的城市维护建设税2万元，教育费附加1万元。

(5) 11月用银行存款支付税收滞纳金1万元。

(6) 2019年递延所得税负债发生额为25万元，递延所得税资产发生额10万元。

(7) A公司按照当年净利润的10%提取法定盈余公积，按照5%提取任意盈余公积。

要求：编制业务(1)至(7)的会计分录，并根据上述资料计算以下项目的金额。

(1) 营业收入＝

(2) 应付职工薪酬＝

(3) 营业利润＝

(4) 所得税费用＝

(5) 未分配利润＝

项目十

认识会计核算组织程序

> **学习要求**
> 1. 明确合理建立会计核算组织程序的意义和基本要求;
> 2. 掌握各种会计核算组织程序的特点,以及账务处理的步骤、优缺点及适用范围。

任务一 会计核算组织程序概述

一、会计核算组织程序的意义

会计核算组织程序,又称账务处理程序、会计核算形式或称会计循环,是指将账簿凭证组织、记账程序和方法有机结合的方式和步骤。

会计核算组织程序包括会计凭证和账簿的种类、格式和登记方法,以及凭证之间、账簿之间和各种报表之间、各种凭证与账簿之间、各种账簿与报表之间的相互联系及编制的程序和方法等。

账务处理程序的上述几个组织内容中,账簿凭证组织是核心。把各种不同的会计凭证和账簿,按照不同的核算程序和方法将其组合起来,就形成了不同的会计核算组织程序。

科学合理地设计账务处理程序的意义在于以下四点。

(1) 可以保证各种会计凭证按照规定的环节和时间有条不紊地进行传递,及时登记账簿、编制会计报表,提高会计核算工作的效率。

(2) 可以提供全面、正确、及时的会计资料,满足企业本身经营管理和外部单位对会计资料的需要。

(3) 可以简化会计核算环节和手续,避免重复、无效的会计核算工作,从而节约人力、物力和财力。

(4) 可以正确地组织会计核算的分工、协作，加强岗位责任制，明确经济责任，充分发挥会计的核算和监督职能。

二、会计核算组织程序的原则

企业选用适合本单位会计核算组织程序时，应遵循如下原则。

首先，结合本单位经营活动的特点、企业性质、规模大小、业务的繁简等具体情况，选用会计核算组织程序。

其次，在保证正确、及时、全面、系统地提供本单位及有关方面对会计核算资料要求的前提下，选用会计核算组织程序。

最后，根据提高经济效益的需要，简化会计核算环节和手续，选择适当的会计核算组织形式。

三、会计核算组织程序的种类

我国在长期的会计工作实践中，逐步形成了适应不同会计主体需要的会计核算组织程序。目前采用的会计核算组织程序主要有记账凭证核算组织程序、科目汇总表核算组织程序、汇总记账凭证核算组织程序、日记总账核算组织程序、多栏式日记账核算组织程序等。各单位可以根据情况来选择适用于本企业特点的会计核算组织程序。

任务二 记账凭证核算组织程序

一、记账凭证核算组织程序的特点和核算要求

记账凭证核算组织程序的特点是直接根据各类记账凭证逐笔登记总分类账。它是会计核算组织程序中最基本的一种，从一定意义上说，其他会计核算组织程序均是在此基础上发展和演变而来的。

采用记账凭证核算组织程序时，记账凭证可以采用通用格式的记账凭证，也可采用收款凭证、付款凭证和转账凭证三种专用记账凭证格式。账簿一般需要设置现金日记账、银行存款日记账、总分类账、明细分类账，其中现金日记账、银行存款日记账和总分类账一般采用三栏式，明细分类账根据需要一般可采用三栏式、多栏式和数量金额式的账簿格式，对有外币业务的企业，其外币现金日记账、外币银行存款日记及外币往来账，一般采用复币式格式。采用记账凭证核算组织程序的企业可设置资产负债表、利润表和现金流量表等外部报表，同时可根据企业实际需要设置管理费用明细表、生产成本明细表等内部报表。

二、记账凭证核算组织程序的核算流程

记账凭证核算组织程序的核算流程如下。
(1) 根据审核无误的原始凭证或原始凭证汇总表编制记账凭证。
(2) 根据审核无误的收款凭证、付款凭证及有关原始凭证逐笔登记日记账,即现金日记账和银行存款日记账。
(3) 根据记账凭证和其所附的原始凭证、汇总原始凭证,逐笔登记各明细分类账。
(4) 根据记账凭证逐笔登记总分类账。
(5) 将现金日记账和银行存款日记账同各明细分类账的余额和有关总分类账的余额核对相符。
(6) 期末,根据总分类账和明细分类账的记录,编制会计报表。
记账凭证核算组织程序的核算流程,如图 10-1 所示。

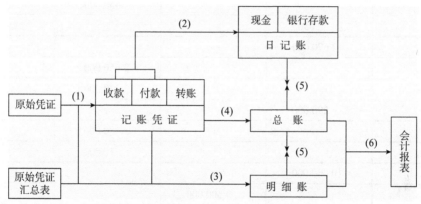

图10-1 记账凭证核算组织程序的核算流程

三、记账凭证核算组织程序的优缺点及适用范围

采用记账凭证核算组织程序时,由于不设汇总记账凭证,根据记账凭证直接登记总分类账,总分类账中能够较详细地反映经济业务的发生情况,直观、简化,因而容易理解、便于掌握。账户之间的对应关系比较清楚,便于对账目的核对和审查。但当经济业务量较大时,逐笔登记总分类账,会增加登记总账的工作量。因而这种核算组织程序一般适用于规模较小、业务量较少、记账凭证不多的单位。

四、记账凭证核算组织程序举例

(一) 资料

【例 10-1】中旺兴业公司是一家生产钢铁的中型制造企业,2019 年 4 月 1 日总分类账和有关明细分类账余额如表 10-1 所示。

表10-1 中旺兴业公司总分类账和有关明细分类账余额

2019年4月1日   单位：元

会计科目	总分类账户		明细分类账户	
	借方余额	贷方余额	借方余额	贷方余额
库存现金	3200			
银行存款	45 000 000			
应收账款	70 000			
——风光公司			45 000	
——方达公司			25 000	
其他应收款	750			
原材料	1 080 000			
——甲材料			630 000	
——乙材料			450 000	
预付账款	6500			
库存商品	2 670 000			
——A产品			2 650 000	
——B产品			20 000	
生产成本	290 000			
——A产品			280 000	
——B产品			10 000	
固定资产	10 000 000			
累计折旧		3 800 000		
应交税费		300 000		
短期借款		40 800 000		
应付账款		904 000		
——新华公司				404 000
实收资本		13 000 000		
盈余公积		300 850		
本年利润		286 000		
其他应付款		29 600		
利润分配	300 000			
合计	59 420 450	59 420 450		

中旺兴业有限公司2019年4月份发生下列经济业务。

(1) 2日，从W银行取得为期3个月的短期贷款400 000元。

(2) 3日，从红星公司购入：甲材料，4000千克，单价420元；乙材料，6000千克，单价450元。增值税税率为13%，货款已由银行支付，材料已验收入库。

(3) 4日，采购员李华因公出差，借差旅费2200元，已通过现金支付。

(4) 6日，销售给紫荆公司A产品1500件，单价660元，价款990 000元，应交增值税128 700元，货款未收。

(5) 9日，用现金500元购买管理用办公用品。

(6) 11日，根据"发料凭证汇总表"的记录，各部门领用的材料如表10-2所示。

表10-2　发出材料汇总表

2019年4月11日　　　　　　　　　　　　　　　单位：元

用途	甲材料		乙材料		合计
	数量(千克)	金额	数量(千克)	金额	
制造产品耗用	2500	1 050 000	3200	1 440 000	2 490 000
——A产品	1500	630 000	1800	810 000	1 440 000
——B产品	1000	420 000	1400	630 000	1 050 000
车间一般耗用	400	168 000	540	243 000	411 000
企业管理部门耗用	600	252 000	280	126 000	378 000
合计	3500	1 470 000	4020	1 809 000	3 279 000

(7) 17日，李华出差归来，报销差旅费2100元，余款退回。

(8) 20日，收到紫荆公司前欠的购货款1 118 700元，已存入银行。

(9) 21日，提取现金185 600元，备发工资。

(10) 21日，根据"工资结算汇总表"实发工资185 600元。

(11) 23日，以银行存款购入一台不需要安装的新机床，支付价款450 000元。购入后交付使用。

(12) 28日，销售给永健公司A产品4000件，单价660元；销售B产品2500件，单价440元。A产品与B产品的货款共3 740 000元，增值税税率为13%，收到货款4 226 200元，已存入银行。

(13) 29日，根据4月份的"固定资产折旧计算表"，计算生产车间及厂部管理部门应分配的折旧额为：生产制造车间8880元，行政管理部门3500元。

(14) 30日，根据"人工费用分配表"结算本月应付职工工资，其中：生产A产品的职工工资为83 000元，生产B产品的职工工资为69 000元，车间管理人员的工资为15 000元，企业行政管理人员的工资为18 600元。

(15) 30日，按职工工资总额的14%提取职工福利费。

(16) 30日，将本月制造费用转入生产成本。本月制造费用为436 980元，分配进入成本，其中，A产品负担286 980元，B产品负担150 000元。

(17) 30日，结转本月产品成本。A产品完工3500件，其单位成本600元；B产品完工2900件，其单位成本380元，总成本为3 202 000元。

(18) 30日，销售A产品3500件，单位成本600元；销售B产品2200件，单位成本380元，结转销售成本2 936 000元。

(19) 30日，结转本月销售收入4 730 000元。

(20) 30 日，计算应交城市维护建设税 47 300 元。

(21) 30 日，将本月营业成本 2 936 000 元、税金及附加 47 300 元、管理费用 405 304 元，结转。

(22) 30 日，公司计算的税前利润为 1 341 396 元，本月应交所得税(税率25%)335 349 元。

(23) 30 日，支付应交所得税 335 349 元。

(24) 30 日，将本月所得税转入本年利润。

(二) 根据有关资料编制记账凭证

根据以上资料的原始凭证，填制收款凭证、付款凭证和转账凭证，如发生的经济业务题号所示。

(1)

收款凭证

借方科目：银行存款　　　　　　2019 年 4 月 2 日　　　　　　银收字第 4001 号
单位：元

摘要	贷方科目	明细科目	金额
向 W 银行借款	短期借款		400 000
合计			400 000

附单据 1 张

(2)

付款凭证

贷方科目：银行存款　　　　　　2019 年 4 月 3 日　　　　　　银付字第 4001 号
单位：元

摘要	借方科目	明细科目	金额
购入甲材料	原材料	甲材料	1 680 000
购入乙材料	原材料	乙材料	2 700 000
应交增值税	应交税费	应交增值税(进项税额)	569 400
合计			4 949 400

附单据 2 张

(3)

付款凭证

贷方科目：库存现金　　　　　　2019 年 4 月 4 日　　　　　　现付字第 4001 号
单位：元

摘要	借方科目	明细科目	金额
预借差旅费	其他应收款	李华	2200
合计			2200

附单据 1 张

(4)

转账凭证

2019 年 4 月 6 日　　　　　　　　　　　　　　　转字第 4001 号
　　　　　　　　　　　　　　　　　　　　　　　　　单位：元

摘要	总账科目	明细科目	借方金额	贷方金额
销售 A 产品	应收账款	紫荆公司	1 118 700	
	主营业务收入			990 000
应交增值税	应交税费	应交增值税（销项税额）		128 700
合计			1 118 700	1 118 700

附单据 1 张

(5)

付款凭证

贷方科目：库存现金　　　　2019 年 4 月 9 日　　　　　现付字第 4002 号
　　　　　　　　　　　　　　　　　　　　　　　　　　单位：元

摘要	借方科目	明细科目	金额
购买办公用品	管理费用	办公用品	500
合计			500

附单据 4 张

(6)

转账凭证

2019 年 4 月 11 日　　　　　　　　　　　　　　　转字第 4002 号
　　　　　　　　　　　　　　　　　　　　　　　　单位：元

摘要	总账科目	明细科目	借方金额	贷方金额
结转各部门耗料	生产成本	A 产品	1 440 000	
	生产成本	B 产品	1 050 000	
	制造费用		411 000	
	管理费用		378 000	
	原材料	甲材料		1 470 000
	原材料	乙材料		1 809 000
合计			3 279 000	3 279 000

附单据 1 张

(7-1)

转账凭证

2019 年 4 月 17 日　　　　　　　　　　　　　　　转字第 4003 号
　　　　　　　　　　　　　　　　　　　　　　　　单位：元

摘要	总账科目	明细科目	借方金额	贷方金额
报销差旅费	管理费用		2100	
	其他应收款	李华		2100
合计			2100	2100

附单据 1 张

(7-2)

收款凭证

借方科目：库存现金　　　　　　　　2019 年 4 月 17 日　　　　　　　　现收字第 4001 号
单位：元

摘要	贷方科目	明细科目	金额
李华退回余款	其他应收款	李华	100
合计			100

附单据 1 张

(8)

收款凭证

借方科目：银行存款　　　　　　　　2019 年 4 月 20 日　　　　　　　　银收字第 4002 号
单位：元

摘要	贷方科目	明细科目	金额
紫荆公司偿还货款	应收账款	紫荆公司	1 118 700
合计			1 118 700

附单据 1 张

(9)

付款凭证

贷方科目：银行存款　　　　　　　　2019 年 4 月 21 日　　　　　　　　银付字第 4002 号
单位：元

摘要	借方科目	明细科目	金额
提取现金以备发工资	库存现金		185 600
合计			185 600

附单据 1 张

(10)

付款凭证

贷方科目：库存现金　　　　　　　　2019 年 4 月 21 日　　　　　　　　现付字第 4003 号
单位：元

摘要	借方科目	明细科目	金额
发放工资	应付职工薪酬		185 600
合计			185 600

附单据 1 张

(11)

付款凭证

贷方科目：银行存款　　　　　　　　2019 年 4 月 23 日　　　　　　　　银付字第 4003 号
单位：元

摘要	借方科目	明细科目	金额
购入一台设备	固定资产	设备	450 000
合计			450 000

附单据 1 张

(12)

收款凭证

借方科目：银行存款　　　　　　　　2019 年 4 月 28 日　　　　　　　　银收字第 4003 号
单位：元

摘要	贷方科目	明细科目	金额
销售 A、B 产品	主营业务收入		3 740 000
应交增值税	应交税费	应交增值税(销售税额)	486 200
合计			4 226 200

附单据 2 张 应交

(13)

转账凭证

2019 年 4 月 29 日　　　　　　　　转字第 4004 号
单位：元

摘要	总账科目	明细科目	借方金额	贷方金额
计提折旧	制造费用		8880	
	管理费用		3500	
	累计折旧			12 380
合计			12 380	12 380

附单据 1 张

(14)

转账凭证

2019 年 4 月 30 日　　　　　　　　转字第 4005 号
单位：元

摘要	总账科目	明细科目	借方金额	贷方金额
分配本月工资费用	生产成本	A 产品	83 000	
	生产成本	B 产品	69 000	
	制造费用		15 000	
	管理费用		18 600	
	应付职工薪酬			185 600
合计			185 600	185 600

附单据 1 张

(15)

转账凭证

2019 年 4 月 30 日　　　　　　　　转字第 4006 号
单位：元

摘要	总账科目	明细科目	借方金额	贷方金额
计提职工福利费	生产成本	A 产品	11 620	
	生产成本	B 产品	9660	
	制造费用		2100	
	管理费用		2604	
	应付职工薪酬			25 984
合计			25 984	25 984

附单据 1 张

(16)

转账凭证

2019 年 4 月 30 日　　　　　　　　　　　　　　　　　　转字第 4007 号
单位：元

摘要	总账科目	明细科目	借方金额	贷方金额
分配本月制造费用	生产成本	A 产品	286 980	
	生产成本	B 产品	150 000	
	制造费用			436 980
合计			436 980	436 980

附单据 1 张

(17)

转账凭证

2019 年 4 月 30 日　　　　　　　　　　　　　　　　　　转字第 4008 号
单位：元

摘要	总账科目	明细科目	借方金额	贷方金额
结转本月生产成本	库存商品		3 202 000	
	生产成本	A 产品		2 100 000
	生产成本	B 产品		1 102 000
合计			3 202 000	3 202 000

附单据 1 张

(18)

转账凭证

2019 年 4 月 30 日　　　　　　　　　　　　　　　　　　转字第 4009 号
单位：元

摘要	总账科目	明细科目	借方金额	贷方金额
结转产品销售成本	主营业务成本		2 936 000	
	库存商品	A 产品		2 100 000
	库存商品	B 产品		836 000
合计			2 936 000	2 936 000

附单据 1 张

(19)

转账凭证

2019 年 4 月 30 日　　　　　　　　　　　　　　　　　　转字第 4010 号
单位：元

摘要	总账科目	明细科目	借方金额	贷方金额
结转本月营业收入	主营业务收入		4 730 000	
	本年利润			4 730 000
合计			4 730 000	4 730 000

附单据 1 张

(20)

转账凭证

2019 年 4 月 30 日　　　　　　　　　　　　　　　　转字第 4011 号
　　　　　　　　　　　　　　　　　　　　　　　　　　单位：元

摘要	总账科目	明细科目	借方金额	贷方金额
计算应交城市维护建设税	税金及附加		47 300	
	应交税费	应交城市维护建设税		47 300
合计			47 300	47 300

附单据 1 张

(21)

转账凭证

2019 年 4 月 30 日　　　　　　　　　　　　　　　　转字第 4012 号
　　　　　　　　　　　　　　　　　　　　　　　　　　单位：元

摘要	总账科目	明细科目	借方金额	贷方金额
结转成本、费用等	本年利润		3 388 604	
	主营业务成本			2 936 000
	税金及附加			47 300
	管理费用			405 304
合计			3 388 604	3 388 604

附单据 1 张

(22)

转账凭证

2019 年 4 月 30 日　　　　　　　　　　　　　　　　转字第 4013 号
　　　　　　　　　　　　　　　　　　　　　　　　　　单位：元

摘要	总账科目	明细科目	借方金额	贷方金额
计算本月应交所得税	所得税费用		335 349	
	应交税费	应交所得税		335 349
合计			335 349	335 349

附单据 1 张

(23)

付款凭证

贷方科目：银行存款　　　　2019 年 4 月 30 日　　　　银付字第 4004 号
　　　　　　　　　　　　　　　　　　　　　　　　　　单位：元

摘要	借方科目	明细科目	金额
用银行存款结交所得税	应交税费	应交所得税	335 349
合计			335 349

附单据 1 张

(24)

转账凭证

2019 年 4 月 30 日 转字第 4014 号
单位：元

摘要	总账科目	明细科目	借方金额	贷方金额
结转本月所得税	本年利润		335 349	
	所得税费用			335 349
合计			335 349	335 349

附单据 1 张

(三) 登记日记账

根据有关现金收款、付款业务凭证逐日逐笔登记现金日记账；根据有关银行存款、收款、付款业务凭证逐日逐笔登记银行存款日记账。两日记账的格式内容如表10-3、表10-4 所示。

表10-3　现金日记账

单位：元

2019年		凭证		摘要	对方科目	收入	支出	结余
月	日	字	号					
4	1			期初余额				3200
4	4	现付	4001	借差旅费	其他应收款		2200	1000
4	9	现付	4002	购买办公用品	管理费用		500	500
4	17	现收	4001	退回现金	其他应收款	100		600
4	21	银付	4002	提取现金备发工资	银行存款	185 600		186 200
4	21	现付	4003	发放工资	应付职工薪酬		185 600	600
4	30			本期发生额及期末余额		185 700	188 300	600

表10-4　银行存款日记账

单位：元

2019年		凭证		摘要	对方科目	收入	支出	结余
月	日	字	号					
4	1			期初余额				45 000 000
4	2	银收	4001	向W银行取得借款	短期借款	400 000		45 400 000
4	3	银付	4001	购入材料(甲、乙)	原材料		4 949 400	40 450 600
4	20	银收	4002	紫荆公司偿还货款	应收账款	1 118 700		41 569 300
4	21	银付	4002	提取现金以备发工资	库存现金		185 600	41 383 700
4	23	银付	4003	购入设备一台	固定资产		450 000	40 933 700
4	28	银收	4003	销售A、B产品	主营业务收入	4 226 200		45 159 900
4	30	银付	4004	本月上交所得税	应交税费		335 349	44 824 551
4	30			本期发生额及期末余额		5 744 900	5 920 349	44 824 551

(四) 记明细分类账

根据原始凭证或汇总原始凭证和记账凭证，逐笔登记各明细分类账。本节分别以应收账款、原材料、生产成本明细账为例说明各明细账的记账方法。原材料明细账、生产成本明细账和应收账款明细账的格式及内容如表10-5～表10-10所示。

表10-5 原材料明细分类账(1)

金额单位：元
材料名称：甲材料   数量单位：千克

2019年		凭证		摘要	收入			发出			结存		
月	日	字	号		数量	单价	金额	数量	单价	金额	数量	单价	金额
4	1			期初余额							1500	420	630 000
4	3	银付	4001	购入材料	4000	420	1 680 000				5500	420	2 310 000
4	11	转	4002	发出材料				3500	420	1 470 000	2000	420	840 000
4	30			本期发生额及期末余额	4000		1 680 000	3500		1 470 000	2000		840 000

表10-6 原材料明细分类账(2)

金额单位：元
材料名称：乙材料   数量单位：千克

2019年		凭证		摘要	收入			发出			结存		
月	日	字	号		数量	单价	金额	数量	单价	金额	数量	单价	金额
4	1			期初余额							1000	450	450 000
4	3	银付	4001	购入材料	6000	450	2 700 000				7000	450	3 150 000
4	11	转	4002	发出材料				4020	450	1 809 000	2980	450	1 341 000
4	30			本期发生额及期末余额	6000		2 700 000	4020		1 809 000	2980		1 341 000

表10-7 生产成本明细分类账(1)

产品品名及类别：A产品   金额单位：元

2019年		凭证		摘要	借方(成本项目)			合计	贷方	借或贷	余额
月	日	字	号		直接材料	直接人工	制造费用				
4	1			期初在产品成本						借	280 000
4	11	转	4002	本期耗料	1 440 000			1 440 000		借	1 720 000
4	30	转	4005	工资费用		83 000		83 000		借	1 803 000
4	30	转	4006	职工福利费		11 620		11 620		借	1 814 620
4	30	转	4007	本月制造费用			286 980	286 980		借	2 101 600
4	30	转	4008	结转本月生产成本					2 100 000	借	1600
4	30			本月生产费用合计	1 440 000	94 620	286 980	1 821 600	2 100 000	借	1600

表10-8 生产成本明细分类账(2)

产品品名及类别：B产品　　　　　　　　　　　　　　　　　　　　　　　　　　　　　　金额单位：元

2019年		凭证		摘要	借方(成本项目)			合计	贷方	借或贷	余额
月	日	字	号		直接材料	直接人工	制造费用				
4	1			期初在产品成本						借	10 000
4	11	转	4002	本期耗料	1 050 000			1 050 000		借	1 060 000
4	30	转	4005	工资费用		69 000		69 000		借	1 129 000
4	30	转	4006	职工福利费		9660		9660		借	1 138 660
4	30	转	4007	本月制造费用			150 000	150 000		借	1 288 660
4	30	转	4008	结转本月生产成本					1 102 000	借	186 660
4	30	转		本月生产费用合计	1 050 000	78 660		1 278 660	1 102 000	借	186 660

表10-9 应收账款明细分类账(1)

单位：风光公司　　　　　　　　　　　　　　　　　　　　　　　　　　　　　　　　　　金额单位：元

2019年		凭证		摘要	借方	贷方	借或贷	金额
月	日	字	号					
4	1			期初余额			借	45 000
4	6	转	4001	销售A产品货款未收回	1 118 700		借	1 163 700
4	20	银收	4002	收到A产品销售货款		1 118 700	借	45 000
4	30			本期发生额及期末余额	1 118 700	1 118 700	借	45 000

表10-10 应收账款明细分类账(2)

单位：方达公司　　　　　　　　　　　　　　　　　　　　　　　　　　　　　　　　　　金额单位：元

2019年		凭证		摘要	借方	贷方	借或贷	金额
月	日	字	号					
4	1			期初余额			借	2500
4	30			本期发生额及期末余额			借	2500

(五) 登记总分类账

根据收、付款凭证和转账凭证登记总分类账。总分类账的格式及内容如表10-11～表10-34所示。

表10-11 总分类账(1)

会计科目：库存现金　　　　　　　　　　　　　　　　　　　　　　　　　　　　　　　　单位：元

2019年		凭证号	摘要	借方	贷方	借或贷	金额
月	日						
4	1		期初余额			借	3200
4	4	现付4001	借差旅费		2200	借	1000
4	9	现付4002	购买办公用品		500	借	500
4	17	现收4001	退回现金	100		借	600
4	21	银付4002	提取现金准备发放工资	185 600		借	186 200
4	21	现付4003	发放工资		185 600	借	600
4	30		本期发生额及期末余额	185 700	188 300	借	600

表10-12 总分类账(2)

会计科目：银行存款　　　　　　　　　　　　　　　　　　　　　　　　　　　单位：元

2019年		凭证号	摘要	借方	贷方	借或贷	金额
月	日						
4	1		期初余额			借	45 000 000
4	2	银收 4001	取得借款	400 000		借	45 400 000
4	3	银付 4001	购入材料		4 949 400	借	40 450 600
4	20	银收 4002	收回货款	1 118 700		借	41 569 300
4	21	银付 4002	提取现金备发工资		185 600	借	41 383 700
4	23	银付 4003	购入设备		450 000	借	40 933 700
4	28	银收 4003	产品销售	4 226 200		借	45 159 900
4	30	银付 4004	缴纳税金		335 349	借	44 824 551
4	30		本期发生额及期末余额	5 744 900	5 920 349	借	44 824 551

表10-13 总分类账(3)

会计科目：应收账款　　　　　　　　　　　　　　　　　　　　　　　　　　　单位：元

2019年		凭证号	摘要	借方	贷方	借或贷	金额
月	日						
4	1		期初余额			借	70 000
4	6	转 4001	销售A产品1500件	1 118 700		借	1 188 700
4	20	银收 4002	收到偿还的货款		1 118 700	借	70 000
4	30		本期发生额及期末余额	1 118 700	1 118 700	借	70 000

表10-14 总分类账(4)

会计科目：原材料　　　　　　　　　　　　　　　　　　　　　　　　　　　　单位：元

2019年		凭证号	摘要	借方	贷方	借或贷	金额
月	日						
4	1		期初余额			借	1 080 000
4	3	银付 4001	购入材料	4 380 000		借	5 460 000
4	11	转 4002	发出材料		3 279 000	借	2 181 000
4	30		本期发生额及期末余额	4 380 000	3 279 000	借	2 181 000

表10-15 总分类账(5)

会计科目：预付账款　　　　　　　　　　　　　　　　　　　　　　　　　　　单位：元

2019年		凭证号	摘要	借方	贷方	借或贷	金额
月	日						
4	1		期初余额			借	6500
4	30		本期发生额及期末余额			借	6500

表10-16　总分类账(6)

会计科目：库存商品　　　　　　　　　　　　　　　　　　　　　　　　　　　　　　　　单位：元

2019年		凭证号	摘要	借方	贷方	借或贷	金额
月	日						
4	1		期初余额			借	2 670 000
4	30	转 4008	结转本月生产成本	3 202 000		借	5 872 000
4	30	转 4009	结转产品销售成本		2 936 000	借	2 936 000
4	30		本期发生额及期末余额	3 202 000	2 936 000	借	2 936 000

表10-17　总分类账(7)

会计科目：短期借款　　　　　　　　　　　　　　　　　　　　　　　　　　　　　　　　单位：元

2019年		凭证号	摘要	借方	贷方	借或贷	金额
月	日						
4	1		期初余额			贷	40 800 000
4	2	银收 4001	取得银行短期借款		400 000	贷	41 200 000
4	30		本期发生额及期末余额		400 000	贷	41 200 000

表10-18　总分类账(8)

会计科目：应交税费　　　　　　　　　　　　　　　　　　　　　　　　　　　　　　　　单位：元

2019年		凭证号	摘要	借方	贷方	借或贷	金额
月	日						
4	1		期初余额			贷	300 000
4	3	银付 4001	增值税进项税额	569 400		借	269 400
4	6	转 4001	增值税销项税额		128 700	借	140 700
4	28	银收 4003	增值税销项税额		486 200	贷	345 500
4	30	转 4011	城市建设维护税		47 300	贷	392 800
4	30	转 4013	计算应交所得税		335 349	贷	728 149
4	30	银付 4004	缴纳所得税	335 349		贷	392 800
4	30		本期发生额及期末余额	904 749	997 549	贷	392 800

表10-19　总分类账(9)

会计科目：其他应收款　　　　　　　　　　　　　　　　　　　　　　　　　　　　　　　单位：元

2019年		凭证号	摘要	借方	贷方	借或贷	金额
月	日						
4	1		期初余额			借	750
4	4	现付 4001	出差借差旅费	2200		借	2950
4	17	转 4003	报销差旅费		2100	借	850
4	17	现收 4001	退回现金		100	借	750
4	30		本期发生额及期末余额	2200	2200	借	750

表10-20 总分类账(10)

会计科目：生产成本　　　　　　　　　　　　　　　　　　　　　　　　　　　　　　　　　　　　单位：元

2019年		凭证号	摘要	借方	贷方	借或贷	金额
月	日						
4	1		期初余额			借	290 000
4	11	转4002	本月耗料	2 490 000		借	2 780 000
4	30	转4005	分配工资费用	152 000		借	2 932 000
4	30	转4006	职工福利费	21 280		借	2 953 280
4	30	转4007	分配制造费用	436 980		借	3 390 260
4	30	转4008	结转本月生产成本		3 202 000	借	188 260
4	30		本期发生额及期末余额	3 100 260	3 202 000	借	188 260

表10-21 总分类账(11)

会计科目：累计折旧　　　　　　　　　　　　　　　　　　　　　　　　　　　　　　　　　　　　单位：元

2019年		凭证号	摘要	借方	贷方	借或贷	金额
月	日						
4	1		期初余额			贷	3 800 000
4	29	转4004	提取折旧		12 380	贷	
4	30		本期发生额及期末余额		12 380	贷	3 812 380

表10-22 总分类账(12)

会计科目：其他应付款　　　　　　　　　　　　　　　　　　　　　　　　　　　　　　　　　　　单位：元

2019年		凭证号	摘要	借方	贷方	借或贷	金额
月	日						
4	1		期初余额			贷	29 600
4	29		本期发生额及期末余额			贷	29 600

表10-23 总分类账(13)

会计科目：主营业务成本　　　　　　　　　　　　　　　　　　　　　　　　　　　　　　　　　　单位：元

2019年		凭证号	摘要	借方	贷方	借或贷	金额
月	日						
4	1		期初余额				
4	30	转4009	结转产品销售成本	2 936 000		借	2 936 000
4	30	转4012	结转主营业务成本		2 936 000	平	0
4	30		本期发生额及期末余额	2 936 000	2 936 000	平	0

表10-24 总分类账(14)

会计科目：税金及附加　　　　　　　　　　　　　　　　　　　　　　　　　　　　　　　　　　　单位：元

2019年		凭证号	摘要	借方	贷方	借或贷	金额
月	日						
4	30	转4011	应交城市维护建设税	47 300		借	47 300
4	30	转4012	结转税金及附加		47 300	平	0
4	30		本期发生额及期末余额	47 300	47 300	平	0

表10-25 总分类账(15)

会计科目：应付账款　　　　　　　　　　　　　　　　　　　　　　　　　　　　单位：元

2019年		凭证号	摘要	借方	贷方	借或贷	金额
月	日						
4	1		期初余额			贷	904 000
4	30		本期发生额及期末余额			贷	904 000

表10-26 总分类账(16)

会计科目：主营业务收入　　　　　　　　　　　　　　　　　　　　　　　　　　单位：元

2019年		凭证号	摘要	借方	贷方	借或贷	金额
月	日						
4	1		期初余额				
4	6	转4001	销售商品		990 000	贷	990 000
4	28	银收4003	销售商品		3 740 000	贷	4 730 000
4	30	转4010	结转营业收入	4 730 000		平	0
4	30		本期发生额及期末余额	4 730 000	4 730 000	平	0

表10-27 总分类账(17)

会计科目：管理费用　　　　　　　　　　　　　　　　　　　　　　　　　　　　单位：元

2019年		凭证号	摘要	借方	贷方	借或贷	金额
月	日						
4	1		期初余额				
4	9	现付4002	购买办公用品	500		借	500
4	11	转4002	本月耗料	378 000		借	378 500
4	17	转4003	报销差旅费	2100		借	380 600
4	29	转4004	计提折旧	3500		借	384 100
4	30	转4005	分配工资费用	18 600		借	402 700
4	30	转4006	职工福利费	2604		借	405 304
4	30	转4012	结转本月管理费用		405 304	平	0
4	30		本期发生额及期末余额	405 304	405 304	平	0

表10-28 总分类账(18)

会计科目：制造费用　　　　　　　　　　　　　　　　　　　　　　　　　　　　单位：元

2019年		凭证号	摘要	借方	贷方	借或贷	金额
月	日						
4	1		期初余额				
4	11	转4002	本月耗料	411 000		借	411 000
4	29	转4004	计提折旧	8880		借	419 880
4	30	转4005	分配工资费用	15 000		借	434 880
4	30	转4006	提取职工福利	2100		借	436 980
4	30	转4007	分配本月制造费用		436 980	平	0
4	30		本期发生额及期末余额	436 980	436 980	平	0

表10-29 总分类账(19)

会计科目：应付职工薪酬　　　　　　　　　　　　　　　　　　　　　　　　　　　　单位：元

2019年		凭证号	摘要	借方	贷方	借或贷	金额
月	日						
4	1		期初余额				
4	21	现付4003	发放工资	185 600		借	185 600
4	30	转4005	分配工资费用		185 600	平	0
4	30	转4006	提取职工福利费		25 984	贷	25 984
4	30		本期发生额及期末余额	185 600	211 584	贷	25 984

表10-30 总分类账(20)

会计科目：固定资产　　　　　　　　　　　　　　　　　　　　　　　　　　　　单位：元

2019年		凭证号	摘要	借方	贷方	借或贷	金额
月	日						
4	1		期初余额			借	10 000 000
4	23	银付4003	购入设备	450 000		借	10 450 000
4	30		本期发生额及期末余额	450 000		借	10 450 000

表10-31 总分类账(21)

会计科目：本年利润　　　　　　　　　　　　　　　　　　　　　　　　　　　　单位：元

2019年		凭证号	摘要	借方	贷方	借或贷	金额
月	日						
4	1		期初余额			贷	286 000
4	30	转4010	结转各项收入		4 730 000	贷	5 016 000
4	30	转4012	结转成本、费用等	3 388 604		贷	1 627 396
4	30	转4014	结转所得税	335 349		贷	1 292 047
4	30		本期发生额及期末余额	3 723 953	4 730 000	贷	1 292 047

表10-32 总分类账(22)

会计科目：所得税费用　　　　　　　　　　　　　　　　　　　　　　　　　　　　单位：元

2019年		凭证号	摘要	借方	贷方	借或贷	金额
月	日						
4	1		期初余额				
4	30	转4013	计算所得税费用	335 349		借	335 349
4	30	转4014	结转本月所得税		335 349	平	0
4	30		本期发生额及期末余额	335 349	335 349	平	0

表10-33 总分类账(23)

会计科目：实收资本　　　　　　　　　　　　　　　　　　　　　　　　　　　　单位：元

2019年		凭证号	摘要	借方	贷方	借或贷	金额
月	日						
4	1		期初余额			贷	13 000 000
4	30		本期发生额及期末余额			贷	13 000 000

表10-34　总分类账(24)

会计科目：盈余公积　　　　　　　　　　　　　　　　　　　　　　　　　　　　单位：元

2019年		凭证号	摘要	借方	贷方	借或贷	金额
月	日						
4	1		期初余额			贷	300 850
4	30		本期发生额及期末余额			贷	300 850

(六) 对账

将总分类账有关账户的余额分别和现金日记账、银行存款日记及明细分类账余额合计数进行核对。

核对的方法通常是通过编制"总分类账与所属明细分类账、日记账核对表"进行的，现金、银行存款日记账、原材料、应收账款和生产成本明细账与总账核对表的格式和内容如表10-35所示。

表10-35　总账与明细分类账和日记账核对表

单位：元

总分类账户	期末余额	对应所属明细账目记账账户	期末余额
现金总分类账	600	现金日记账	600
银行总分类账	44 824 551	银行存款日记账	44 824 551
应收账款总分类账	70 000	应收账款明细表	70 000
		其中：风光公司	45 000
		方达公司	25 000
原材料总分类账	2 181 000	原材料明细分类账账户余额合计	2 181 000
		其中：甲材料	840 000
		乙材料	1 341 000
生产成本总分类账	188 260	生产成本明细分类账账户余额合计	188 260
		其中：A产品	1600
		B产品	186 660

(七) 根据总分类账和明细分类账的资料编制会计报表

月末，根据核对无误的总分类账记录，编制"总分类账户发生额及余额试算平衡表"，对于期末需要调整的账项，还要进行必要的账项调整。试算平衡后，编制"资产负债表"和"利润表"等会计报表。"总分类账户发生额及余额试算平衡表""资产负债表"及"利润表"的格式如表10-36～表10-38所示。

表10-36　总分类账户试算平衡表

单位：元

会计科目	期初余额 借方	期初余额 贷方	本期发生额 借方	本期发生额 贷方	期末余额 借方	期末余额 贷方
库存现金	3200		185 700	188 300	600	
银行存款	45 000 000		5 744 900	5 920 349	44 824 551	
应收账款	70 000		1 118 700	1 118 700	70 000	
原材料	1 080 000		4 380 000	3 279 000	2 181 000	
预付账款	6500				6500	
库存商品	2 670 000		3 202 000	2 936 000	2 936 000	
生产成本	290 000		3 100 260	3 202 000	188 260	
固定资产	10 000 000		450 000		10 450 000	
其他应收款	750		2200	2200	750	
累计折旧		3 800 000		12 380	600	3 812 380
应交税费		300 000	904 749	997 549	44 824 551	392 800
短期借款		40 800 000		400 000	70 000	41 200 000
其他应付款		29 600			2 181 000	29 600
应付账款		904 000				904 000
实收资本		13 000 000				13 000 000
本年利润		286 000	3 723 953	4 730 000		1 292 047
主营业务成本			2 936 000	2 936 000		
税金及附加			47 300	47 300		
主营业务收入			4 730 000	4 730 000		0
管理费用			405 304	405 304		
制造费用			436 980	436 980		
应付职工薪酬			185 600	211 584		25 984
所得税费用			335 349	335 349	0	
盈余公积		300 850				300 850
利润分配	300 000				300 000	
合计	59 420 450	59 420 450	31 888 995	31 888 995	60 957 661	60 957 661

表10-37　资产负债表

会企01表

编制单位：中旺兴业公司　　　　　2019年4月30日　　　　　单位：元

资产	期末余额	年初余额	负债和所有者权益（或股东权益）	期末余额	年初余额
流动资产：			流动负债：		
货币资金	44 825 151	45 003 200	短期借款	41 200 000	40 800 000
交易性金融资产			交易性金融负债		

(续表)

资产	期末余额	年初余额	负债和所有者权益 (或股东权益)	期末余额	年初余额
应收票据			应付票据		
应收账款	70 000	70 000	应付账款	90 400	904 000
预付款项	6500	6500	预收款项		
应收利息			应付职工薪酬	25 984	
其他应收款	750	750	应交税费	392 800	300 000
存货	5 305 260	4040 000	应付利息		
其他流动资产			其他应付款	2 9600	29 600
流动资产合计	50 207 661	49 120 450	流动负债合计	42 552 384	42 033 600
非流动资产：			非流动负债：		
固定资产	6 637 620	6 200 000	长期借款		
			负债合计	42 552 384	42 033 600
			所有者权益(或股东权益)		
			实收资本(或股本)	13 000 000	13 000 000
			资本公积		
			盈余公积	300 850	300 850
			未分配利润	992 047	−14 000
非流动资产合计	6 637 620	6 200 000	所有者权益合计	14 292 897	13 286 850
资产合计	56 845 281	55 320 450	负债和所有者权益(或股东权益)	56 845 281	55 320 450

表10-38 利润表

会企02表
编制单位：中旺兴业公司　　　　　　2019年4月　　　　　　单位：元

项目	本期余额	上期余额
一、营业收入	4 730 000	(略)
减：营业成本	2 936 000	
税金及附加	47 300	
销售费用	—	
管理费用	405 304	
财务费用		
资产减值损失	—	
加：公允价值变动收益(损失以"—"号填列)		
投资收益(损失以"—"号填列)	—	
其中，对联营企业和合营企业的投资收益	—	
二、营业利润(亏损以"—"号填列)	1 341 369	
加：营业外收入	—	

(续表)

项目	本期余额	上期余额
减：营业外支出	—	
其中，非流动资产处置净损失		
三、利润总额(亏损总额以"－"号填列)	1 341 369	
减：所得税费用	335 349	
四、净利润(净亏损以"－"号填列)	1 006 020	
五、其他综合收益的税后净额	(略)	
(一) 以后不能重分类进损益的其他综合收益		
1. 重新计量设定受益计划净负债或净资产的变动		
2. 权益法下在被投资单位不能重分类进损益的其他综合收益中享有的份额		
……		
(二) 以后将重分类进损益的其他综合收益		
1. 权益法下在被投资单位以后将重分类进损益的其他综合收益中享有的份额		
2. 可供出售金融资产公允价值变动损益		
3. 持有至到期投资重分类为可供出售金融资产损益		
4. 现金流量套期损益的有效部分		
5. 外币财务报表折算差额		
六、综合收益总额		
七、每股收益：		
(一) 基本每股收益		
(二) 稀释每股收益		

任务三　汇总记账凭证核算组织程序

一、汇总记账凭证核算组织程序的特点和核算要求

汇总记账凭证核算组织程序的特点是定期将所有记账凭证分类编制汇总收款凭证、汇总付款凭证和汇总转账凭证，然后再根据汇总记账凭证登记总分类账。

在汇总记账凭证核算组织程序中，除设置收款凭证、付款凭证和转账凭证外，还应分别设置汇总收款凭证、汇总付款凭证和汇总转账凭证。

汇总收款凭证是根据现金或银行存款的收款凭证，按现金或银行存款科目的借方分别设置，并按贷方科目加以归类汇总。

汇总付款凭证是根据现金或银行存款的付款凭证，按现金或银行存款科目的贷方分别设置，并按借方科目加以归类汇总。

汇总转账凭证根据转账凭证按每个科目的贷方分别设置,并按对应的借方科目归类汇总。

二、汇总记账凭证核算组织程序的核算流程

汇总记账凭证核算组织程序的核算流程如下。
(1) 根据审核无误的原始凭证或汇总的原始凭证编制各种记账凭证。
(2) 根据收款凭证、付款凭证逐笔登记现金日记账和银行存款日记账。
(3) 根据原始凭证、原始凭证汇总表和记账凭证登记有关明细分类账。
(4) 根据各种记账凭证汇总编制有关汇总记账凭证。
(5) 根据各种汇总记账凭证登记总账分类账。
(6) 现金日记账、银行存款日记账和各明细分类账余额同有关总分类账的余额核对相符。
(7) 期末,根据总分类账和明细分类账的记录,编制会计报表。
汇总记账凭证核算组织程序的流程如图10-2所示。

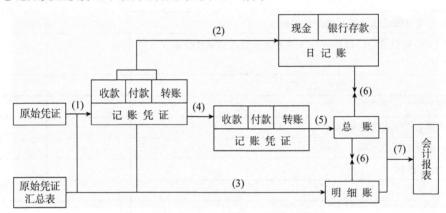

图10-2 汇总记账凭证核算组织程序的流程

三、汇总记账凭证的编制

各汇总记账凭证的编制是汇总记账凭证核算组织程序的核心。汇总记账凭证可分为汇总收款凭证、汇总付款凭证和汇总转账凭证,其编制的方法如下。

(一) 汇总收款凭证的编制方法

汇总收款凭证是根据一定时期的全部收款凭证,按月汇总编制而成的。收款凭证是按借方科目设置,编制时汇总收款凭证也是将现金、银行存款按借方科目设置,按对应的贷方科目归类,定期(5日、10日或半月)汇总,按月编制。月终时,结算出汇总收款凭证中各贷方科目的合计数,作为登记总分类账的依据。收款凭证的借方科目只有现金和银行存款,登记总分类账时,根据汇总收款凭证上的合计数记入现金、银行存款总分类账户的借方,根据汇总收款凭证中各贷方科目的合计数分别记入相应总分类账户的贷方。这样,按月只需编制一张现金汇总收款凭证和一张银行存款汇总收款凭证就可以了。现金汇总收款凭证的格式如表10-39所示。

表10-39 汇总收款凭证

借方科目：银行存款　　　　　　　　　　　　　年　月　　　　　　　　　　　　汇收第　号
单位：元

贷方科目	金额			合计	总账页数	
	1—10日 第　号至第　号	11—20日 第　号至第　号	21—30日 第　号至第　号		借方	贷方
主营业务收入						
其他业务收入						
其他应付款						
……						
合计						

(二) 汇总付款凭证的编制方法

汇总付款凭证是根据一定时期的全部付款凭证按月汇总编制而成的。付款凭证是按贷方科目设置，编制时汇总付款凭证也是将现金或银行存款按贷方科目设置，按相对应的借方科目归类、定期(5日、10日或半月)汇总，按月编制。月终时，结算出汇总付款凭证中各借方科目的合计数，作为登记总分类账的依据。付款凭证贷方科目只有现金和银行存款。登记总分类账时，应根据汇总付款凭证上的合计数记入"库存现金""银行存款"总分类账户的贷方；根据汇总付款凭证中各借方科目的合计数分别记入相应总分类账户的借方。这样，按月只需编制一张现金汇总付款凭证和一张银行存款汇总付款凭证就可以了。银行存款汇总付款凭证的格式如表10-40所示。

表10-40 汇总付款凭证

贷方科目：银行存款　　　　　　　　　　　　　年　月　　　　　　　　　　　　汇付第　号
单位：元

借方科目	金额			合计	总账页数	
	1—10日 第　号至第　号	11—20日 第　号至第　号	21—30日 第　号至第　号		借方	贷方
原材料						
固定资产						
管理费用						
财务费用						
……						
合计						

(三) 汇总转账凭证的编制方法

汇总转账凭证是根据一定时期的全部转账凭证，按月汇总编制而成的。汇总转账凭证通常是按照转账凭证贷方科目分别设置。按与该贷方科目相对应的借方科目归类，定期(5日、10日或半月)汇总，按月编制。月终时，结算出各汇总转账凭证中借方科目的合计数，作为登记总分类账的依据。登账时，根据汇总转账凭证的合计数，记入有关总分类账的借方和所设账户的贷方。汇总转账凭证的格式如表10-41所示。

表10-41　汇总转账凭证

贷方科目：原材料　　　　　　　　　　　年　　月　　　　　　　　　　汇转第　　号
　　　　　　　　　　　　　　　　　　　　　　　　　　　　　　　　　　　单位：元

借方科目	金额			合计	总账页数	
	1—10日 第　号至第　号	11—20日 第　号至第　号	21—30日 第　号至第　号		借方	贷方
生产成本 管理费用 制造费用 ……						
合计						

四、汇总记账凭证核算组织程序的优缺点及适用范围

采用汇总记账凭证核算组织程序，将日常发生的大量记账凭证定期分类汇总、月终一次登入总分类账，大大减轻了登记总分类账的工作量。按账户对应关系汇总编制会计凭证，便于清晰地反映账户之间的来龙去脉。但是，汇总记账凭证按每一贷方科目归类汇总，不考虑经济业务的性质，不利于会计核算的日常分工，而且当转账凭证较多时，编制汇总转账凭证的工作量较大。因而，这种核算程序一般适用于规模较大、业务量较多的单位。

五、汇总记账凭证核算组织程序举例

在汇总记账凭证的核算组织程序下，根据原始凭证编制记账凭证及根据收付款凭证登记现金日记账、银行存款日记账、明细分类账、总分类账及编制会计报表的步骤和方法与记账凭证的核算组织程序相同，在此不再赘述。

【例10-2】承【例10-1】中旺兴业有限公司的会计资料，说明各种汇总记账凭证的编制方法和据此登记总分类账。

（一）根据各种记账凭证编制有关汇总记账凭证

编制的汇总付款凭证、汇总收款凭证、汇总转账凭证示例如表10-42～表10-44所示。

表10-42　汇总付款凭证

贷方科目：库存现金　　　　　　　　　　2019年4月　　　　　　　　　　汇付第 1 号
　　　　　　　　　　　　　　　　　　　　　　　　　　　　　　　　　　　单位：元

借方科目	金额			合计	总账页数	
	1—10日 第　号至第　号	11—20日 第　号至第　号	21—30日 第　号至第　号		借方	贷方
其他应收款	2200			2200		
管理费用	500			500		
应付职工薪酬			185 600	185 600		
合计	2700		185 600	188 300		

(注：汇付 2 号　贷方科目：银行存款略）

表10-43 汇总收款凭证

借方科目：银行存款　　　　　　　　　　2019 年 4 月　　　　　　　　　　汇收第 2 号
单位：元

贷方科目	金额				总账页数	
	1—10 日 第　号至第　号	11—20 日 第　号至第　号	21—30 日 第　号至第　号	合计	借方	贷方
短期借款	400 000			400 000		
应收账款		1 118 700		1 118 700		
主营业务收入			3 740 000	3 740 000		
应交税费			486 200	486 200		
合计	400 000	1 118 700	4 226 200	5 744 900		

表10-44 汇总转款凭证

贷方科目：应交税费　　　　　　　　　　2019 年 4 月　　　　　　　　　　汇转第 3 号
单位：元

借方科目	金额				总账页数	
	1—10 日 第　号至第　号	11—20 日 第　号至第　号	21—30 日 第　号至第　号	合计	借方	贷方
应收账款	128 700			128 700		
银行存款			486 200	486 200		
税金及附加			47 300	47 300		
所得税费用			335 349	335 349		
合计	128 700		868 849	997 549		

(二) 根据汇总收、付款凭证及汇总转账凭证登记部分总分类账

登记的部分总分类账如表 10-45 和表 10-46 所示。

表10-45 总分类账(1)

会计科目：银行存款　　　　　　　　　　　　　　　　　　　　　　　　单位：元

2019 年		凭证号	摘要	对方科目	借方	贷方	借或贷	金额
月	日							
4	1		期初余额(略)				借	4 5000 000
4	30	汇收 2		短期借款	400 000			
				应收账款	1 118 700			
				主营业务收入	3 740 000			
				应交税费	486 200		借	50 744 900
4	30	汇付 2		原材料		4 949 400		
				应交税费		335 340		
				库存现金		185 600		
				固定资产		450 000	借	44 824 551
4	30		本期发生额及 期末余额		5 744 900	5 920 349	借	44 824 551

表10-46 总分类账(2)

会计科目：应收账款　　　　　　　　　　　　　　　　　　　　　　　　　　　　单位：元

2019年		凭证号	摘要	对方科目	借方	贷方	借或贷	金额
月	日							
4	1		期初余额(略)				借	70 000
4	30			主营业务收入	990 000		借	1 060 000
4	30	汇转 3		应交税费	128 700		借	1 188 700
4	30	汇收 2		银行存款		1 118 700	借	70 000
4	30		本期发生额及期末余额		1 118 700	1 118 700	借	70 000

任务四　科目汇总表核算组织程序

一、科目汇总表核算组织程序的特点和核算要求

科目汇总表核算组织程序也称记账凭证汇总表核算组织程序，它的特点是将所有记账凭证定期编制科目汇总表，再根据科目汇总表登记总分类账。

采用科目汇总表核算组织程序时，其记账凭证、账簿的种类和格式与记账凭证核算组织程序基本相同，但要设置科目汇总表。

二、科目汇总表核算组织程序的核算流程

科目汇总表核算组织程序的核算流程如下。
(1) 根据原始凭证或汇总原始凭证编制记账凭证。
(2) 根据收款凭证、付款凭证和转账凭证逐笔登记现金和银行存款日记账。
(3) 根据原始凭证、汇总原始凭证和各种记账凭证，登记各明细分类账。
(4) 根据各种记账凭证定期汇总编制科目汇总表。
(5) 根据科目汇总表定期登记总分类账。
(6) 现金日记账、银行存款日记账和明细分类账的余额同有关总分类账的余额核对相符。
(7) 期末，根据总分类账和明细分类账的记录编制会计报表。
科目汇总表核算组织程序流程图如图10-3所示。

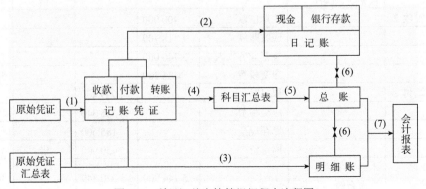

图10-3　科目汇总表核算组织程序流程图

三、科目汇总表的编制方法

科目汇总表的编制方法是科目汇总表核算组织程序的核心。其编制的方法是：将一定时期内全部记账凭证，按照相同会计科目的借方和贷方归类定期汇总每一账户的借方本期发生额和贷方本期发生额，填写到科目汇总表的相关栏目内，可以反映全部账户的借方本期发生额和贷方本期发生额。科目汇总表的编制时间应根据企业经济业务量的大小来确定，可在每 1 天、3 天、5 天或 10 天编制汇总一次。登记总分类账时，只要将科目汇总表中各科目的借方发生额和贷方发生额分次或一次记入相应总分类账户的借方或贷方即可。科目汇总表的格式如表 10-47 所示。

表10-47 科目汇总表

年　月　　　　　　　　　　　　　　　　　　　　　　　　单位：元

会计科目	账页	本期发生额		备注
		借方	贷方	
合计				

四、科目汇总表核算组织程序的优缺点及适用范围

采用科目汇总表核算组织程序，根据科目汇总表登记总分类账，便于及时发现差错，从而保证会计工作质量。但是，按相同科目归类编制的科目汇总表不能清楚地反映各个账户的对应关系，不便于分析、检查经济活动情况，不利于查对账目。因而这种核算组织程序一般适用于业务量大、记账凭证较多的单位。

五、科目汇总表核算组织程序举例

由于根据原始凭证编制记账凭证、根据记账凭证登记各有关明细分类账及会计报表的编制方法与记账凭证核算组织程序相同，所以在此不再赘述。

【例 10-3】承【例 10-1】中旺兴业有限公司的资料，分别说明科目汇总表的编制方法及根据科目汇总表登记总分类账。

(一) 根据记账凭证按月分旬编制科目汇总表

编制的科目汇总表如表 10-48 所示。

表10-48 科目汇总表

2019年4月 单位：元

会计科目	1—10日		11—20日		21—30日		本月合计	
	借方	贷方	借方	贷方	借方	贷方	借方	贷方
库存现金		2700	100		185 600	185 600	185 700	188 300
银行存款	400 000	4 949 400	1 118 700		4 226 200	970 949	5 744 900	5 920 349
应收账款	1 118 700			1 118 700			1 118 700	1 118 700
原材料	4 380 000			3 279 000			4 380 000	3 279 000
预付账款							0	0
库存商品					3 202 000	2 936 000	3 202 000	2 936 000
生产成本			2 490 000		610 260	3 202 000	3 100 260	3 202 000
固定资产					450 000		450 000	0
其他应收款	2200			2200			2200	2200
累计折旧						12 380	0	12 380
应交税费	569 400	128 700			335 349	868 849	904 749	997 549
短期借款		400 000						400 000
应付账款								
实收资本								
本年利润					3 723 953	4 730 000	3 723 953	4 730 000
主营业务成本					2 936 000	2 936 000	2 936 000	2 936 000
主营业务收入		990 000			4 730 000	3 740 000	4 730 000	4 730 000
税金及附加					47 300	47 300	47 300	47 300
管理费用	500		380 100		24 704	405 304	405 304	405 304
制造费用			411 000		25 980	436 980	436 980	436 980
应付职工薪酬					185 600	211 584	185 600	211 584
所得税费用					335 349	335 349	335 349	335 349
盈余公积								
利润分配								
合计	6 470 800	6 470 800	4 399 900	4 399 900	21 018 295	21 018 295	31 888 995	31 888 995

（二）根据科目汇总表登记部分总分类账

登记的总分类账如表10-49所示。

表10-49 总分类账

会计科目：银行存款 单位：元

2019年		凭证号	摘要	借方	贷方	借或贷	金额
月	日						
4	1		期初余额			借	45 000 000
4	10	略	1—10日发生额	400 000	4 949 400		
4	20		11—20日发生额	1 118 700			
4	30		21—30日发生额	4 226 200	970 949		
4	30		本期发生额及期末余额	5 744 900	5 920 349		44 824 551

任务五 日记总账核算组织程序

一、日记总账核算组织程序的特点及核算要求

日记总账核算组织程序的特点是：通过设置日记总账，并根据记账凭证直接逐笔登记日记总账。

在日记总账核算组织程序中，记账凭证的设置可采用通用格式或收款凭证、付款凭证和转账凭证，但不设汇总凭证。其设置的账簿与记账凭证核算组织程序不同的是，总账的账页格式要设为多栏式日记账，其他账簿的账页格式一般采用常用格式。报表的设置除按国家统一制度规定外，可根据企业内部的需要设置内部会计报表。

二、日记总账的登记方法

日记总账即要根据经济业务发生时间的先后顺序逐笔登记，又要将所有会计科目的总分类核算集中在一张账页上。这样，日记总账既起到了日记账又起到了分类账的作用。日记总账由两部分构成：一部分用来序时核算，包括发生经济业务的日期栏、凭证字号栏、摘要栏及发生栏；另一部分用来进行总分类核算，这一部分将账户按行栏对称排列，每一账户分设借、贷两栏。日记总账的格式如表10-50所示。

表10-50 日记总账

2019年		凭证		摘要	库存现金		银行存款		原材料		固定资产		……	
月	日	字	号		借方	贷方	借方	贷方	借方	贷方	借方	贷方	借方	贷方
				本月发生额										
				月末余额										

对于收款业务、付款业务和转账业务，都分别根据收款凭证、付款凭证和转账凭证逐笔登记日记总账，对每一笔经济业务所涉及的各个会计科目的借方发生额和贷方发生额分别登记在同行的有关科目的借方栏和贷方栏，并将借、贷方发生额合计数登记在"发生额"栏内。月末，分别结出各栏目的合计数，计算各账户的月末借方或贷方余额，最后按要求进行账簿记录的核对工作，具体包括：日记总账"发生额"栏的本月合计数与全部科目的借、贷方发生额的合计数核对；全部科目的借方余额与全部科目的贷方余额合计数核对。

三、日记总账核算组织程序的核算流程

日记总账核算组织程序的核算流程如下。
(1) 根据原始凭证编制汇总原始凭证。
(2) 根据原始凭证或汇总原始凭证编制记账凭证。
(3) 根据收款凭证、付款凭证登记现金日记账和银行存款日记账。
(4) 根据原始凭证、汇总原始凭证和各种记账凭证登记各种明细分类账。
(5) 根据各种记账凭证逐笔登记日记总账。
(6) 日记总账要定期试算平衡,并将现金日记账、银行存款日记账与各明细账的余额、日记总账有关账户的余额做核对。
(7) 根据日记总账、各种明细分类账和其他会计资料编制会计报表。

四、日记总账核算组织程序的优缺点和适用范围

采用日记总账核算组织程序,将日记账和分类账结合在一起大大简化了记账手续;同时,日记总账把全部会计科目分专栏列在一张账页上,可以清楚地反映每一项经济业务所记录账户的对应关系,也便于总账试算平衡。这种核算组织程序的缺点是:日记总账的账页较大、栏次过多,记账时容易发生串行、串栏,也不便于会计业务分工。因而,记账时这种核算组织程序一般只适用于规模较小、业务简单、使用会计科目也较少的单位。

任务六 多栏式日记账核算组织程序

一、多栏式日记账核算组织程序的特点和核算要求

多栏式日记账核算组织程序的特点是通过设置多栏式日记账并据以登记总分类账。

在多栏式日记账核算组织程序中,凭证的设置及格式与记账凭证核算组织程序基本相同。除设置多栏式现金日记账和银行存款日记账外,还可根据需要设置多栏式或其他格式材料采购日记账、制造成本日记账、销售日记账。月末,根据各多栏式日记账登记总分类账。

多栏式日记账格式分为两部分:一部分用来进行序时核算,也包括登记经济业务发生或完成的日期栏、凭证字号栏、摘要栏;另一部分进行分类核算,即将其收入和支出分别按照对应科目设专栏,登记全部收、付业务。平日逐笔登记,月末结出各多栏式日记账各科目的余额,作为登记总分类账的依据,不包括在各多栏式日记账的转账凭证,可以根据转账凭证逐笔登记总分类账。

二、多栏式日记账核算组织程序的核算流程

多栏式日记账核算组织程序的核算流程如下。

(1) 根据原始凭证编制汇总原始凭证。
(2) 根据原始凭证或汇总原始凭证编制记账凭证。
(3) 根据收款凭证、付款凭证登记多栏式现金日记账和多栏式银行存款日记账。
(4) 根据原始凭证、汇总原始凭证和各种凭证登记多栏式明细分类账及其他明细分类账。
(5) 根据多栏式现金日记账、多栏式银行存款日记账及有关转账凭证登记总分类账；总分类账根据各多栏式日记账中结出对应科目的余额月末一次登记。
(6) 定期将多栏式现金日记账、多栏式银行存款日记账、多栏式明细分类账与总分类账核对。
(7) 根据总分类账和其他有关明细账的资料编制会计报表。

三、多栏式日记账核算组织程序的优缺点及适用范围

多栏式日记账核算组织程序的特点是根据多栏式日记账直接登记总分类账。这种核算程序由于逐日逐笔登记，并在月末结出各科目余额，克服了记账凭证核算组织程序下总分类账核算工作量大的弊端，也便于核算工作的分工。多栏式日记账分别按对应科目设置，可以清晰地反映各类经济业务的来龙去脉。其缺点是业务量较多时，多栏式日记账的账页过大，因而，这种核算形式适用于规模小、业务量小、凭证不多的单位。

项目练习

一、单项选择题

1. 记账凭证核算组织程序的特点是(   )。
   A. 直接根据各种记账凭证逐笔登记总分类账
   B. 定期根据所有的记账凭证编制科目汇总表，然后再根据科目汇总表登记总分类账
   C. 根据记账凭证定期编制汇总记账凭证，然后再根据汇总记账凭证登记总分类账
   D. 设置日记总账，所有经济业务都要根据记账凭证直接登记日记总账

2. 在汇总记账凭证核算组织程序中，汇总转账凭证上的科目对应关系是(   )。
   A. 一个贷方科目与一个借方科目对应
   B. 一个贷方科目与多个借方科目对应
   C. 一个借方科目与多个贷方科目对应
   D. 一个贷方科目与一个或几个借方科目相对应

3. 下列几种常见的会计核算组织程序中，最基本的核算组织程序是(   )。
   A. 日记总账核算组织程序   B. 记账凭证核算组织程序
   C. 汇总记账凭证核算组织程序 D. 科目汇总表核算组织程序

4. 各种会计核算组织程序的根本区别在于(   )的依据和方法不同。
   A. 编制会计凭证   B. 登记现金日记账
   C. 登记各种明细账   D. 登记总账

5. 会计核算组织程序的核心是( )。
   A. 设置的凭证体系 B. 账簿凭证组织
   C. 记账程序 D. 记账方法
6. 汇总付款凭证的贷方科目可能是( )。
   A. "应付账款"或"预付账款" B. "应收账款"或"预收账款"
   C. "库存现金"或"银行存款" D. "在途物资"或"原材料"
7. 科目汇总表汇总的是( )。
   A. 全部科目的贷方发生额 B. 全部科目的借方发生额
   C. 全部科目的借贷方余额 D. 全部科目的借贷方发生额
8. 将全部会计科目都集中设置在一张账页上，以记账凭证为依据，对发生的经济业务进行序时、逐笔登记的账簿是( )。
   A. 银行存款日记账 B. 现金日记账
   C. 日记总账 D. 普通日记账
9. 规模较小、业务简单、使用会计科目较少的单位一般适用于( )。
   A. 记账凭证核算组织程序 B. 日记总账核算组织程序
   C. 科目汇总表核算组织程序 D. 汇总记账凭证核算组织程序
10. 汇总付款凭证是根据( )汇总编制的。
    A. 收款凭证 B. 付款凭证 C. 转账凭证 D. 付款收据

二、多项选择题

1. 在汇总记账凭证核算组织程序中，下列说法正确的是( )。
   A. 应设置收款凭证、付款凭证、转账凭证
   B. 设置汇总收款凭证、汇总付款凭证、汇总转账凭证
   C. 根据记账凭证定期编制汇总记账凭证，然后再根据汇总记账凭证登记总分类账
   D. 设置日记总账，所有经济业务都要根据记账凭证直接登记日记总账
2. 下列各种会计核算组织程序中，能够减少总账工作量的核算组织程序是( )。
   A. 记账凭证核算组织程序 B. 科目汇总表核算组织程序
   C. 汇总记账凭证核算组织程序 D. 多栏式日记账核算组织程序
3. 在各种会计核算组织程序下，可作为登记明细账依据的有( )。
   A. 原始凭证 B. 汇总原始凭证
   C. 记账凭证 D. 汇总记账凭证
4. 在各种会计核算组织程序中，其账务处理流程相同的是( )。
   A. 根据原始凭证或汇总原始凭证编制记账凭证
   B. 根据原始凭证、汇总原始凭证和记账凭证，逐笔登记各明细分类账
   C. 根据记账凭证逐笔登记总分类账
   D. 期末，根据总分类账和明细分类账的记录，编制会计报表
5. 采用记账凭证核算组织程序时，期末应将( )与总分类账进行核对。
   A. 现金日记账 B. 银行存款日记账
   C. 明细分类账 D. 汇总记账凭证

6. 汇总记账凭证核算组织程序的优点是(　　)。
   A. 大大减轻了登记总分类账的工作量
   B. 按账户对应关系汇总编制会计凭证，便于清晰反映账户之间的来龙去脉
   C. 有利于会计核算的日常分工
   D. 汇总记账凭证还可起试算平衡的作用
7. 选用适当的会计核算组织程序，能够(　　)。
   A. 提高会计核算的工作效率
   B. 有利于保证会计记录的正确性和完整性
   C. 提高会计信息的质量
   D. 不需要登记总分类账
8. 在日记总账会计核算组织程序下，不能作为登记总账直接依据的有(　　)。
   A. 原始凭证　　　　　　　　B. 记账凭证
   C. 汇总记账凭证　　　　　　D. 科目汇总表
9. 记账凭证核算组织程序适用于(　　)的单位
   A. 规模较小　　　　　　　　B. 业务量较少
   C. 凭证不多　　　　　　　　D. 使用会计科目较少
10. 在多栏式日记账核算组织程序下，登记总分类账的依据有(　　)。
    A. 记账凭证　　　　　　　　B. 转账凭证
    C. 多栏现金日记账　　　　　D. 多栏式银行存款日记账

三、判断题

1. 账务处理程序，又称会计核算程序，是指运用一定的记账方法，从填制和审核会计凭证、登记账簿，直到编制会计报表的记账程序。　　　　　　　　　　　　　　　　(　　)
2. 记账凭证核算组织程序的特点是直接根据各种记账凭证逐笔登记明细分类账。(　　)
3. 在科目汇总表核算组织程序下，其突出的优点是大大减少了登记总账的工作量。
   　　　　　　　　　　　　　　　　　　　　　　　　　　　　　　　　(　　)
4. 账务处理程序不同，库存现金日记账、银行存款日记账登记的依据也不同。(　　)
5. 无论在哪种会计核算组织程序下，原始凭证都不能直接用来登记总分类账和明细分类账。　　　　　　　　　　　　　　　　　　　　　　　　　　　　　　　(　　)
6. 会计核算组织程序不同，现金日记账和银行存款日记账登记的依据也不同。(　　)
7. 编制科目汇总表的直接依据是汇总记账凭证。　　　　　　　　　　　　(　　)
8. 在汇总记账凭证核算组织程序下，应采用专用的收款凭证、付款凭证和转账凭证。
   　　　　　　　　　　　　　　　　　　　　　　　　　　　　　　　　(　　)
9. 汇总收款凭证是按贷方科目设置，按借方科目归类，定期汇总，按月编制。(　　)
10. 为了便于编制汇总转账凭证，在编制转账凭证时，其账户的对应关系应是一借一贷。
    　　　　　　　　　　　　　　　　　　　　　　　　　　　　　　　(　　)

四、业务处理题

【目的】学生通过完成一次会计循环的账务处理，掌握会计核算的基本规范，做到理论与

实践相结合，提高实务操作能力。

【资料】

1. 江月有限公司20××年8月初各账户余额表如表10-51所示。

表10-51 账户余额表

单位：元

账户名称	借方余额	账户名称	贷方余额
库存现金	1600	累计折旧	126 500
银行存款	62 400	短期借款	50 000
应收账款	102 100	应付账款	30 000
原材料	153 760	应付职工薪酬	10 830
库存商品	126 800	应交税费	15 000
预付账款	3600	应付利息	1540
固定资产	306 480	实收资本	500 000
利润分配	27 600	盈余公积	3670
		本年利润	46 800
合计	784 340	合计	784 340

(1) "原材料"账户余额153 760元，其中：甲材料600千克，单价130元，计78 000元；乙材料500千克，单价100元，计50 000元；丙材料350千克，单价40元，计14 000元；丁材料420千克，单价28元，计11 760元。

(2) "库存商品"账户余额126 800元，其中：A产品550件，单件成本120元，计66 000元；B产品380件，单件成本160元，计60 800元。

(3) "应收账款"账户余额102 100元，其中：102厂36 000元；104厂60 000元；107厂6100元。

2. 江月有限公司20××年8月份发生下列经济业务。

(1) 1日向银行借入一笔款项，金额为600 000元，期限为6个月，所得款项已存入银行。

(2) 4日从中天公司购入甲材料2000千克、乙材料4000千克、丙材料1000千克。发票账单已送达企业，货款以银行存款支付。其中，甲材料买价200 000元，乙材料买价160 000元，丙材料买价5000元，增值税税率为13%。

(3) 5日从长安公司购入丁材料500千克，每千克12元；代垫运费为300元，代垫运费增值税税额为39元，货款尚未支付。(增值税税率为13%)

(4) 5日为购入甲材料向长安公司预付货款17 515元，款项以银行存款支付。

(5) 6日收到长安公司发来的甲材料2000千克，价款为15 000元，长安公司代垫运费500元，运费增值税税款为65元，该批材料的款项已于8日预付。(增值税税率为13%)

(6) 7日以银行存款支付4日向中天公司购入的三种材料的运杂费1400元。

(7) 8日收到从之前所有公司购入的甲、乙、丙三种材料，并于当日全部验收入库。

(8) 9日，生产A、B两种产品耗用原材料。其中生产A产品生产耗用67 800元，B产品生产耗用10 300元，车间耗用14 000元，销售部门耗用2900元，行政管理部门耗用2100元。

(9) 10 日，结算本月职工薪酬：A 产品生产工人工资 20 000 元，B 产品生产工人工资 18 000 元，车间管理人员工资 10 000 元。

(10) 11 日，按照工资的 14%计算员工社会保险费用。

(11) 12 日，计提本月车间使用厂房、机器设备等固定资产折旧费 12 000 元。

(12) 12 日，以银行存款 2400 元支付车间水电费。

(13) 12 日，以银行存款支付生产车间的办公费 1900 元。

(14) 13 日，新月公司将制造费用按照生产工人工资比例进行分配，将制造费用转入生产成本中。(保留 2 位小数)

(15) 14 日，A 产品 500 件全部完工并验收入库，B 产品 1000 件全部完工验收入库。计算并结转 A、B 产品的生产成本。

(16) 15 日，新月公司向北方公司销售 A 商品一批，价款为 30 000 元。商品已经发出，收到全部货款，并存入银行。(增值税税率为 13%)

(17) 16 日，新月公司收到南方公司预付 A 商品的货款 60 000 元，并存入银行。

(18) 17 日，公司向南方公司发出 A 商品一批，价款为 60 000 元，南方公司已预付 60 000 元，余款尚未收到。(增值税税率为 13%)

(19) 18 日，向北方公司销售 B 商品一批，价款 70 000 元，增值税销项税额为 9100 元，商品已经发出，同时收到货款并存入银行。

(20) 19 日，销售本公司外购的乙材料一批，价值为 13 000 元，增值税销项税额为 1 690 元，货款已全部收回，并存入银行。

(21) 20 日，经计算，本月已销售 A 产品的生产成本为 38 000 元、B 产品的生产成本为 25 000 元。

(22) 22 日，经计算，销售乙材料的成本为 1000 元。

(23) 22 日，经计算，本月出租厂房应计提折旧 200 元。

(24) 23 日，计算出本月应交的城市维护建设税为 25 000 元，教育费附加为 25 000 元。

(25) 24 日，银行存款支付广告费 1310 元和应由本公司的销售机构负担的水电费 1140 元。

(26) 24 日，以现金支付本公司销售机构业务人员差旅费 500 元。

(27) 24 日，分配本月职工薪酬。当月企业销售人员工资为 4200 元，应计提的社会保险费为 588 元。

(28) 24 日，计提本月本公司销售部门使用的固定资产折旧费 1300 元。

(29) 24 日，康华公司行政部门以现金 600 元购买办公用品。

(30) 24 日，康华公司以银行存款支付法律顾问费 1500 元，业务招待费 3400 元。

(31) 24 日，康华公司分配工资，行政管理人员工资 5000 元，社会保险费 700 元。

(32) 24 日，康华公司本月无形资产价值应摊销 3000 元。

(33) 25 日，康华公司清理长期无法支付的应付账款一笔，账面价值为 20 000 元，经批准转作企业的营业外收入。

(34) 25 日，康华公司开出支票向希望工程捐赠 3000 元。

(35) 31 日，计算本月实现的利润总额。

(36) 31 日，新月公司本月未发生纳税调整事项，适用的企业所得税税率为 25%。计算应交所得税。

(37) 31日，结转所得税税额。

【要求】

(1) 根据资料2判断每项经济业务应填制哪些记账凭证，并编制会计分录。
(2) 根据收、付款凭证逐日逐笔顺序登记现金日记账和银行存款日记账。
(3) 根据原始凭证、记账凭证登记材料、生产成本明细账(其他明细账略)。
(4) 根据记账凭证记总分类账。
(5) 结出各总分类账户的本期发生及期末余额，并据以编制试算平衡表。
(6) 根据以上资料编制资产负债表和利润表。
(7) 根据编制的记账凭证编制汇总记账凭证。
(8) 根据编制的记账凭证编制科目汇总表。

项目十一

认识会计工作组织

> **学习要求**
>
> 1. 了解组织会计工作的意义与原则；
> 2. 熟悉会计机构的设置；
> 3. 熟悉会计人员的职责与权限；
> 4. 熟悉我国会计法规体系的构成及基本内容；
> 5. 掌握会计工作的交接及会计档案的保管，全面理解会计工作。

任务一 会计工作组织的概念

为充分发挥会计部门的作用，应建立和健全会计部门的内部岗位责任制。在企业内部根据企业规模、业务量大小及经营管理要求，设置会计机构、配备会计人员，规定每人应负担的工作任务及每人的岗位，对各种凭证、账簿的填制、登记、审核、保管及报表编制，都要有明确的分工。在规模较大或业务量较大的企业，会计部门内部可以按照具体事件分为若干个专业组，开展不同的工作。

一、会计工作组织的意义

会计工作组织是会计工作的基本环节，主要包括会计机构的设置、会计人员的配备与教育、会计法规制度的制定和执行、会计档案的管理等。科学正确地组织会计工作，对于顺利完成会计任务，充分发挥会计在经济管理中的作用具有重要意义。

（一）有利于保证会计工作的质量，提高会计工作的效率

会计反映的是再生产过程中各个阶段以货币表现的经济活动，具体又可表现为循环往复的

资金运动。会计是通过严密的手续和科学的程序,从编制会计凭证到登记账簿,再从登记账簿到编制会计报表,连续、及时、系统、全面地核算和监督本单位经济活动和财务收支,从而为经营管理提供真实正确的会计信息。这不但涉及复杂的计算,而且包括一系列的程序和手续,以及各个程序之间、各种手续之间的密切联系,在任何一个环节出现问题都会造成整个核算结果错误。如果没有一套工作制度和程序,就不能科学地组织会计工作,更谈不上什么效率。

任何一个环节出现差错,都将会造成会计信息不能正确、及时地完成,进而影响整个会计核算的工作质量和效率。因此,必须设置专职的会计机构,配备高素质的会计人员,制定科学的工作制度和严密的工作程序,以组织好会计工作,圆满完成会计任务。

(二) 可以保证会计工作与其他经济管理工作协调一致

会计工作不但与宏观经济(如国家财政、税收、金融等)密切相关,而且与各单位内部的计划、统计等工作密切相关。会计工作一方面能够促进其他经济管理工作,另一方面也需要其他管理工作的配合。会计工作必须首先服从国家的宏观经济政策,要与之保持口径一致,同时又要与各单位的计划、统计工作之间保持协调关系。

会计工作是一项综合性很强的经济管理工作,它既有相对独立性,又同其他管理工作有着相互制约、相互促进的关系。只有科学地组织好会计工作,使会计工作同其他经济管理工作在加强科学管理、提高效益的共同目标下,相互协调、相互促进、密切配合,才能保证整体管理水平的提高。

(三) 有利于贯彻执行国家有关方针、政策、法令制度,维护社会主义市场经济秩序

会计工作涉及面广、政策性强,会计工作表面上看只是对单位内部经济活动的核算和监督,而实际上会计所处理的经济业务事项中所涉及的经济利益关系已超出本单位的范围,直接或间接地影响有关方面的利益。而且,会计工作的开展,必须在国家的政策、法令制度下进行,任何单位和个人不得违纪违法。因此,科学正确地组织会计工作,才能从组织上保证党的路线方针、政策、法令和制度的认真执行,维护国家和投资者等各方的经济权益,才能为建立社会主义市场经济秩序打下良好基础。

(四) 可以加强各单位内部的经济责任制

经济责任制是现代企业经济管理的重要手段,经济责任制用货币表现的有关目标、指标及绩效考核,都离不开会计。各经营单位实行内部控制和管理的重要手段,会计是经济管理的重要组成部分,必须要在贯彻经济责任制方面发挥重要作用。科学地组织会计工作可以促进会计单位内部有效利用资金,使会计单位内部及有关部门进一步明确责任,增收节支,讲求效益,提高管理水平,从而提高经济效益,为企业尽可能地创造利润,进而提高单位的整体经济效益。

二、组织会计工作的原则

(一) 统一性原则

组织会计工作既要符合国家对会计工作的统一要求,又要适应各单位生产经营的特点。

组织会计工作，必须按照《中华人民共和国会计法》(以下简称《会计法》)对会计工作的统一要求，贯彻执行国家的有关规定。只有按照统一要求组织会计工作，才能发挥会计工作在维护社会主义市场经济秩序，加强经济管理，提高其在经济效益中的作用。

社会主义市场经济条件下，会计所提供的会计信息，不仅要满足企业管理者、投资者、债权人和其他各方面的需要，而且还应符合国家宏观经济管理的需要。就整个社会而言，会计信息是一种重要的社会资源，从维护社会经济秩序、满足宏观经济管理的要求出发，规范会计行为尤为必要。我国的会计工作管理体制是"统一领导、分级管理"。各单位必须依据国家的有关法规、制度统一要求组织会计工作。

(二) 适应性原则

企业可在不违背有关会计法律、行政法规和企业会计制度的前提条件下，结合本单位的具体情况，制定本企业的会计核算办法。

国家对会计工作的统一要求，只是一般性原则规定。各个单位在与《会计法》和国家统一的会计制度不相抵触的前提下，应根据本单位经营的特点、规模等实际情况和具体要求来组织本单位的会计工作，这样，才能使会计工作既符合国家统一要求，又适应本单位的特点。

(三) 协调性原则

组织会计工作既要保证贯彻整个单位的经济责任制，又要建立会计工作的责任制度。科学地组织会计工作，应在保证贯彻整个企业单位的经济责任制的同时，建立和完善会计工作本身的责任制度，合理分工，建立会计岗位，实现会计处理手续和会计工作程序的规范化。

会计工作作为整个单位经济管理工作系统中的一个重要组成部分，有着同其他经济管理工作之间既分工又相互协调和相互配合的关系。因此，要求会计工作为达到统一的管理目标而必须坚持协调性原则，建立行之有效的会计工作协调运行机制。

(四) 成本效益原则

组织会计工作既要保证核算工作的质量，又要节约人力物力，以提高工作效率。会计工作十分复杂，如果组织不好，就会重复劳动，造成资源浪费。故会计管理程序规定，所有会计凭证、账簿、报告的设计、会计机构的设置及会计人员的配置等，都应避免烦琐、力求精简。

组织会计工作时，在保证会计信息质量和完成会计任务的前提下，应讲求效益，节约人力和物力。合理设置会计机构、精简会计人员、规范会计工作程序和手续，有效地进行会计分工是降低成本、提高经济效益，防止机构重叠、重复劳动、手续繁杂等不合理现象的重要途径。

任务二 会计机构和会计人员

作为会计主体要做好会计工作，必须建立完善的会计机构并配备高素质的会计人员。

一、会计机构

会计机构，是指各单位办理会计实务的职能部门。根据《会计法》的规定，各单位应根据会计业务的需要，设置会计机构，或者在有关机构中设置会计人员并指定会计主管人员；不具备设置条件的，应委托经批准从事会计代理记账业务的中介机构代理记账。

二、代理记账

代理记账，是指代理记账机构接受委托办理会计业务。代理记账机构是指依法取得代理记账资格，从事代理记账业务的机构。

(一) 代理记账机构的审核

除会计师事务所以外的机构从事代理记账业务，应当经县级以上人民政府财政部门核算(简称审批机关)批准，领取由财政部统一规定样式的代理记账许可证书。具体审批机关由省、自治区、直辖市、计划单列市级人民政府财政部门确定。

(二) 代理记账的业务范围

1. 代理记账机构可以接受委托办理的业务

(1) 根据委托人提供的原始凭证和其他资料，按照国家统一的会计制度的规定进行会计核算，包括审核原始凭证、填制记账凭证、登记会计账簿、编制财务会计报告等。

(2) 对外提供财务会计报告。

(3) 向税务机关提供税务资料。

(4) 委托人委托的其他会计业务。

(5) 委托人、代理记账机构及其从业人员各自的义务。

2. 委托人委托代理记账机构代理记账应当明确的内容

(1) 双方对会计资料的真实性、完整性各自应当承担的责任。

(2) 会计资料传递程序和签收手续。

(3) 编制和提供财务会计报告的要求。

(4) 会计档案的保管要求及相应的责任。

(5) 终止委托合同应当办理的会计交接事宜。

3. 委托人应当履行的义务

(1) 对本单位发生的经济业务事项，应当填制或取得符合国家统一的会计制度规定的原始凭证。

(2) 应当配备专人负责日常货币收支和保管。

(3) 及时向代理记账机构提供真实、完整的原始凭证和其他相关资料。

(4) 对于代理记账机构退回的，要求按照国家统一的会计制度规定进行更正、补充的原始凭证,应当及时予以更正、补充。

4. 代理记账机构及其从业人员应履行的义务

(1) 遵守有关法律、法规和国家统一的会计制度的规定,按照委托合同办理代理记账业务。

(2) 对在执行业务中知悉的商业秘密予以保密。

(3) 对委托人要求其做出不当的会计处理,提供不实的会计资料,以及其他不符合法律、法规和国家统一的会计制度行为的,予以拒绝。

(4) 对委托人提出的有关会计处理相关问题予以解释。

代理记账机构为委托人编制的财务会计报告,经代理记账机构负责人和委托人负责人签名并盖章后,按照有关法律、法规和国家统一的会计制度的规定对外提供。

【例11-1】(判断题)代理记账机构可以接受委托人的委托对外提供财务会计报告。(　　)

【答案】√

三、会计岗位的设置

(一) 会计工作岗位的设置要求

会计工作岗位,是指一个单位会计机构内部根据业务分工而设置的职能岗位。根据《会计基础工作规范》的要求,各单位应根据会计业务需要设置会计工作岗位。会计工作岗位一般可分为会计机构负责人或会计主管人员、出纳、财产物资核算、工资核算、成本费用核算、财务成果核算、资金核算、往来结算、总账报表、稽核、档案管理等。开展会计电算化和管理会计的单位,可以根据需要设置相应的工作岗位,也可以与其他工作岗位相结合。

会计工作岗位,可以一人一岗、一人多岗或一岗多人。但出纳人员不得兼任稽核、会计档案保管和收入、支出、费用、债权债务账目的登记工作。会计人员的工作岗位应有计划地进行轮换。档案管理部门的人员管理会计档案,不属于会计岗位。会计人员应具备从事会计工作所需要的专业能力,遵守职业道德。

出纳人员不得兼任(监管)稽核、会计档案保管和收入、支出、费用、债权债务账目的登记工作。

会计机构负责人或会计主管人员,是在一个单位内具体负责会计工作的中层领导人员。担任单位会计机构负责人(会计主管人员)的,应具备会计师以上专业技术职务资格或从事会计工作3年以上经历。

因有提供虚假财务会计报告,做假账,隐匿或故意销毁会计凭证、会计账簿、财务会计报告,贪污,挪用公款,职务侵占等与会计职务有关的违法行为被依法追究刑事责任的人员,不得再从事会计工作。

(二) 会计人员回避制度

国家机关、国有企业、事业单位任用会计人员应当实行回避制度。单位领导人的直系亲属不得担任本单位的会计机构负责人、会计主管人员。会计机构负责人、会计主管人员的直系亲属不得在本单位会计机构中担任出纳工作。需要回避的直系亲属包括夫妻关系、直系血亲关系、三代以内旁系血亲及配偶关系。

(三) 会计工作组织形式

企业会计工作的组织形式一般可以分为集中核算和非集中核算两种。

1. 集中核算

集中核算，是指单位的会计工作主要集中在会计部门进行的核算组织形式。在这种组织形式下，单位内部的其他部门和下属单位只对其发生的经济业务填制原始凭证或将原始凭证汇总表送交会计部门。会计部门根据审核后的原始凭证填制记账凭证、登记有关账簿、编制会计报表。集中核算，可以减少核算环节，简化核算手续，便于会计部门全面及时地掌握单位的财务状况和经济成果。其缺点是不利于单位内部经济责任制的贯彻落实。

2. 非集中核算

非集中核算，又称分散核算，是指将会计工作分散在单位内部会计部门以外的其他部门和下属单位进行的核算组织形式。在非集中核算形式下，会计部门以外的其他部门和下属单位对其发生的经济业务进行全面的核算，包括凭证的整理、明细账的登记、成本的核算、内部报表的编制等，单位会计部门进行总分类核算编制单位会计报表。实行非集中核算，可使各职能部门和下属单位随时了解其经济活动情况，及时发现和解决问题，也有利于经济责任制的贯彻落实。其缺点是核算形式层次多，手续繁杂。

上述两种会计工作组织形式不是绝对的，在一个单位里，可能对某些业务采取集中核算，而对另外一些业务又采用非集中核算形式。究竟采取哪种核算形式为宜，应取决于企业内部经济管理上的需要，以及取决于企业内部是否实行分级管理、分级核算。但是，无论采取哪种形式，企业对外结算债权债务、现金收付、物资供销等都应集中在会计部门进行。

四、会计人员

会计人员是直接从事会计工作、处理会计业务，完成会计任务的人员。

(一) 会计专业职务

根据 1986 年 4 月财政部制定的《会计专业职务试行条例》的规定，会计专业职务分为高级会计师、会计师、助理会计师和会计员。其中高级会计师为高级职务，会计师为中级职务，助理会计师和会计员为初级职务。

根据 2017 年 1 月中共中央办公厅、国务院办公厅制定的《关于深化职称制度改革的意见》规定，会计人员要健全职称层级设置。各职称系列均设置初级、中级、高级职称，其中，高级职称分为正高级和副高级，初级职称分为助理级和员工级，可根据需要仅设置助理级。目前未设置正高级职称的职称系列均设置到正高级，以拓展专业技术人才的职业发展空间。

(二) 会计专业技术资格

会计专业技术资格，是指担任会计专业职务的任职资格。

会计专业技术资格分为初级资格、中级资格和高级资格三个级别。目前，初级、中级会计资格实行全国统一考试制度，高级会计师资格实行考试与评审相结合制度。

通过全国统一考试取得初级或中级会计专业技术资格的会计人员，表明其已具备担任相应级别会计专业技术职务的任职资格。用人单位可根据工作需要和德才兼备的原则从获得会计专业技术资格的会计人员中择优录取。对于已取得中级会计资格并符合国家有关规定的人员，可聘任会计师职务；对于已取得初级会计资格的人员，如具备大专毕业且担任会计员职务满2年，或者中专毕业担任会计员职务满4年，或者不具备规定学历的，担任会计员职务满5年，并符合国家有关规定的，可聘任助理会计师职务。不符合以上条件的人员，可聘任会计员职务。

(三) 会计专业技术人员继续教育

根据《专业技术人员继续教育规定》，国家机关、企业、事业单位及社会团体等组织(以下称用人单位)的专业技术人员应适应岗位需要和职业发展的要求，积极参加继续教育，完善知识结构、增强创新能力、提高专业水平。用人单位应保障专业技术人员参加继续教育的权利。

继续教育工作实行统筹规划、分级负责、分类指导的管理体制。

继续教育的内容包括公需科目和专业科目。公需科目包括专业技术人员应普遍掌握的法律法规、理论政策、职业道德、技术信息等基本知识。专业科目包括专业技术人员从事专业工作应掌握的新理论、新知识、新技术、新方法等专业知识。

专业技术人员参加继续教育的时间，每年累计不少于90学时，其中，专业科目一般不少于总学时的2/3。

用人单位应建立本单位专业技术人员继续教育与使用、晋升相衔接的激励机制，把专业技术人员参加继续教育情况作为专业技术人员考核评价、岗位聘用的重要依据。

(四) 总会计师

总会计师是主管本单位会计工作的行政领导，是单位行政领导成员，是单位会计工作的主要负责人，全面负责单位的财务会计管理和经济核算，参与单位的重大经营决策活动，是单位主要行政领导人的参谋和助手。国有大中型企业和国有资产占控股地位或主导地位的大中型企业必须设置总会计师，其他单位可以根据业务需要，自行决定是否设置总会计师。

【例11-2】(分析题)2017年8月，甲服装厂发生如下事项。

(1) 7日，该厂会计人员王某脱产学习一个星期，会计科长指定出纳李某临时监管债务债权账目的登记工作，未办理会计工作交接手续。

(2) 10日，该厂档案科会同会计科销毁一批保管期已满的会计档案，未编制会计档案销毁清册。

要求：分析以上事项中的不妥之处。

【解析】根据会计法律制度的规定：①出纳不得兼管债权债务账目登记工作，因此李某不能接替王某的工作。虽然王某只脱产学习一周，也需要办理会计工作交接手续。②会计档案保管期满需要销毁的，需要编造会计档案销毁清册，并履行规定手续后方可销毁。

【例11-3】(单选题)下列各项中，不属于会计专业职务的是(　　)。
A. 高级会计师　　　B. 助理会计师　　　C. 会计师　　　D. 总会计师
【答案】：D
【解析】①选项ABC，会计专业职务分为正高级会计师、高级会计师、会计师和助理会计师；②选项D，总会计师是主管本单位会计工作的行政领导，是单位行政领导成员，协助单位主要行政领导人工作，直接对单位主要行政领导人负责。

五、会计职业道德

(一) 会计职业道德的概念

会计职业道德，是指在会计职业活动中应遵循的、体现会计职业特征、调整会计职业关系的职业行为准则和规范。

(二) 会计法律与会计职业道德的联系与区别

1. 会计法律制度与会计职业道德的联系

会计职业道德与会计法律制度在内容上相互渗透、相互吸收；在作用上相互补充、相互协调。会计职业道德是对会计法律制度的重要补充，会计法律制度是对会计职业道德的最低要求。

2. 会计法律制度与会计职业道德的区别

(1) 性质不同。会计法律制度通过国家行政权力强制执行，具有很强的他律性；会计职业道德依靠会计从业人员的自觉性，具有很强的自律性。

(2) 作用范围不同。会计法律制度侧重于调整会计人员的外在行为和结果的合法化，具有较强的客观性；会计职业道德不仅调整会计人员的外在行为，还调整会计人员内在的精神世界。

(3) 表现形式不同。会计法律制度是通过一定的程序由国家立法部门或行政管理部门制定、颁布的，其表现形式是具体的、明确的、正式形成文字的成文规定；而会计职业道德出自于会计人员的职业生活和职业实践，其表现形式既有成文的规范，也有不成文的规范。

(4) 实施保障机制不同。会计法律制度依靠国家强制力保证其贯彻执行。会计职业道德主要依靠道德教育、社会舆论、传统习俗和道德评价来实现。

(5) 评价标准不同。会计法律制度以法律规定为评价标准，会计职业道德以道德评价为标准。

(三) 会计职业道德的主要内容

会计职业道德主要包括爱岗敬业、诚实守信、廉洁自律、客观公正、坚持准则、提高技能、参与管理、强化服务八个方面的内容。

(1) 爱岗敬业。要求会计人员正确认识会计职业,树立职业荣誉感;热爱会计工作,敬重会计职业;安心工作,任劳任怨;严肃认真,一丝不苟;忠于职守,尽职尽责。

(2) 诚实守信。要求会计人员做老实人,说老实话,办老实事,不搞虚假;保密守信,不为利益所诱惑;执业谨慎,信誉至上。

(3) 廉洁自律。要求会计人员树立正确的人生观和价值观;公私分明、不贪不占;遵纪守法,一身正气。廉洁就是不贪污钱财,不收受贿赂,保持清白。自律是指按照一定的标准,约束、控制自己的言行和思想的过程。自律的核心是用道德观念自觉抵制自己的不良欲望。对于整天与钱财打交道的会计人员来说,经常会受到财、权的诱惑,如果职业道德观念不强、自律意志薄弱,很容易走向犯罪的深渊。

(4) 客观公正。要求会计人员端正态度,依法办事;实事求是,不偏不倚;如实反映,保持应有的独立性。

(5) 坚持准则。要求会计人员熟悉国家法律、法规和国家统一的会计制度,始终坚持按法律、法规和国家统一的会计制度的要求进行会计核算,实施会计监督。会计人员在实际工作中,应当以准则作为自己的行动指南,在发生道德冲突时,应坚持准则,维护国家利益、社会公众利益和正常的经济秩序。

(6) 提高技能。要求会计人员具有不断提高会计专业技能的意识和愿望;具有勤学苦练的精神和科学的学习方法,刻苦钻研,不断进取,提高业务水平。

(7) 参与管理。要求会计人员在做好本职工作的同时,努力钻研业务,全面熟悉本单位经营活动和业务流程,主动提出合理化建议,积极参与管理,使管理活动更有针对性和实效性。

(8) 强化服务。要求会计人员树立服务意识,提高服务质量,努力维护和提升会计职业的良好社会形象。

【例题 11-4】(多选题)下列各项中,属于会计职业道德内容规范的有( )。
A. 爱岗敬业　　　　B. 参与管理　　　　C. 提高技能　　　　D. 廉洁自律
【答案】ABCD
【解析】会计职业道德主要包括爱岗敬业、诚实守信、廉洁自律、客观公正、坚持准则、提高技能、参与管理、强化服务八个方面内容。

任务三　会计法和会计准则

一、会计法

《中华人民共和国会计法》(以下简称《会计法》)是调整会计关系、规范会计活动的基本法,是制定其他一切会计法规制度的依据,是指导会计工作的最权威、最高层次的法律规范。

《中华人民共和国会计法》是指由全国人民代表大会及常务委员会经过一定的立法程序制定的有关会计工作的法律。《会计法》是我国会计工作的根本大法,是从事会计工作、制定其他各种会计法规的依据。1985 年 1 月 21 日,第六届全国人民代表大会常务委员会第九次会议通过新中国的第一部《会计法》,从 1990 年 5 月 1 日起施行。《会计法》的颁布和实施标志着我国的会计工作从此走上了法治的轨道,并对我国会计法制建设和会计事业发展具有重要意义。1993 年 12 月 29 日,第八届全国人民代表大会常务委员会第五次会议对《会计法》进行了第一次修订,1999 年 10 月 31 日第九届全国人民代表大会常务委员会第十二次会议进行了第二次修订,并于 2000 年 7 月 1 日起施行。

会计法共七章五十二条,主要就会计管理体制、会计核算、会计机构和会计人员及法律责任等方面做出了明确的规定。

(一) 总则

《会计法》第一章——总则,对该法的立法目的、适用范围、依法设账的基本要求、单位负责人的会计责任、会计机构和会计人员的基本职责、对会计人员的法律保护和奖励及会计工作管理体制做了基本规定。

(二) 会计核算

《会计法》第二章——会计核算,对会计核算的基本要求、会计核算内容、会计年度、记账本位币、会计核算的形式、会计处理方法、或有事项披露、财务会计报告、会计记录的文字及会计档案管理做了基本规定。其中规定的会计核算的具体内容为:①款项和有价证券的收付;②财物的收发、增减和使用;③债权债务的发生和结算;④资本、基金的增减;⑤收入、支出、费用、成本的计算;⑥财物成果的计算和处理;⑦需要办理会计手续、进行会计核算的其他事项。

(三) 公司、企业会计核算的特别规定

《会计法》第三章——公司、企业会计核算的特别规定,对公司、企业会计核算应遵守的法律条义,公司、企业确认计量,对记录会计要素的基本要求和公司、企业进行会计核算的禁止行为做了规定。

我国《会计法》对公司、企业进行会计核算做了以下两方面的特别规定:一方面,公司、企业必须根据实际发生的经济业务事项,按照国家统一的会计制度的规定确认、计量和记录资产、负债、所有者权益、收入、费用、成本和利润。另一方面,公司、企业进行会计核算不得有下列行为:①随意改变资产、负债、所有者权益的确认标准或计量方法,虚列、多列、不列或者少列资产、负债、所有者权益;②虚列或者隐瞒收入,推迟或者提前确认收入;③随意改变费用、成本的确认标准或者计量方法,虚列、多列、不列或者少列费用、成本;④随意调整利润的计算、分配方法,编造虚假利润或者隐瞒利润;⑤违反国家统一的会计制度规定的其他行为。

(四) 会计监督

《会计法》第四章——会计监督,对单位内部会计监督制度、相关人员在单位内部会计监督中的职责、对违法行为的检举及会计工作外部监督做了基本规定。

(五) 会计机构和会计人员

《会计法》第五章——会计机构和会计人员,对会计机构设置、总会计师的设置、会计机构内部稽核制度和内部牵制制度、会计人员从业资格、会计机构负责人的任职资格、会计人员业务培训与交易、会计人员调离与接管人员应办清的交接手续做了基本规定。

(六) 法律责任

《会计法》第六章——法律责任，对违反会计法应承担的法律责任做了基本规定。根据我国《会计法》的规定，实施行政责任的主体应是县级以上人民政府财政部门、所在单位或有关单位；行政责任的承担主体应是单位、直接负责的主管人员和其他直接责任人员；刑事责任的承担主体应当是个人、直接负责的主管人员和其他直接责任人。

(七) 附则

《会计法》第七章——附则，对会计法中的一些名词进行了解释，同时还规定了个体工商户会计管理的具体办法和制定机关及会计法的实施日期。

二、会计准则

会计准则是会计人员从事会计工作的基本的行为规范，是处理会计工作的指导方针。它是由国家最高行政机关——国务院制定并发布，或者由国务院有关部门拟定并经国务院批准发布，调整经济生活中某方面会计关系的法律规范。会计行政法规的制度依据是《会计法》，是对《会计法》的具体化和必要补充，其法律效力仅次于《会计法》。我国国务院于1992年11月16日批准了《企业会计准则》，由财政部在1992年11月30日颁布，自1993年7月1日施行。2005年财政部开始对《企业会计准则》进行修改，2006年2月15日，财政部正式发布了39项企业会计准则，自2007年1月1日起在上市公司范围内施行，鼓励其他企业执行。

新发布的企业会计准则体系，由1项基本准则、38项具体准则及相关应用指南构成。

1. 基本准则

基本准则共11章50条，规定了会计核算的基本前提、会计信息质量要求、会计要素准则、会计计量准则、财务报告准则等。具体如下。

1) 总则

总则规定了会计准则的制定依据、适用范围、会计核算的基本前提、权责发生制、会计要素的分类和记账方法等。

2) 会计信息质量要求

基本准则第二章提出了会计信息质量的原则，要求具备可靠性、相关性、可理解性、可比性、实质重于形式、重要性、谨慎性、及时性等。规定企业财务会计报告中提供的会计信息应满足会计信息质量要求。

3) 会计要素准则

会计要素准则规定了企业的资产、负债、所有者权益、收入、费用和利润六项会计要素确认的基本要求及资产负债表要素和利润表要素的构成。

4) 会计计量准则

会计计量准则规定了企业在将符合确认条件的会计要素登记入账并列报于财务报表时，

应按照规定的会计计量属性进行计量,确定其金额。

5) 财务报告准则

财务报告准则规定了财务报告体系的构成,规定了资产负债表、利润表、现金流量表的概念和基本的编报要求。

6) 附则

附则主要说明准则的解释和施行时间。

具体准则按照《会计法》和基本准则制定,是对会计要素确认、计量的原则和会计处理程序做出的具体规定。

基本准则从总体上规范了企业会计确认、计量和报告的行为,对保证会计信息质量有举足轻重的作用。新发布的企业会计准则体系,以提高会计信息质量,维护社会经济秩序为宗旨,强化了为投资者和社会公众提供决策有用会计信息的新理念,实现了与国际惯例的趋同,首次构建了比较完整的有机整体体系,并为改进国际财务报告准则提供了有益借鉴,实现了我国企业会计准则建设新的跨越和突破。

2. 具体准则

具体准则是会计核算的应用准则,是根据基本准则的要求制定的有关企业发生的具体交易或事项的会计处理的规范。按规范对象的不同,大体上可以分为以下三类。

第一类是各行业共同经济业务的具体准则,如应收项目、应付项目、存货、长期股权投资、固定资产、无形资产和收入等。

第二类是有关特殊经济业务的具体准则,分为各行业共有的特殊业务(如外币业务、租赁业务、清算业务、资产减值业务、债务重组业务、非货币性交易业务等)和特殊行业的特殊业务(如银行的存贷款业务、证券公司的证券投资业务、农业的农产品计价和收入确认等)。对于特殊行业来说,这些特殊业务又是它们的主要业务,因此又称为特殊行业的基本业务。

第三类是有关披露的具体准则,如财务报表列报、现金流量表、中期报告、分部报告、关联方关系及其交易、资产负债表日后事项等。

具体会计准则的序号及名称如表11-1所示。

表11-1 具体会计准则的序号及名称

序号	名称	序号	名称	序号	名称
1	存货	10	企业年金基金	19	外币折算
2	长期股权投资	11	股份支付	20	企业合并
3	投资性房地产	12	债务重组	21	租赁
4	固定资产	13	或有事项	22	金融工具确认和计量
5	生物资产	14	收入	23	金融工具转移
6	无形资产	15	建造合同	24	套期保值
7	非货币性资产交换	16	政府补助	25	原保险公司
8	资产减值	17	借款费用	26	再保险公司
9	职工薪酬	18	所得税	27	石油天然气开采

(续表)

序号	名称	序号	名称	序号	名称
28	会计政策、会计估计变更和差错更正	33	合并财务报告	38	首次执行企业会计准则
29	资产负债表日后事项	34	每股收益	39	公允价值计量
30	财务报表列报	35	分部报告	40	合营安排
31	现金流量表	36	关联方披露	41	在其他主体中权益的披露
32	中期财务报告	37	金融工具列报		

3. 会计准则应用指南

《企业会计准则——应用指南》主要对会计准则做出具体解释，并就会计科目和主要账务处理做出统一规范，用以指导企业的具体实施。

企业应按照企业会计准则及其应用指南规定，设置会计科目进行账务处理，在不违反统一规定的前提下，可以根据本企业的实际情况自行增设、分拆、合并会计科目。不存在的交易或事项，可以不设置相关的会计科目。会计科目和主要账务处理根据具体准则中涉及确认和计量的要求，规定了162个会计科目及其主要账务处理，基本涵盖了所有企业的各类交易和事项。

任务四　会计工作交接与会计档案

会计工作交接与会计档案管理工作是会计基础工作的重要内容，因此做好会计工作交接与会计档案管理工作尤为重要。

一、会计工作交接

会计工作交接，是指会计人员工作调动或因故离职时与接管人员办理交接手续的一种工作程序。办理好会计工作交接，有利于分清移交人员和接管人员的责任，可以使会计工作前后衔接，保证会计工作顺利进行。没有办清交接手续的，不得调职和离职。

会计工作交接的基本程序大致可分为交接前的准备、移交、监交、移交后的事项处理四个阶段。

(一) 交接前的准备工作

会计人员在办理工作交接前，必须及时做好以下各项准备工作。
(1) 对已受理的经济业务，尚未填制会计凭证的应当填制完毕。
(2) 对尚未登记的账目，应登记完毕，并在最后一笔余额后加盖经办人员的印章。
(3) 整理应移交的各项资料，对未了事项和遗留问题，写出书面材料。
(4) 编制移交清册，列明移交的凭证、账簿、报表、印章、现金、有价证券、支票簿、发票、文件、其他会计资料和物品等内容；实行电算化的单位，还应在移交清册中列明会计软件及密码、会计软件数据磁盘及有关资料、实物等内容。

(二) 移交

移交人员按照移交清册逐项移交,接管人员应逐项核对点收,具体如下。

(1) 现金、有价证券要根据会计账簿有关的记录进行点收。库存现金、有价证券必须与会计账簿余额一致,不一致时,移交人应在规定期限内负责查清。

(2) 会计凭证、会计账簿、会计报表和其他会计资料必须完整无缺。如有短缺,要查明原因,并在移交清册中注明,由移交人员负责。

(3) 银行存款账户余额要与银行对账单核对相符;各种财产物资和债权、债务的明细账户余额,要与总账有关账户余额核对相符;对重要实物要实地盘点,对余额较大的往来账要与往来单位个人核对。

(4) 移交人员经管的票据、印章和其他物品等必须交接清楚。对从事会计电算化工作的,要对有关电子数据在实际操作状态下进行交接。

(5) 会计机构负责人、会计主管移交时,除按移交清册移交外,还应将全部财务会计工作、重大财务收支和会计人员的情况等,向接管人员做详细介绍,并对移交的遗留问题,写出书面材料。

(三) 监交

为了明确责任,会计人员办理交接手续,必须有监交人员负责监交,具体如下。

(1) 一般会计人员办理交接手续,由会计机构负责人(会计主管)监交。

(2) 会计机构负责人(会计主管人员)办理交接手续,由单位负责人监交,必要时主管单位可以派人会同监交。

(四) 移交后的事项处理

(1) 会计工作交接完毕后,交接双方和监交人员要在移交清册上签名或盖章,并在移交清册上注明单位名称、交接日期、交接双方和监交人的职务、姓名、移交清册页数及需要说明的问题和意见等。

(2) 接替人员应继续使用移交的账簿,不得自行另立新账,以保持会计记录的连续性和完整性。

移交清册一般应填制一式三份,交接双方各执一份,存档一份。移交人员对所移交的会计凭证、会计账簿、会计报表和其他相关资料的合法性、真实性承担法律责任。

【提示】
会计机构中对正式移交之前的会计档案进行保管的工作岗位属于会计岗位。
档案管理部门中对正式移交之后的会计档案进行保管的会计档案管理岗位,不再属于会计岗位。

【例 11-5】(多选题)下列各选项工作中,出纳不得兼任的有( )。
A. 会计档案保管　　　　　　　　B. 稽核
C. 收入费用账目的登记　　　　　D. 债务债权账目的登记工作
【答案】ABCD

二、会计档案管理

会计档案是记录和反映经济业务事项的重要史料和证据。《会计法》和《会计基础工作规范》对会计档案管理做出了原则性规定；财政部、国家档案局于 1984 年 6 月 1 日发布，1998 年 8 月 21 日修订，2015 年 12 月 11 日第二次修订，自 2016 年 1 月 1 日起施行的《会计档案管理办法》对会计档案管理有关内容做出了具体规定。单位应加强会计档案管理工作，建立和完善会计档案的收集、整理、保管、利用和鉴定销毁等管理制度，采取可靠的安全防护技术和措施，保证会计档案的真实、完整、可用、安全。

(一) 会计档案的概念

会计档案是指单位在进行会计核算等过程中接收或形成的，记录和反映单位经济业务事项，具有保存价值的文字、图表等各种形式的会计资料，包括通过计算机等电子设备形成、传输和存储的电子会计档案。各单位的预算、计划、制度等文件材料属于文书档案，不属于会计档案。

(二) 会计档案的归档

1. 会计档案的归档范围

下列会计资料应当进行归档。
(1) 会计凭证：包括原始凭证、记账凭证。
(2) 会计账簿类：包括总账、明细账、日记账、固定资产卡片及其他辅助性账簿。
(3) 财务会计报告类：包括月度、季度、半年度财务会计报告和年度财务会计报告。
(4) 其他会计资料：包括银行存款余额调节表、银行对账单、纳税申报表、会计档案移交清册、会计档案保管清册、会计档案销毁清册、会计档案鉴定意见书及其他具有保存价值的会计资料。

2. 会计档案的归档要求

会计档案的归档要求如下。
(1) 同时满足下列条件的，单位内部形成的属于归档范围的电子会计资料可仅以电子形式保存，形成电子会计档案：①形成的电子会计资料来源真实有效，由计算机等电子设备形成和传输；②使用的会计核算系统能够准确、完整、有效地接收和读取电子会计资料，能够输出符合国家标准归档格式的会计凭证、会计账簿、财务会计报表等会计资料，设定了经办、审核、审批等必要的审签程序；③使用的电子档案管理系统能够有效接收、管理、利用电子会计档案，符合电子档案的长期保管要求，并建立了电子会计档案与相关联的其他纸质会计档案的检索关系；④采取有效措施，防止电子会计档案被篡改；⑤建立电子会计档案备份制度，能够有效防范自然灾害、意外事故和人为破坏的影响；⑥形成的电子会计资料不属于具有永久保存价值或其他重要保存价值的会计档案。满足上述条件，单位从外部接收的电子会计资料附有符合《中华人民共和国电子签名法》规定的电子签名的，可仅以电子形式归档保存，形成电子会计档案。

(2) 单位的会计机构或会计人员所属机构(以下统称单位会计管理机构)按照归档范围和归档要求，负责定期将应归档的会计资料整理立卷，编制会计档案保管清册。

(3) 当年形成的会计档案，在会计年度终了后，可由单位会计管理机构临时保管一年，再移交单位档案管理机构保管。因工作需要确需推迟移交的，应经单位档案管理机构同意。单位会计管理机构临时保管会计档案最长不超过 3 年。临时保管期间，会计档案的保管应符合国家档案管理的有关规定，且出纳人员不得兼管会计档案。

(4) 会计档案的移交和利用事项。

① 会计档案的移交。单位会计管理机构在办理会计档案移交时，应编制会计档案移交清册，并按照国家档案管理的有关规定办理移交手续。

移交纸质会计档案时应保持原卷的封装。移交电子会计档案时应将电子会计档案及其元数据一并移交，且文件格式符合国家档案管理的有关规定。特殊格式的电子会计档案应与其读取平台一并移交。

单位档案管理机构接收电子会计档案时，应对电子会计档案的准确性、完整性、可用性、安全性进行检测，符合要求的才能接收。

② 会计档案的利用。单位应严格按照相关制度利用会计档案，在进行会计档案查阅、复制、借出时履行登记手续，严禁篡改和损坏。

单位保存的会计档案一般不得对外借出。确因工作需要且根据国家有关规定必须借出的，应严格按照规定办理相关手续。会计档案借用单位应妥善保管和利用借入的会计档案，确保借入会计档案的安全完整，并在规定时间内归还。

【例 11-6】(多选题)单位档案管理机构在接收电子会计档案时，应对电子档案进行检测。下列各项中，属于应检测内容的有(　　)。

A. 安全性　　　B. 准确性　　　C. 可用性　　　D. 完整性

【答案】ABCD

3. 会计档案的保管期限

会计档案保管期限分为永久、定期两类。会计档案的保管期限是从会计年度终了后的第一天算起。永久，即是指会计档案需永久保存；定期，是指会计档案保存应达到法定的时间，定期保管期限一般分为 10 年和 30 年。《会计档案管理办法》规定的会计档案保管期限为最低保管期限。《会计档案管理办法》规定的企业和其他组织会计档案保管期限如表 11-2 所示。

表11-2　企业和其他组织会计档案保管期限

序号	档案名称	保管期限	备注
一	会计凭证		
1	原始凭证	30 年	
2	记账凭证	30 年	
二	会计账簿		
3	总账	30 年	
4	明细账	30 年	
5	日记账	30 年	

(续表)

序号	档案名称	保管期限	备注
6	固定资产卡片		固定资产报废清理后保管5年
7	其他辅助性账簿	30年	
三	财务会计报告		
8	月度、季度、半年度财务报告	10年	
9	年度财务报告	永久	
四	其他会计资料		
10	银行存款余额调节表	10年	
11	银行对账单	10年	
12	纳税申报表	10年	
13	会计档案移交清册	30年	
14	会计档案保管清册	永久	
15	会计档案销毁清册	永久	
16	会计档案鉴定意见书	永久	

【例11-7】(多选题)根据会计法律制度的规定，企业和其他组织的下列会计档案中，应永久保管的有(   )。

A. 年度财务报告　　　　　　B. 纳税申报表
C. 半年度财务报告　　　　　D. 会计档案销毁清册

【答案】AD

【解析】选项BC最低保管期限为10年。

【例11-8】(单选题)根据会计法律制度的要求，下列各项会计档案需要定期保管的是(   )。

A. 原始凭证　　　　　　　　B. 会计档案鉴定意见书
C. 会计档案保管清册　　　　D. 年度财务报告

【答案】A

【解析】选项BCD应永久保存。

【例11-9】(单选题)根据会计法律制度的规定，下列企业会计档案中，最低保管期限为10年的是(   )。

A. 原始凭证　　　　　　　　B. 日记账
C. 总账　　　　　　　　　　D. 银行对账单

【答案】D

【解析】选项ABC最低保管期限为30年。

4. 会计档案的鉴定和销毁

1) 会计档案的鉴定

单位应定期对已到保管期限的会计档案进行鉴定，并形成会计档案鉴定意见书。经鉴定，仍需继续保存的会计档案，应重新划定保管期限；对保管期满，确无保存价值的会计档案，可以销毁。会计档案鉴定工作应由单位档案管理机构牵头，组织单位会计、审计、纪检监察等机构或人员共同进行。

2) 会计档案的销毁

经鉴定可以销毁的会计档案,销毁的基本程序和要求如下。

(1) 单位档案管理机构编制会计档案销毁清册,列明拟销毁会计档案的名称、卷号、册数、起止年度、档案编号、应保管期限、已保管期限和销毁时间等内容。

(2) 单位负责人、档案管理机构负责人、会计管理机构负责人、档案管理机构经办人、会计管理机构经办人在会计档案销毁清册上签署意见。

(3) 单位档案管理机构负责组织会计档案销毁工作,并与会计管理机构共同派员监销。监销人在会计档案销毁前应对按照会计档案销毁清册所列内容进行清点核对;在会计档案销毁后,应在会计档案销毁清册上签名或盖章。

电子会计档案的销毁还应符合国家有关电子档案的规定,并由单位档案管理机构、会计管理机构和信息系统管理机构共同派员监销。

3) 不得销毁的会计档案

保管期满但未结清的债权债务原始凭证和涉及其他未了事项的会计凭证不得销毁,纸质会计档案应单独抽出立卷,电子会计档案单独转存,保管到未了事项完结时为止。单独抽出立卷或转存的会计档案,应在会计档案鉴定意见书、会计档案销毁清册和会计档案保管清册中列明。

【例 11-10】(判断题)会计档案销毁之后,监销人应该在销毁清册上签名和盖章。( )

【答案】×

【解析】单位档案管理机构负责组织会计档案销毁工作,并与会计管理机构共同派员监销。监销人在会计档案销毁前应按照会计档案销毁清册所列内容进行清点核对;在会计档案销毁后,应在会计档案销毁清册上签名"或"盖章。

5. 特殊情况下的会计档案处置

1) 单位分立情况下的会计档案处置

单位分立后原单位存续的,其会计档案由分立后的存续方统一保管,其他方可以查阅、复制与其业务相关的会计档案。单位分立后原单位解散的,其会计档案经各方协商后由其中一方代管或按照国家档案管理的有关规定处置,各方可以查阅、复制与其业务相关的会计档案。

单位分立中未结清的会计事项所涉及的会计凭证,应单独抽出业务相关方保存,并按照规定办理交接手续。

单位因业务移交其他单位办理所涉及的会计档案,应由原单位保管,承接业务单位可以查阅、复制与其业务相关的会计档案。对其中未结清的会计事项所涉及的会计凭证,应单独抽出由承接业务单位保存,并按照规定办理交接手续。

2) 单位合并情况下的会计档案处置

单位合并后原各单位解散或一方存续其他方解散的,原各单位的会计档案由合并后的单位统一保管。单位合并后原各单位仍存续的,其会计档案仍由原各单位保管。

3) 建设单位项目建设会计档案的交接

建设单位在项目建设期间形成的会计档案,需要移交给建设项目接受单位的,在办理竣工财务决算后及时移交，并按照规定办理交接手续。

4) 单位之间交接会计档案的手续

单位之间交接会计档案时，交接双方应办理会计档案交接手续。移交会计档案的单位，应编制会计档案移交清册，列明移交的会计档案名称、卷号、册数、起止年度、档案编号、应保管期限和已保管期限等内容。交接会计档案时，交接双方按照会计档案移交清册所列内容逐项交接，并由交接双方的单位有关负责人负责监督。交接完毕后，交接双方经办人和监督人在会计档案移交清册上签名或盖章。电子会计档案与其元数据一并移交，特殊格式的电子会计档案与其读取平台一并移交。档案接受单位对保存电子会计档案的载体及其技术环境进行检验，确保所接收电子会计档案的准确、完整、可用和安全。

【例 11-11】(判断题)单位合并后一方存续他方解散的，各单位的会计档案应由存续方统一保管。( )

【答案】√

项目练习

一、单项选择题

1. 我国( )是负责管理全国会计工作的领导机构。
   A. 国务院　　　　　　　　B. 全国人民代表大会
   C. 财政部　　　　　　　　D. 注册会计师协会

2. ( )是在单位负责人的领导下，主管经济核算和财务会计工作的负责人。
   A. 会计师　　　　　　　　B. 高级会计师
   C. 注册会计师　　　　　　D. 总会计师

3. 以下项目中，不属于《企业会计准则——基本准则》规定范畴的是( )。
   A. 会计核算的基本前提　　B. 会计核算的一般原则
   C. 债务重组业务　　　　　D. 会计要素的确认

4. 对于规模小、会计业务简单的单位( )。
   A. 不设置会计机构
   B. 在单位行政领导机构中设置会计人员
   C. 不设专职的会计人员
   D. 可在有关机构中设置会计人员并指定会计主管人员

5. 集中核算是把( )会计工作主要集中在会计部门进行。
   A. 各职能部门的　　　　　B. 单位的部分
   C. 各生产经营部门的　　　D. 整个单位的

6. 下列选项中，必须永久保管的会计档案是( )。
   A. 会计凭证　　　　　　　B. 会计移交清册
   C. 明细账　　　　　　　　D. 年度财务报告

7. 记账凭证的保管期限为( )年。
   A. 3
   B. 5
   C. 15
   D. 30

8. 会计人员对不真实、不合法的原始凭证( )。
   A. 不予受理
   B. 予以退回
   C. 予以扣留
   D. 更正补充

9. ( )是会计工作的最高层次的规范,是指导会计工作的根本法,是制定其他会计法规的依据。
   A.《中华人民共和国会计法》
   B.《中华人民共和国注册会计师法》
   C.《中华人民共和国公司法》
   D.《企业会计准则》

10. ( )对会计核算和会计监督的内容做出了明确规定。
    A.《中华人民共和国会计法》
    B.《企业会计准则》
    C.《会计基础工作规范》
    D.《中华人民共和国注册会计师法》

二、多项选择题

1. 会计工作组织主要包括( )。
   A. 会计机构的设置
   B. 会计人员的配备与教育
   C. 会计法规制度的制定和执行
   D. 会计档案管理

2. 组织会计工作的原则有( )。
   A. 统一性
   B. 适应性
   C. 协调性
   D. 成本效益性

3. 在我国申请参加初级会计资格考试的人员,应符合( )条件。
   A. 遵守会计和其他财经法律、法规
   B. 具备良好的道德品质
   C. 具备会计专业基础知识和技能
   D. 必须具备大专以上学历

4. 在分散核算形式下,会计部门以外的其他部门和下属单位核算的内容有( )。
   A. 成本的核算
   B. 明细账的登记
   C. 进行总分类核算
   D. 编制单位会计报表

5. 对会计专业技术人员继续教育的说法正确的有( )。
   A. 会计专业技术人员参加继续教育实行学分制管理
   B. 每年参加继续教育取得的学分不少于90分
   C. 专业科目一般不少于总学分的2/3
   D. 具有会计专业技术资格的人员应当自取得会计专业资格的次年开始参加继续教育

6. 总会计师的主要职责有( )。
   A. 负责组织编制和执行预算
   B. 负责对本单位财会机构的设置和人员的配备
   C. 负责对企业的生产经营及基本建设投资等问题做出决策
   D. 建立和健全经济核算制度
7. 《企业会计准则——基本准则》规定的内容有( )。
   A. 会计核算的基本前提　　　　　B. 会计信息质量
   C. 会计要素的确认与计量　　　　D. 资产负债表的日后事项
8. 我国会计准则体系包括( )。
   A. 应用指南　　　　　　　　　　B. 基本准则
   C. 具体准则　　　　　　　　　　D. 会计制度
9. 会计档案的定期保管期限为( )年。
   A. 5　　　　　　　　　　　　　 B. 10
   C. 15　　　　　　　　　　　　　D. 30
10. 下列资料中，属于会计档案的有( )。
    A. 固定资产卡片　　　　　　　　B. 银行对账单
    C. 资产负债表　　　　　　　　　D. 企业财务制度

三、判断题

1. 我国《会计法》规定，出纳人员不得兼任稽核、会计档案保管和收入、支出、费用、债权债务账目的登记工作。( )
2. 集中核算就是把整个单位的会计工作主要集中在会计部门进行的核算组织形式。( )
3. 我国《会计法》规定，单位负责人对本单位的会计工作和会计资料的真实性、完整性负责。( )
4. 我国《会计法》规定，国有的和国有资产占控股地位或主导地位的大、中型企业必须设置总会计师。( )
5. 会计工作交接后，移交人员对所移交的会计凭证、会计账簿、会计报表等资料的合法性、真实性不再承担法律责任。( )
6. 一般会计人员办理交接手续，也要由单位负责人监交。( )
7. 总会计师的任职资格、任免程序、职责权限由财政部规定。( )
8. 当年形成的会计档案，在会计年度终了，可暂由单位财务会计部门保管1年。( )
9. 会计档案都应永久保存，以便查阅。( )
10. 财政、审计、税务、人民银行、证券监管、保险监管等部门应依照有关法律、行政法规规定的职责，对有关单位的会计资料实施检查监督，并负有保密义务。( )